현대행정국가의 이해와 전망

김정헌 저

대구대학교출판부

□저자 소개

김정헌

· 경북대학교에서 행정학 박사 학위를 취득(논문 : 현대행정국가의 복지정책결정구조) 하고 현재 대구대학교 행정학과 교수로 재직 중이다.

· 세부전공은 정책학, 복지정책론, 행정 및 복지국가론, 복지행정론, 행정PR론 등이다.

· 대구광역시 공익사업선정위원회 위원장, 정보공개심의위원, 울산광역시 정책 자문위원 등으로 활동하고 있으며 한국정부학회 부회장, 한국복지행정학회 회장 및 편집위원장 등을 역임하였다.

· 주요 저서와 논문으로는 현대사회의 행정학(2002), 복지행정론(2003), 복지정책론(2004), 현대행정PR론(2006), 정책학원론(2007), 지역이미지 제고를 위한 CI구축 및 PR전략(2004), 지방정부와 시민간의 관계성 측정과 자치행정PR전략(2005), 지방정부의 복지서비스 성과 평가(2007), 지방정보의 위기관리를 위한 행정PR적 대응분석(2009) 등이 있다.

<연구실: 053-850-6164, E-mail: jhkim@daegu.ac.kr>

1판 1쇄 | 2010년 4월 30일
1판 2쇄 | 2015년 9월 4일
지은이 | 김정헌
펴낸이 | 홍덕률
펴낸곳 | 대구대학교출판부
경북 경산시 진량읍 대구대로 201
전화 053) 850-5661 | 팩스 053) 850-5669
http://press.daegu.ac.kr/
찍은곳 | 태양문화사
ISBN 978-89-7794-546-3-93350
정가 | 18,000원

머리말

우리나라는 현재 세계화, 정보화, 지방분권화라는 화두(話頭)의 맥락 속에서 변화의 속도가 가속화 되고 있다. 즉 무한경쟁시대에 환경이 급변하고 있을 뿐만 아니라 그 내용과 방향의 예측도 불확실하다. 행정 역시 예외가 아닌 상황에 처해있다.

이러한 점이 관리자 시대라고 불리는 현대 행정국가에서 관리가 매우 힘들고 어렵게 되는 요인이 되고 있다. 여기에 현대 행정관리의 지혜와 지식이 강조되고 있다.

이런 점에서 현대행정국가의 행정은 매우 중요한 위치를 점할 수 밖에 없다. 특히 지방자치제의 실시는 이제 지역주민들의 이해와 협조를 얻지 못하면 행정도 위기를 맞게 될 수 밖에 없어 정부의 행정활동에 새로운 국면을 초래하고 있다. 즉 지난날의 밀어붙이기식 행정에서 시민들과의 커뮤니케이션을 통한 시민의 이해와 참여를 고양시키며 동의를 구하는 행정으로의 전환이 요구되고 있는 것이다.

이와 같은 행정환경의 변화는 지난 18~19C 시대의 국가지칭개념이 야경국가, 자유민주주의국가, 근대입법국가 등으로 불리워오다가 20C~21C로 넘어오면서 현대행정국가, 민주복지국가, 직능국가, 서비스국가, 정보국가 등으로 불리워지게 만들었다.

이렇게 현대국가의 지칭개념이 변화된 이유가 무엇인지에 대한 문제의식에서 현대행정국가의 내용을 좀 더 바로 알게 하기 위한 저자의 바램과 욕심은 있었지만 능력의 부족으로 발간을 망설였던 갈등의 시간을 뒤로하고 용기를 내어 출간키로 하였다.

본서를 출간함에 있어 여러 선배·동료 교수들의 연구성과로부터 많은 도움이 있었음을 이 지면을 통하여 밝혀두고자 한다.

본서에 언급된 내용에 있어 본인의 능력과 여러 가지 사유로 부족하고 잘못된 미비점이 많으리라 생각된다. 이점, 앞으로 더욱 정진하고 노력하여 수정·보완해 나갈 것을 약속드리고자 한다. 본서는 다른 서적과 다르게 16주 강의 분량에 맞게 최대한으로 총량을 줄여 한 강(講)당 최대 25~30P.를 넘지 않도록 편제하고자 하였다.

본서는 크게 3편으로 구성되어 있다.

제1편은 국가일반론으로(국가란 무엇인가?) 5강(講)으로 구성하였고

제2편은 현대행정국가 이론으로(현대행정국가란 무엇인가?) 그 이론과 실제 및 새로운 통제방법중심으로 9강(講)으로 편성하였다.

제3편은 현대행정국가의 미래과제와 전망에 대해(현대행정국가는 어떤 방향으로 전개될 것인가?) 2강(講)으로 구성하였다.

아무쪼록 본서가 국가에 대한 일반적 이해와 현대행정국가에 대해 공부하려는 독자들에게 조그마한 보탬이 되었으면 하는 바램이 간절하다. 본서를 출간하는데 많은 도움을 준 박명호 교수, 편제와 수정·보완에 힘써준 박순국·강호교 조교에게 고마움을 전하며 독자들에게 하나님의 은총이 함께하기를 빕니다.

끝으로 저같이 미진한 필자에게 많은 어려움에도 불구하고 출판을 맡아주신 대구대학교출판사 여러분께도 감사드립니다.

2010. 3. 1

문천지를 바라보며 경산연구실에서

저자 씀

목 차

제1편 국가란 무엇인가? (국가 일반론)

제1강 국가란 어떤 존재인가?_3

Ⅰ. 국가의 본질 / 4

Ⅱ. 국가의 유형 / 15

제2강 국가본질의 세 측면_22

Ⅰ. 사회적 실재(社會的 實在)로서의 국가 / 22

Ⅱ. 관념적(觀念的) 체계로서의 국가 / 26

Ⅲ. 법질서로서의 국가 / 29

제3강 국가의 기원(起源)_32

Ⅰ. 국가 발생론(國家發生論) / 32

Ⅱ. 국가 시인(是認)론 / 35

Ⅲ. 국가목적론 / 39

제4강 국가와 사회와의 관계_42

Ⅰ. 사회중심론적(society-centered) 시각 / 42

Ⅱ. 국가중심론적 (state-centered) 시각 / 47

Ⅲ. 국가-사회관계론적 시각 / 50

제5강 국가 변화의 원인과 내용_55

Ⅰ. 국가 내부적 요인(내재적 모순) / 56

Ⅱ. 국가 외부적 요인(외부의 영향) / 58

Ⅲ. 과학 기술 및 산업의 변화 / 60

제2편 현대 행정국가란 무엇인가? (행정국가이론)

제6강 현대행정국가의 일반적 이해_63

Ⅰ. 현대 행정국가의 이해 / 63

Ⅱ. 행정국가의 특질 및 본질 / 77

제7강 행정국가이론_85

Ⅰ. 제2차 세계대전 전(前)의 이론 / 85

Ⅱ. 제2차 세계대전 이후(後)이론 / 87

Ⅲ. 권력분립이론의 재편성(현대 행정국가이론:정치와 행정의 관계) / 88

제8강 행정국가화 요인_91

Ⅰ. 행정국가화의 내적요인 / 91

Ⅱ. 행정국가화의 외적요인 / 92

Ⅲ. 행정국가화 현상의 구체적 요인 / 93

제9강 현대 행정국가의 기능과 파라다임(paradigm)_97

Ⅰ. 현대행정국가의 기능과 역할 / 97

Ⅱ. 현대행정국가의 파라다임(paradigm) / 109

제10강 현대행정국가의 정부관료제_113

Ⅰ. 관료제 일반이론 / 113

Ⅱ. 현대 행정국가의 정부관료제 / 131

Ⅲ. 정부관료제의 제문제 / 137

제11강 현대 관료제의 발달과정_142

Ⅰ. 전통적 관료제 / 142

Ⅱ. 정당관료제(엽관제와 정실제의 발달과 기능) / 145

Ⅲ. 실적주의 관료제의 발달과 기능 / 151

Ⅳ. 실적주의의 본질적 내용 / 163
Ⅴ. 실적주의의 평가와 전망 / 164

제12강 관료제의 개혁과 접근방법_169
Ⅰ. 관료제 개혁의 필요성 / 169
Ⅱ. 관료제 개혁의 전제조건 / 170
Ⅲ. 관료제 개혁의 접근방법(approach method) / 170

제13강 정부관료제의 민주적 통제_175
Ⅰ. 행정국가와 정부관료제 / 175
Ⅱ. 정부관료제와 민주주의와의 갈등관계 / 177

제14강 정부관료제의 미래(관료제 이후에 나타날 지배체제)_182
Ⅰ. 관료제에 대한 도전과 비판 / 182
Ⅱ. 관료제의 미래(어떤 지배체제가 나타날 것인가?) / 185

제3편 현대행정국가의 과제와 미래

제15강 현대 행정국가의 과제(I)_195
Ⅰ. 옴부즈만(Ombudsman)제도 / 196
Ⅱ. 시민의 행정참여제도(Citizen Participation) / 203
Ⅲ. 비정부조직기구(NGO) / 230
IV. 대표관료제(Representative Bureaucracy) / 233

제16강 현대 행정국가의 과제(II)와 미래 전망_244
Ⅰ. 행정정보 공개제도 / 244
Ⅱ. 행정PR제도 / 252
Ⅲ. 현대 행정국가 전망 / 264

제 1 편

국가란 무엇인가?

(국가 일반론)

제1강 국가란 어떤 존재인가?

국가론은 정부 및 통치현상을 만족스럽게 설명하지 못한다는 기존의 이론의(제도론, 엘리트론, 집단 및 체제이론, 정치문화론, 계급이론, 정치경제론 등) 반성으로부터 대두되었다고 볼 수 있다. 즉 국가론자들은 기존의 제 이론은 국가의 능동적 역할을 설명하지 못하고 국가는 단지 종속변수에 머무르게 됨을 지적한다. 이는, 다시 말해 국가의 형성원인과 권력의 근원을 설명하지 못하는 한계가 있다는 것이다. 여기에 국가론자들은 국민의 요구나 지지와는 무관하게 존재하는 '국가(國家)' 그 자체를 인정 할 것을 주장하고 있다. 그렇게 되어야만 국가의 개념과 그 기능 및 역할을 분석 할 때 국가의 본질과 그 기원에 관한 원리적인 이해가 가능할 수 있고 나아가 통치현상에 대한 보다 정확한 설명에 이를 수 있게 된다고 주장한다. 국가의 개념은 국가를 수동적으로 지배계급의 이익에 봉사하기 위한 하나의 도구(tool)로 보는 견해로부터 국가가 능동적인 위치에서 지배계급으로 하여금 지배를 가능하게 하는 대신 국가 자체의 이익을 보장받는다는 견해에 이르기까지 실로 다양하다.

여기에 제 1편에서는, 행정국가를 이해하기에 앞서 행정국가도 국가의 다양한 유형 가운데 한 유형일진데 행정국가의 문제를 보다 체계적으로 다루기 위해서는 국가는 무엇이며 어떤 과정을 통해 성장되었으며 이의 기능을 어디까지 인정할 것이냐를 먼저 이해할 필요가 있다.

여기에 일반 국가론[1]에 관한 다양한 논의를 몇 가지 기준에 의하여 분류 설명하고 나아가 국가의 상대적 자율성(relative autonomy)문제 등의 국가의 본질에 대한 논의를 먼저 하고자 한다.

I. 국가의 본질

1. 국가의 개념

먼저 어휘적 개념으로, 우리말 '나라'는 "태양이 비추이는 사람이 사는 곳"을 뜻한다고 한다.[2]

이렇게 볼 때 '나라'라는 말에는 지배·복종관계나 계층적의미의 사회구조를 찾아볼 수 없고, 오직 순수 자연상태에서의 '사람이 사는 밝은 곳'이라는 의미를 가진다고 볼 수 있다.

하지만 국가(國家)라는 용어 속에는 사회계층적 의미가 내재되어 있다. 즉, 맹자는 말하기를 "천하의 근본은 국(國)에 있고 국의 근본은 가(家)에 있고 가의 근본은 몸(身)에 있다"라고 하면서, 천하(天下), 국(國), 가(家)의 단계를 구분하였다. 여기서 국가는 국(國)과 가(家)의 합성어이므로, 결국 국가는 가족공동체 의식과 규범을 외연적으로 구현하는 곳이라 할 수 있다. 이처럼, 유교적 국가관은 가정과 국가를 일치시키는 가족주의적 국가관 성격을 띈다.

한편 국가라는 용어를 영어로는「state」, 독일어로는「staat」라고 하는데, 어원은 서있는 상태나 신분을 의미하는「stare」에서 연유되었다. 즉,「state」는 국가의 상태, 권력지위의 형상, 사물과 상황의 모습을 나타내는 말이다.

---

1) 국가일반론에 관한 영역은 기 출간된 복지국가론의 국가일반론의 많은 부분을 전재하였음을 밝혀 두고자 한다.(김정헌, 2006:11-49)

2) '나', '라'는 모두 땅과 장소를 의미하는 '곳', '것'을 뜻하고 또 '나'는 태양 혹은 일인칭을 뜻하며 '라'는 '키다리', '쟁이' 등에 포함되어있는 '리', '이'와 같이 사람을 의미한다고 한다. (박병식, 2002, 유낙근·이준, 2006:29)

반면에 「nation」은 어원상 '태어나다'라는 말에서 파생된 라틴어 「natus」에서 유래되었다. 즉 「nation」은 태어난 곳을 의미하여 공간적 개념보다는 장소에 대한 추억의 감정을 의미하는 경향이 있어 애정을 가지고 집착하는 곳이라는 뜻의 보다 정서적 개념이다.(유낙근, 이준, 2006:33)

그래서 보통 「nation」을 국가라는 개념보다는 민족이라는 개념의 의미가 더 강한 말로 이해되고 있다.

1) 국가의 구성요소

국민, 주권, 영토를 국가를 구성하는 주요3대 구성요소라고 한다.

즉, 국민이 없다면 국가가 형성될 수가 없고, 영토가 없으면 국민이 정착할 장소, 공간이 없어서, 떠돌게 되고, 주권이 없으면 다른 나라와 대등한 입장에서 권한을 행사할 수 없다는 것이다. 이를 좀 더 구체적으로 살펴보면

첫째, 주권(主權)은 국가의 의사를 최종결정하는 최고의 권한을 의미한다. 자유민주주의 국가에서의 주권의 의미는, 국민주권, 군주주권, 통치권 등에서 국민주권의 의미로 해석하는 것이 보다 타당하다.

둘째, 국민은 그가 어느 지역에서 활동하든 관계없이 일정한 국가법의 지배를 받는 국가의 구성원을 말한다. 이러한 국민의 개념은 종족의 개념이나 민족의 개념과 반드시 일치하는 것은 아니다. 또한 국민의 신분을 국적(國籍)이라고 하는데 국적부여 권한은 국가가 가지고 있으며 혈통을 기준으로 하는 혈통주의와 출생지를 기존으로 하는 출생지주의 방식이 있다.

셋째, 영토는 지표면에서 표시되는 국가의 영역, 범위를 말한다. 이러한 국가의 영역은 대개 땅과 산하(山河)를 기준으로 하는 영토(領土), 바다를 구성하는 영해(領海), 하늘을 대상으로 하는 영공(領空)으로 구성된다. 이러한 3대 국가 구성요소를 관리하는 것이 정부(government)라 할 수 있다.

2) 국가와 유사한 개념

국가의 개념을 좀 더 명확히 이해하기위하여 국가와 유사한 개념으로 사

용되고 있는 용어에 대해서 먼저 살펴보고자 한다.

① 정부(government)는 위에서의 지적과 같이 결국 국가의 구성요소를 잘 관리하여 구체적인 모습으로 구현하고자 하는, 즉, 국가의 의지(the will of state)를 달성시키는 제도적 장치를 말한다. 그래서 국가의 통치기구인 입법부, 사법부, 행정부 등의 모든 정치 조직 기관을 통칭한다. 여기에 보통, 국가를 정부로 지칭하는 경향이 있다. 하지만 이러한 통치기구 및 기관은, 정권과는 성격에 다소 차이가 있다.

정권이란, 행정·집행부를 장악한 집단 또는 정당을 지칭한다. 즉, 쿠데타에 의해 장기적으로 정권을 장악하거나 선거에서 당선되어 법적기간내에 한시적으로 정치권력을 담당하는 세력을 일반적으로 정권(政權)이라고 부른다(유낙근, 이준, 2006:37).

② 행정부

몽테스큐에(Charles de S, Montesquieu)의 견제와 균형의 삼권분립(三權分立) 이론(입법부, 사법부, 행정부)중에서, 행정부(the executive)는 대개 집행부적 속성을 띈 국가기구에 한정하여 사용된다.

이러한 행정부는 국가의 본질이 가장 구체적으로 잘 반영되거나 표현하는 국가기구로서, 적은 비용으로 업무를 가장 효율적으로 구현하기 위한 보다 실용적이고 도구(tool)적인 속성이 강하다고 할 수 있다.

삼권분립의 등장배경의 주요내용은 국가권력을 편의상 그 특성에 따라 3권으로 나누어 분리하여 실천, 집행, 중심의 국가업무는 오늘날의 행정부에 해당하는 지난날의 전통적 군주에게 국가의 주요정책을 결정하고 제도를 구성하는 실질적인 정책결정권은 의회가 갖도록 하여, 이 의회에 근대사회의 브르죠아 계급들이 투입되어 의회를 장악, 그들의 뜻대로 국가를 통치할 목적으로 국가권력을 3분하여 나타난 것이다.

③ 정치체제(political system or polity)

정치체제는 1960년대 이전까지 근대 서구 사회과학계의 주류이론이라고 할 수 있는 행태주의(behavioralism)에서 사용된 용어이다. 이들은 국가, 정부라는 용어를 쓰지 않고 공공선의 달성이라는 목적을 추구하는 정부활동의 틀이란 의미를 함축한 정치 시스템을 정치체제라고 명명하였다.

이 개념은 정부의 개념보다 더욱 포괄적인 개념으로 국가의 전체 시스템을 망라한 것으로 이해되고 있다.

④ 국민(people), 민족(nation)

국민, 민족은 오랜 역사속에서, 생겨난 언어, 지리, 경제, 문화 등의 공통성, 동질성에 기초한 사람들의 집합체를 의미한다. 하나의 민족이 하나의 국가를 이루어야한단느 주장 속에서 우리는 민족의 개념을 이해할 수 있는 것과 같다.

그래서 근대사회를, 국민(민족)국가 형성과정 중심으로 분석이해하고자 하는 이유도 여기에 연유된다.

⑤ 나라, 조국

나라와 조국은 국민(민족)을 포함한 지리적, 공간적 개념을 띈다. 즉, 동일한 국가주권이 미치는 공간적, 지리적 범위안에 있는 자연적, 인문적 내용을 포괄하는 것이 나라, 조국이다. 특히, 나라, 조국이라는 개념은 정서적, 감성적(emotional) 요소를 강조하는 측면이 강하여 일제시대 "내 나라가 없다. 나라 잃은 슬픔(즉, 조국이 없음), 조국을 되찾자" 등의 구호에서 볼 수 있듯이 민족의 동질성을 강조할 때 자주 사용되었다(유낙근, 이준, 2006:39-40).

2. 국가의 다양한 논의

국가란 무엇인가? 이에 대한 답은 국가가 추구하는 목적과 그 실현을 위해 사용하는 수단 및 인식주체의 관점에 따라 다양하게 설명되어 질 수 있다.

1) 고전적 국가이론

홉즈(T. Hobbes)와 밴담(J.Bentham)으로 대표되는 고전적 국가관에서는 국가의 통치행위는 인간의 공공선(common good)의 최대화라는 신성한 목적 및 성격을 지니는 것으로 파악하였다.[3] 즉 국가는 정의(Justice) 의 실현기관이며 모든 사람의 공공선을 위해 존재한다고 보았다. 그러므로 동시에 국가는 본질적으로 법 질서로 설명되는 것으로서 법에 입각한 정의와 권위로 사회질서를 유지·존립 할 수 있다고 보았다. 다시 말해 플라톤(Plato BC 427-437)은 인간의 본성은 착하고 인간은 서로를 존중하고 공동 질서를 도덕에 따라 지키기 때문에 평화적인 질서가 유지된다고 보았기 때문에 국가와 같은 거추장스런 결사체는 필요가 없다고 하였다.

그러나 진실로 이상사회를 만들기 위해서 국가가 꼭 필요하다면 기껏해야 철인(哲人;philosopher)이 지배하는 정도면 족하다고 하였다. 즉 그는 선(善)한 인간을 대상으로 하는 국가나 정부는 필요없다고 하였다.

반면에 홉즈(Hobbes, 1588~1679)는 인간의 본성은 사악하고 혼돈상태를 지향하며 서로가 투쟁상태에 있다고 보아 (war of everyone against everyone) 이러한 투쟁상태의 사악한 인간들에게는 리바이어던(Leviathan)이라는 초인적인 괴물이 필요하다고 보았다. 이 괴물은 사악한 인간들을 단숨에 정리하여 질서를 잡아야 하는데 이와 같은 괴물의 역할 및 기능을 맡는 것이 바로 국가라는 것이다.

2) 공산주의적 국가이론

이와 같은 고전적 국가관에 정면으로 도전한 맑스(K.Marx)와 엥겔스(F. Engels)는 국가란 "전체 부르죠아의 공동업무를 관장하기 위한 하나의 위원

---

3) Thomas Hobbes, Leviathan (Indiana : The Bobbs-Merrill Company, Inc., 1958), pp.139-152. ; L.C. Mcdonald (edo), Western Political Theory (N.Y. : Harcourt Brace Jovano vich Inc., 1968), pp.461-464.

회에 불과" 하다고 주장한다. 동시에 법이란 생산수단의 소유에 의해 규정되는 사실상의 권력을 바탕으로한 사회지배계급의 의지의 표현이라고 지적한다. 따라서 법에 의해 통제되는 자본주의 국가는 결국 자본가계급의 이해에 봉사하는 역할을 수행하게 된다는 것이다.[4)]

3) 관료주의적 국가이론

한편 20C 들어와서 웨버(Marx Weber)는 국가를 관료조직에 의한 권위적 지배체제로 이해했다.[5)]즉 국가는"주어진 일정한 영토와 그 영토내의 주민을 독점적 강제 수단(독점적 강압력), 통일적 권위, 제반 법률적·행정적 장치(관료제에 의한 지배 체제)로 배타적으로 지배하는 정치적 조직(공동체)이라고 보는 것이다.[6)]

여기서의 배타적 지배란, 영토내의 어떠한 지배조직도 허락하지 않는 대내적 통치조직임과 동시에 다른 국가나 국제조직에 의한 어떤 간섭과 개입도 허용하지 않는 대외적, 주권적인 통치조직임을 의미한다. 그러나 이와 같은 국가 개념규정은 정태적인 개념규정에 그치고 국가가 어떤 과정을 통해 독점적 강압력을 획득, 전 영토와 주민에게 영향을 미치는 통일적 권위를 형성하며, 또 나아가 국가의 정통성위기나 사회불안에 당면 할 때 영토 보전과 사회안정을 위한 중앙집권적이고 분화된 관료조직기구를 어떻게 수립하는지에 대한 동태적인 국가형성(state formation or state-building) 과정에 대한 제시가 전혀 없다는 점이다.[7)]

여기에 과연 국가는 어떤 과정을 통해 특정 영토와 주민에 대한 배타적

---

4) Karl Marx, "Manifesto of the Comunist Party" in Robert Tucker(ed.), Marx-Engels Reader.2nd ed. (N.Y. : W.W.Norton & Company,1978), p.475 ; F.Engels, The Orgins of the Family, Privite Property and State (London : Lowrence and Wishart,1972), p.231.

5) Marx Weber, "Politics as a Vication", in H.H. Gerth & C,W.Mills(eds.), from Marx Weber (N.Y. : Oxford Univ. Press,1946), p.78.

6) 김태성, 성경륭, 복지국가론 (나남출판,1995), p.23.

7) Ibid, p.24.

지배권을 확보하였는가? 틸리(Tilly)는 아래와 같은 세 가지의 하위과정이 국가형성을 촉진했다고 한다.

첫째, 강제력 내지 강압력[8](coercion)의 축적(accumulation)과 집중(concentration)이 국가형성의 촉진조건 이라고 하였다.

둘째, 특정 영토 밖의 경쟁자를 제거 혹은 무력화시키는 전쟁유발(war-making) 요인이요 셋째, 국가 조직기구의 유지와 확대 나아가 전쟁수행을 위해 국가는 각종자원을 추출(extration) 동원하여야 하는데 이 추출 능력의 증가가 국가형성을 재정적으로 뒷받침했다고 할 수 있다. 김태성・성경륭은 이와 같은 틸리(Tilly)의 국가형성 촉진요인을 통하여 형성된 국가(proto-state)가 그 기능 및 행태상(state form)에 다양한 변화가 지속적으로 역동적으로 초래되지 않을 수 없다고 보고 두 가지 기준에 의한 메트릭스(matrix) 방법으로 네 가지 국가 유형을 제시, 각 국가 유형의 특성을 설명하고 있다.[9]

그 기준의 하나는 국가가 안보 및 법과 질서 유지라는 기본적이고 소극적인 기능만을 수행하는가 아니면 경제촉진 및 국민의 복지를 위한 복지 급부기능과 같은 실체적이고 적극적인 기능까지 수행하는가 하는 것이요, 다른 하나의 기준은 국가 권력의 구성과 행사에 있어 소수 집단이 독점하는가 아니면 국가 구성원 모두에게 개방되어 참여할 수 있는가 하는 것이다.

8) 강제력(coercion) 내지 강압력이란 타인에게 영향력을 미칠 수 있는 힘을 말하는데 여기에는 무력(武力; armed force) 뿐만 아니라 무력에 기초한 여타의 모든 강제 수단이 포함된다고 볼 수 있다. 강압력의 축적과 집중의 정도는 국가형성의 중요한 요소의 하나로서, 만약 강압력이 축적・집중되지 않았다면 국가의 존재는 없을 것이고(no state) 강압력의 축적수준이 낮은 상태에서 특정의 권력센터에 집중된다면 국가는 제국(empire)의 형태를 띨 것이다. 한편 강압력의 축적수준은 높지만 여러 권력센터에 분산되어 있다면 봉건주의 시대의 국가처럼 분산된 강압력이 높은 수준에서 축적되고 집중되었다면 국가는 절대주의 국가이후의 국민국가처럼 초국가(super-state)의 형태를 띨 것이다. (Tilly, 1990 :23), 김태성. 성경륭, pp.24-25.

9) 네 가지 국가유형이 갖는 특성과 그 차이점에 대해서는 김태성. 성경륭, 복지국가론; pp.27-35. 참조

<표 I-1> 국가의 유형과 변화

폐쇄적(권위적) ←**국가권력의 구성과 행사**→ (개방적/참여적)

기본적(소극적) ↑ **국가기능** ↓ 실체적(적극적)

I 정복(약탈)국가	III 민주국가
II 발전국가	IV 복지국가

한편, 인류 역사를 살펴볼 때 인간은 필요에 의해 국가를 만들고 그 국가로부터 자유와 평등을 동시에 보장받으려고 했다. ‘자유’란 타인의 강제나 속박이 없는 상태이므로 어떤 의미에서는 방임된 상태라 해도 과언이 아니다. 그러나 ‘평등’은 타인과 비교해서 차별 받지 않는 것 일진데, 이러한 가치는 국가와 관련지어 생각하면, 차이가 명백해진다. 즉 개인의 자유가 보장되고 강조되려면 국가는 개인의 생활에 간섭과 통제를 하지 말아야 한다. 즉 국가의 개입은 없거나 최소한도에 그쳐야 한다. 이러한 자유가 지상 제일주의로 매우 강조된 때도 있었지만 많은 부작용을 낳았다. 18C 순수 자본주의는 이러한 자유를 지나치게 강조하다보니 빈익빈 부익부(貧益貧 富益富) 현상을 초래했다.

반면에 평등이 보장되고 주민 누구나 할 것 없이 동등한 혜택을 누리려면 국가의 철저한 간섭과 통제가 필요하다. 개인의 사생활을 어느 정도 침해 · 간섭받지 않을 수 없다. 이러한 평등을 지나치게 강조한 국가가 바로 사회주의 국가이다. 이렇게 볼 때 자유와 평등은 어떤 의미로는 서로 상반된 가치로 인식됨에도 불구하고 이를 동시에 추구하려는 것을 보고 독일의 대문호 괴테는 “인간은 상호 모순된 두 가지 (자유와 평등)를 동시에 가지려고 노력하는 바보다.”라고 말하였다.

이와 같이 인간은 자유와 평등의 상반된 가치를 동시에 해결 할 수 없는 나약한 존재이므로 이를 해결해 줄 수 있는 초월자를 필요로 하게 되었는데[10] 이것이 바로 국가라는 것이다. 이와 같은 국가의 주요기능 및 역할의 변화에 따른 국가유형 및 내용을 간단히 소개하면 아래와 같다.

4) 신맑스주의 국가이론

1960년대 후반부터 맑스주의에 기초하여 대두된 신맑스주의자들의 국가론은 우선 칼 맑스(K. Marx)를 비판하는데서 출발한다. 신맑스주의자들에게 있어 국가란 맑스의 주장처럼 단순히 경제적 하부구조의 수동적 반영물로서의 파생물이 아니며 국가 그 자체가 하나의 독립변수 내지 실체(entity)로 존재한다고 주장한다. 즉 국가는 독자적인 상대적 자율성을 가지고 체제유지를 위한 모든 분야에 강제력을 미칠 수 있는 실체로 존재하고 있음을 인정해야 한다고 주장하고 있다. 국가자율성에 관한 신맑스주의 견해는 도구주의적 견해(instrumental version)와 구조주의적 견해(structural version)로 크게 구분된다. 도구주의적 견해로 대표되는 밀리반트(R.Miliband)는 국가란 주어진 환경 속에서 특수이익을 실현하기 위한 수단으로서 존재하며 바로 국가행위를 통하여 산업자본가, 경제적 중산층(부르죠아 계층) 의 요구가 수용된다는 입장을 취한다.[11] 또한 플랜차즈(N.Poulantzas)에 의해 주도되고 있는 구조주의적 견해는 국가란, 사회내의 모든 계급 집단의 이익에 영향을 줄 수 있는 형체로 규정하고 있다. 즉 국가는 자본주의 경제체제의 구조적 전제 조건인 국가정책(state polices)을 이용하여 일면으로 지배계급을 응집시켜 그들의 이익을 확보해주고, 다른 일면으로는 피지배 계급의 이익에 대한 실현주체로서 국가

---

10) 국가의 필요성에 대해, 동양 사상가인 맹자와 순자는 각각 다르게 설명하고 있다. 맹자는 인간의 본성은 착하기 때문에 예절만 지키면 사회질서가 잘 유지된다고 주장한다. 즉 인간이 서로가 존중하며 공동체를 구성하여 가는데는 보편적인 예절만 지켜도 충분한데 구태여 국가나 정부가 필요 없다는 것이다. 그러나 순자는 인간은 사악하여 무례하고 비도덕적 행위를 일삼기 때문에 공정한 결사체가 필요한데 이것이 국가라는 것이며 법률로 사악한 인간을 지배하고 다스려야 한다고 주장하였다.

11) Ralph Miliband, The State in Capitalist Society : An Analysis of the Western System of Power (N.Y.: Basic Booles, 1969), p.23.

자신을 부각시켜 사회전체의 응집(cohesion)에 능동적인 기여를 하고 있다고 주장한다.12) 그런데 이와 같은 이중적 기능을 수행하는 국가가 자율성을 가질 수 있는 것은 자본주의 경제체제의 구조적 결과이지 국가자체가 경제체제의 원인은 아니라고 보고 있다.13)

5) 국가도출론

이 밖에 국가의 방법론적인 개념유형으로 1960년대 후반 독일을 중심으로 한 사회과학 연구방법의 하나로서 국가도출론적 접근을 지적 할 수 있다.14)

국가도출론의 경우 무엇이 사회로부터 국가라는 형식을 도출해냈는가에 초점이 두어지고 있다. 그 도출의 출발점이 자본관계(Capital relationship) 라는 점에 대해 기본적인 합의가 있는 것으로 보여진다.15) 즉 국가형태는 자본의 모순된 존재양식으로부터 도출되는데 국가는 자본 축척률이 떨어지는 것을 방지하기 위해 불가피하게 기능을 수행해야 하는 존재로서 궁극적으로는 자본가의 집합이라고 정의한다. 이렇게 볼 때 맑스(Marx)와 방법론상의 유사성을 지적할 수 있지만 맑스(Marx)는 국가가 자본독점의 수단이라고 보고 있지만, 국가도출론는 국가 자체가 바로 자본축적의 주체라고 생각하는 점에서 그 궤를 달리 한다고 볼 수 있다.16)

---

12) Nicos Poulantzas, Political Power and Social Classes (London : New Left Books and Sheed, 1973), pp.44-45.

13) Nicos Poulantzas, Political Power and Social Classes (London: New Left Books and Sheed, 1973), pp.44-45.

14) 안병만, 한국정부론(서울; 다산출판사,2001), pp.62-63.

15) J.Hirsch, "The State Apparatus and Social Reproduction : Elements of a Theory of the Bourgeois State", in Hollo way and Picciotoceds.), State and Capital (London :Edward Arnold, 1978), pp.58-59., 안병만, op.cit., p.62. 재인용

16) E.Altvater 또는 J. Hirsch 등이 중심이 되고 있는 이 접근법은 아직 이론적 초기단계에 있는 것으로 보여진다.

6) 비판론적 국가인식이론

오페(C. Offe)에 의해 대표되는 프랑크푸르트학파는 문화적 모순으로 전이되어 정통성 위기에 직면하게 된다는 하버마스(J.Habermas)의 인식론에 기초하고 있는 비판론적 국가이론이다.[17] 즉 자본축적과정의 모순들을 국가가 제도적으로 보장함에 따라 그 결과는 국가의 정치적 위기로 치닫게 된다는 것이다. 여기에 국가는 자본축적과 정통성이라는 배타적인 양면을 관료제를 통하여 조화·병행 시켜야 하는 부담을 감수하고 해결해 나가야 하는 위치에 있으며, 그 가능성은 경험과 그 경험에 의한 비판적 인식에 기초할 수밖에 없다는 것이다.[18]

이상 논의된 국가론에 대한 다양한 접근법들을 정리하면 <표 I-2>와 같다.

<표 I-2> 국가론의 방법론적 유형

방법 / 기준	고전적국가론	맑스 엥겔스	Weber주의 국가론	신 맑스주의	국가도출론	Frankfurt학파
본질	정의에기초한 법단체	부르죠아착취단체	정통성있는 권위체제	상대적자율성의 주체	자본가집합	자본주의 경제모순의 제도적 보장장치
전제목적	공공선	지배계급의 이익	영토보전과 사회안정	자본주의체제유지	자본축적	자본축적과 정통성확보
수단	법,정의의표현	법,지배계급의지표현	강제적관료조직	국가개입	자본재생산을 위한 국가개입	국가운영양식으로서의 관료제

17) J.Habermas, Toward a Rational Society (Boston: Bacon, 1970), p.102.
안병만, op.cit, p.62. 재인용

18) Claus Offe, "Class Rule and the Political System", German Political Studies(1), 1974, pp.31-57.

Ⅱ. 국가의 유형

앞 절에서 살펴본 국가 형성촉진요인이나 국가의 주요기능 및 역할 변화에 따른 국가 유형의 내용을 개략적으로 살펴보았으나 본 절에서는 국가통치권력 주체 및 기능, 그리고 등장시기에 따른 기준에 의한 국가유형에 대해 간략히 살펴보고자 한다.

1. 신권국가

신권국가(神權國家)는 신탁통치가 이루어진 시기의 국가를 말한다. 즉 신의 대리자인 교황에 의해 국가가 좌우되는 형태의 국가이다. 이러한 시기, 교황은 왕권보다 강했으며, 대토지를 소유하고 기사를 거느리며 막강한 영향력을 행사하였다. 그러나 자유와 평등을 동시에 추구했던 인간은 신의 노예라고 불릴 정도로 비참해졌다. 그러나 14-15세기 르네상스(Renaissance)운동은 이러한 비참한 생활을 바꿔놓기에 충분하였다. 고대 그리스와 로마의 고전문화가 부흥하고 새로운 근대문화가 창조되기에 이르렀다. 문학, 예술, 자연과학, 종교개혁 등은 인간을 종교나 집단의 속박에서 벗어나서 개성적인 존재가 되고 새롭게 인식된 풍부한 인간상을 자유롭게 발전시키게 되었다. 이탈리아에서 시작하여 유럽전역으로 퍼져나간 이 운동은 개개인의 자유를 매우 강조한 것으로 평가할 수 있다. 그러나 개인의 자유를 지나치게 추구하다보니 국가는 혼란스러웠고, 분열되는 양상을 띠게 되고 급기야는 절대주의를 추구하는 강력한 왕정이 성립되었다.

2. 절대국가

절대국가(絶對國家)는 16세기경의 절대주의 시대에 성립된 절대왕정(Absolute Monarch y)국가를 말한다. 이러한 절대주의를 뒷받침한 사상이 바로 마키아벨리의 '군주론'(君主論)이다. 여기서 마키아벨리는 '국가의 주인은 군주'라는 군주주권론을 제창하였다. 그는 그 당시 분열된 이탈리아가 통합되기를 원하는 마음에서 정치를 종교나 윤리로부터 분리시킬 것과 정치적 지배자는 경우에 따라 목적을 달성하기 위해 수단과 목적을 가릴 필요가 없다고 주장하였다. 또, 영국의 홉즈(Hobbes, 1588-1679)도 '인간의 자연 상태는 투쟁 상태이며, 사람들은 이를 벗어나기 위하여 계약을 맺고, 모든 권리를 지배자에게 양도함으로써 국가가 성립하였기 때문에 왕권은 절대적이다'라고 주장하여 왕권신수설[19]을 옹호했다. 이러한 사상을 배경으로 삼은 절대군주의 권력은 매우 비대해졌고, 이러한 절대권을 더 확고히 누리기 위해 상비군과 왕의 재산을 늘이고 관리하기 위해 관료제를 갖추게 되었다. 이러한 상황에서 상공인과 금융업자 등 시민계급은 국가통일과 중앙집권이 그들 활동에 유리하였기 때문에 왕권을 도왔다. 그러나 점차 시민계급의 힘이 강대해지면서 귀족과 절대왕권에 도전하게 되자 시민혁명으로 절대 왕정은 몰락하게 되었다.

전제정치와 지나치게 강압적인 절대왕정의 몰락을 가져오는데 결정적인 역할을 한 사상은 바로 계몽사상이다.[20] 대표적인 사상가로는 로크(Locke, 1732-1704)는 '인간은 자연상태에서 자유와 재산이라는 자연권을 누렸고, 이를 더욱 확고하게 누리기 위하여 계약을 맺고 국가를 형성하였으며 따라서 정부가 이를 위배하는 경우 사람들은 정부를 교체할 수가 있다고' 주장하였다.[21]그리고 몽테스키외(Montesqeieu, 1689-1755)는 '법의 정신'에서 삼권분립을 주장하였으며, 볼테르(Voltaire, 1694-1778)는 언론과 출판의 자유를, 루소(Rousseau, 1712-1778)는 '사회계약론'에서 국민주권(國民主權)을 주장하고, 자

19) 절대왕정을 옹호한 이념으로 왕권은 신으로부터 주어진 것이기 때문에, 신성하고 절대적인 것으로 보는 사상이다.

20) 18세기 프랑스를 중심으로 하여 널리 퍼진 계몽사상은 과학의 발달, 데카르트의 합리주의, 로크의 정치사상등을 바탕으로 한다. 계몽사상은 인간의 이성을 높이 평가하고, 무지와 미신, 이성에 반대되는 전통이나 제도를 타파하여 인류사회의 진보를 꾀하려는 혁신사상이었다.

21) 로크의 주장은 영국의 명예혁명을 옹호하였으며, 미국의 혁명과 계몽사상에 많은 영향을 주었다.

유와 평등 등을 고취하였다.

3. 시민국가

이러한 계몽사상이 17-18세기에 시민계급에게 수용되어 일으킨 시민혁명으로 인해 성립된 국가가 바로 시민국가(市民國家)이다. 이 시기는 '이성의 시대'로 불릴 만큼 교육을 통해 인간이 보다 성숙되었고, 토론과 토의 등을 통해 자기의 사상을 전파하게 되었고, 그러다 보니 자유와 평등을 억압하는 군주에 대항하게 되고 급기야는 혁명으로 이어지게 되었다.

시민혁명이 먼저 일어난 국가는 영국이다. 영국은 일찍이 장원제도가 무너지고, 자영농민층(yeomanry)이 형성되고, 모직물 공업의 발달에 따라 양을 기르는 목장을 만들기 위한 엔클로저 운동(Enclosure Movement)이 전개되었는데, 이 운동을 주도한 계층은 자영농민 보다는 상위에 있으나 귀족보다는 하위에 있는 중간계층인 젠트리(gentry)라는 지주층이었다. 후에 이들이 의회에 진출하여 절대왕권과 대립하게 된다. 이어 이들에 의한 권리청원(Petition of Right, 1628)[22], 청교도혁명(1642), 명예혁명(Glorios Revolution,1688), 권리장전(Bill of Right,1689) 등의 일련의 사건은 절대왕정을 무너뜨리고 입헌정치를 확립, 권력의 중추가 시민을 대표하는 의회로 돌아가게 됨으로써 시민혁명을 완성한다. 청교도를 중심으로 자유를 찾은 미국은 영국의 억압적인 식민지 정책(중상주의 정책, 인지조례)에 반기를 들고 1774년 7월 4일 독립선언을 발표하였다. 이 선언은 자유, 평등, 재산 등 인간의 기본권과 포악한 정부에 대한 반항의 정당성을 주장한 것이다. 이에 대해 프랑스의 지원, 러시아의 중립 등으로 전세가 불리하게된 영국은 1783년 파리조약에 의해 미국의 13개 식민지 독립을 승인함으로써 절대왕정의 전제정치를 일찌감치 벗어났고, 오히려 절대왕정에 시달리는 유럽국가들에게 큰 영향을 미치게 되었다. 프랑스의 시민혁명은 구제도(Ancien Regime)의 모순에 있었다. 구제도하에서는 3개

22) 의회의 승인 없이 과세하지 말 것과 법에 의하지 않고 인신 구속을 하지 말 것 등을 규정한 것이다.

신분으로 되었는데, 제 1 · 2신분인 성직자와 귀족이 광대한 토지와 주요 공직을 독점하는 특권계급이었고, 국민의 대다수를 차지하는 제3신분인 평민은 불평등과 과도한 조세로 고통을 받았다. 평민 중 상공업자를 중심으로 시민계급이 성장하여 구제도의 모순을 타파하고 자유로운 시민사회를 건설하기를 원했다. 그러던 중 프랑스에 재정위기 사태가 벌어지고, 이를 타개하기 위해 삼부회를 소집하자, 평민대표들은 '국민의회'를 형성하고 '바스티유 감옥 습격', '인권선언'[23]발표 등을 통해 프랑스 혁명(1789)이 발발하는 일련의 과정을 통해 시민혁명이 완성되었다.

4. 입법국가

18세기 산업혁명으로 말미암아 자본, 노동력, 자원이 풍부하였던 영국과 서구 유럽국가들은 정치가 안정되고, 특권이나 독점과 같은 경제발전을 저해하는 요소들이 소멸되어 갔다. 이로 말미암아 이 시기의 정부의 역할은 소극적이었고, '법률에 의한 행정'이 확립되면서 자의적인 행정으로부터 국민의 생명과 재산을 보호하고자 하는 의도에서 행정에 대한 입법권의 우월현상이 나타났다. 이렇듯 삼권분립을 전제로 입법권이 행정권이나 사법권에 비해 우월한 국가를 입법국가(立法國家)라고 한다.

입법국가시대에서 국가의 주 기능은 크게 두 가지인데, 군사력에 의한 외적의 침입방지의 국가안보기능과 사회구성원들을 부정하거나 억압으로부터 보호하기 위한 국내 치안질서 유지기능이다. 이외에 다른 적극적인 기능은 부정되었고, 소극적인 기능을 전제로 한 경찰국가, 야경국가, 자유방임국가로 표현하였는데, 이것은 시민사회에 대한 국가의 간섭을 최대한 배제하고 개인의 자유와 평등을 최대한으로 보장하려는 자유주의 사상을 행정의 기본원리로 삼았기 때문이다. 이시기는 의회 중심의 정치가 정착되었고, 산업혁명이

23) 이 선언은 인간의 자유와 평등, 국민 주권, 언론 출판 신앙의 자유와 법적 평등, 그리고 재산의 불가침 등을 선언한 것으로서 미국의 독립선언과 더불어 민주주의 발전에 기여한 가장 중요한 선언이다.

후 기계화로 인하여 대량생산된 물건에 대해 수요와 공급이 일치해 정치경제상 큰 문제가 없는 시대이기 때문에 국가의 역할은 별로 중요하지 않았던 것이다.

5. 행정국가와 복지국가

20세기로 들어오면서 생각하지 못했던 일련의 역사적 사건이 벌어진다. 세계대전, 경제공황 등 국제적인 위기를 직면하게 되지만 국가는 속수무책이었다. 그 동안 정부의 역할을 최소화하면서 '최소의 정부가 최선의 정부'로 인식되고, 국가가 간섭하지 않아도 시장의 자율적인 메카니즘에 의해 경제문제가 발생하지 않을 것으로 보았으나 상황은 간단하지 않았다. 점점 더 불어나는 실업, 불경기, 공황 등 국민사회의 안정성은 상실되고 위기가 고조되었다. 그러던 중 미국을 위시하여 국가통제와 개인의 경제행위에 적극적 개입을 인정하게 되었고 행정기능은 점차적으로 팽창하게 되었다. 행정권이 강화된 국가, 입법부에 비하여 행정권이 우월한 지위에 있는 국가를 일반적으로 행정국가(行政國家)라 한다.[24)]

이러한 행정국가의 궁극적 목표는 국민복지의 실현인 복지국가의 건설인 것이다. 이러한 행정국가의 주요한 특성은 정부기능이 행정부에 집중되어 있다는 점과 정부정책을 결정함에 있어서 행정전문가를 필요로 하게 되었다는 점이다. 전자는 전통적으로 행정은 법이나 정책의 집행기능만 담당했는데, 이제는 준입법 및 준사법기능 까지도 갖게 되었다는 점을 의미한다. 후자는 그 동안 행정은 단순한 것으로 보아 전문가의 도움이 필요하지 않았으나 위임입법이나 정책결정상의 정부관여로 입법부보다 행정부가 전문가를 더 많

24) 행정국가 외에 직능국가, 복지국가, 적극국가로 달리 표현할 수 있으며, 국가는 국민의 생활영역에 보다 깊숙이 관여하여 사회에서 일어나는 제반 문제를 해결하는 문제해결자의 역할을 수행하는 직능국가의 성격을 갖고 있으며, 직능국가의 연장선에서 국민의 사회복지에 보다 적극적인 관심을 갖고 있으며, 이를 실천하는 복지국가의 성격을 갖고 있다. 박연호, 「행정학신론」, 박영사, 1994, p.5.

이 필요로 하게 되었다.

21세기를 예견케하는 여러 가지 변화의 징후들이 이미 일어나고 있다. 1980년대 이후 중앙집권적 행정국가체제 하에서 과도집중 되었던 행정 권력과 기능을 분권화, 분산화[25)]하고 공공부문에 경쟁원리를 강조하는 변화를 보이고 있다. 자유주의를 바탕으로 한 인간화와 참여민주주의의 확산, 경쟁을 통한 협동사회의 추구, 정보 통신 교통수단의 비약적 발전을 배경으로 경쟁과 협력, 상호의존의 대상이 전 지구로 확산된 국제화 세계화 등의 경향이 현저하게 드러나고 있다. 이러한 변동은 개인의 자주성과 책임의 강조, 정부독점의 지양과 국가기능의 분산. 다양성을 기초로 한 경쟁과 협력의 생산적 조화의 강화 등으로 요약될 수 있으며, 거대화된 정부의 유능성보다 사회의 체질강화 즉 행동하는 사회(action society)를 추구하는 것이기도 하다.

6. 정보국가

21세기는 보다 고도화된 정보사회가 예상된다. 정보사회는 정보기술이 지배하는 사회이고, 정보기술은 컴퓨터와 통신기술이 지배하는 사회인 것이다. 이러한 정보사회를 지배하는 국가가 바로 정보국가인 셈이다. 토플러(A. Toffler)는 정보사회 또는 초산업사회, 벨(D. Bell)은 후기산업사회, 호켄(P. Hoken)은 정보경제시대, 나이스비트(J. Naisbitt)는 거대조류(Megatrends), 마흐럽(F. Machlup)은 지식사회, 에치오니(A. Etzioni)는 탈근대사회로 지칭하고 있다.

앞에서 살펴본 국가론은 그 방법론적인 의미와 이론적인 기여에도 불구하고 많은 한계점이 있다는 비판을 면치 못한다. 이는 우선 국가에 대한 개념

25) 이러한 분권화, 작은 정부 지향의 변화를 탈 행정국가화로 인식하는 견해들이 있다. (오석홍, "행정국가 이후에 대비하는 행정학", 한국 행정학회 소식, 제 74호(1996.6.7), p.6-7. 한편 이러한 변화를 행정기능이 단일 핵에 편재되던 단순행정국가에서 확산적 다핵배치의 복합행정국가(신행정국가)로의 변화로 보고, 지금까지 행정국가 극복의 유력한 수단이었던 분권화가 행정국가 자체의 논리 속에 흡수되어 버린 그래서 분권화되면서 오히려 강대해지는 행정국가로 파악하고 있다.

이 불명확하여 무엇이 국가인지, 또 그 구성요소는 무엇이며 어디까지 포함해야 하는지에 대한 합의가 도출되지 못하고 있는 점이 무엇보다 지적된다. 여기에 본서에서는 국가라는 말의 의미를 세 가지 측면에서 살펴보고, 그러한 국가의 발생론, 시인론, 목적론적 관점에서 체계화하여 국가의 본질을 좀 더 깊이 이해하고자 한다.

I. 사회적 실재(社會的 實在)로서의 국가

위에서 살펴본 바와 같이 국가는 다의(多義)적 개념으로써, 학문적 용례를 대상으로 살펴보아도 극도의 다른 의미로 수없이 규정하고 있는 것을 발견할 수 있다.

첫째, 국가에 대한 가장 흔한 용법중의 하나는 국가를 모든 사회현상의 전체 즉 개별적인 부분현상과는 명백히 대조되는 유기체(有機體)적인 총체라는 의미에서 공동체사회(Gesells chft)로 이해하는 경우이다.

둘째, 국가는 사회를 형성하는 특수한 구성요소의 하나로서 사회는 좀 더 넓은 개념으로 인식하는 대신 국가는 좀 더 좁은 개념으로 사용되기도 한다.[26)]

셋째, 국가는 대상의 부분과는 반대되는 일반적으로 제요소의 합성으로 이루어진 대상의 전체에 대한 표현으로 간주되는 동시에 국가가 어떤 공동체의 특수한 권력으로 표현되는 경우, 한 민족으로 표현되는 경우, 특정한 지역으로 표현되는 경우 등으로 동일시된다. 또한 국가는 한편으로 모든 기관

26) 이와는 반대로 도덕적 자유의 표현으로 국가를 사용하기도 한다. 즉 무정부적인 가상적 자유가 실제로는 노예제를 존속시키는 사회악에 불과하다는 사실에 대립하여 이상으로서의 법률적 자유의 표현으로서 국가가 사용된다. 여기서 국가는 이타주의적이고, 보편주의적인 원리의 상징으로 사회는 이기주의적이고 개인주의적인 원리의 표현으로 사용되었다.

의 집합을 의미하지만, 다른 한편으로 특정기관 예를 들면 이른바 정부(government) 의미로 사용된다.

넷째, 국가는 지배(domination)의 주체일 뿐 아니라 객체로써 표현된다. 그리하여 국가는 지배적 입장이 될 수도 있고 피지배적 입장이 될 수도 있다. 국가는 본질적으로 인격인 동시에 사물 즉, 어떤 작용의 주체 및 대상으로 이해된다.

다섯째, 국가는 어떤 특정 작용의 주체 및 기능으로 이해되기도 한다. 불어로 국가를 의미하는 「Etat」는 독일에서 자주 사용되는 외래어인데 그 의미는 국가예산 즉 국가재정이다.

여섯째, 국가개념의 의미는 사회개념 관계에서와 마찬가지로 법 개념과의 관계에서도 다양하게 변화한다. 국가가 법의 전제와 보증으로 나타나기도 하고, 법이 국가의 전제로서 나타나기도 한다. 이에 주로 국가는 현재의 실태(實態), 즉 존재(sein)로서 나타나고, 법은 규범 즉, 당위(sollen)로서 나타난다. 이와 같이 국가의 본질에 대한 문제는 한편으로는 국가개념과 사회개념과의 관계, 다른 한편으로는 국가개념과 법 개념과의 관계와 밀접히 결합되어 있다.

1. 상호작용(interation)

국가의 행동이 인간의 행동과 마찬가지로 법규범의 대상이 될 수 있다는 생각은 국가도 일종의 인간 유기체로서 생물학과 심리학의 대상처럼 자연적 실재[27]라는 암묵적 가정에 근거한다. 이러한 견해는 생물학적, 무엇보다도 심리학적인 영향을 받은 현대 사회학에 의해 수용되었다.

이러한 시각에서의 국가개념파악은 국가가 자연적 실재라는 정당성을 주장하기 위해 국가의 여러 요소들은 심리적 상호작용(相互作用)을 통해 통일체(統一體; unitification)를 이룬다고 설명코자 하였다. 이와 같이 심리적 상호

27) 실재(實在; realization) 는 결국 가공적인 관념(觀念)의 존재가 아니라 현실적으로 존재(存在)하는 것이라는 의미에서의 표현이며 또 본질이라는 의미에서 실체(實體;entity)라는 의미로 사용 할 수 있을 것이다.

작용을 통해 통일체를 이루는 대상으로 국가를 이해하더라도 심리적 상호작용에 등급이 있으며 그 등급에 따른 인간의 사회적 결합이 존재한다는 것이다. 예를 들어 심리적 상호작용의 일종인 국가에 있어서 그 구성요소인 국가의 시민들은 가장 강력한 정신적 상호작용을 한다. 따라서 국가는 가장 높은 등급의 상호작용으로 표시된다.

그러나 국가가 통일체로 인식되는 것은 현실의 심리적 상호작용 때문이 아니라, 법적인 근거에서 인식된다. 왜냐하면, 법에 의해 국가에 귀속된 인간[28)]은 상호 작용 속에 놓여 있을 수 밖에 없고 이로 인해 국가를 실재하는 사회 심리적 통일체로 간주해야 한다고 주장하는 것에 지나지 않기 때문이다. 결국 이것은, 단지 당위로서(sollen) 시인(是認)되는 것을 존재(sein)로 주장하려는 데서 비롯된 것이라 할 수 밖에 없다.

이와 같이 상호작용론은 국가로 인식되는 사회적 통일체의 본질을 밝히는 데는 적합하지 않다. 모든 사회적 통일체의 본질은 결합인데 상호작용을 상정하려면 이 결합이 상호작용을 통해 이루어져야 한다. 그러나 국가 제요소의 상호작용의 범주내에는 사회학적으로 볼 때 결합이 아니라 오히려 분리인 증오, 경쟁, 투쟁 등이 포함되어 있다. 개인이 결합되는 것은 규범에 의해 의무를 부여받기 때문이다. 바로 이런 관점에서 공동체는 인간의 행동 규율을 내용으로 하는 규범체계로서 질서이다. 그러므로 공동체는 초개인적인 실체(entity)이며 그 존재영역은 심리적인 현실의 영역이 아니라 규범적이며 이상(理想)의 영역인 것이다.

2. 전체의사 및 집단정신

사회적 결합의 한 형태이며 사회적 실재(實在)의 통일체라는 의미에서 다수개인의 결합을 공동체라 할 수 있는데, 이때 개인의 의사(意思),감정 혹은 사상이 어떤 측면에서 일치되고 있음이 인정된다. 이는 곧 전체의사, 공동의

---

28) 여기에서 이미 국가가 권위 있는 통일체라는 것이 암묵적으로 전제되어 있다.

식, 전체의식, 공동의 이익 등을 다룰 때 그 전제가 되어왔다. 국가는 이런 시각에서 사회심리학적인 실재(實在)이며 특수한 전체의사로 간주되어 왔다. 이때 국가는 국가에 종속된 개인의 의사나 인격과는 다르며 보다 상위에 있는 존재로서의 전체의사 라고 인식된다. 이와 같은 국가를 개인의사의 상위에 존재하는 특수한 전체의사로 표현한다면 즉, 이는 상징적인 규범체계(norm system)와 연계된다. 왜냐하면, 규범에 의해 의무가 부과된 개인존재와 결합된 또 다른 개인의 존재가 인정, 표현 될 때에만 개인의사와는 본질적으로 다르면서 개인의사의 상위에 존재하는 국가질서의 의사(전체의사)가 가능하기 때문이다.

3. 동기부여 혹은 지배(motiving or domination)

국가가 사회적 실재라는 것을 입증하기 위해서 상호작용 및 전체의사 라는 개념 유형으로서 뿐만 아니라 심리적 동기유발이 이용된다. 국가는 결국 지배관계로 형성된다. 즉 국가의사(전체의사)에 의해 국가에 복종하는 (동시에 국가를 구성하는) 개인을 구속한다는 뜻에서 지배요, 한사람의 의사가 타인의 행동을 목표로 하고 그 행동의 동기가 된다는 의미에서 관계(relationship)이다. (의미상으로는 동기를 유발시키는 것이다.)

국가질서의 효력이란 결코 예외가 없는 것은 아니어서 일시적이고 간헐적인 영향력(influence)으로 개인에게 영향을 미친다. 일종의 힘인 이 영향력은 다수의 통일성을 대신하여 지배자 또는 지배력으로 의인화된다는 것이다. 그러나, 한사람이 다른 사람을 지배한다고 할때, 동기부여와 같은 인과(因果)관계적인 특수 의미는 얻을 수 없다.

왜냐하면, 하나의 원인은 하나의 결과를 낳으므로 한사람의 의지표명이 다른 사람이 어떤 행동을 하게 하는 원인으로 작용한다는 것은 사실이나 이것이 곧 특정한 지배관계를 의미하는 것은 아니기 때문이다. 즉, 지배의 개념은 인과관계적 사실로서가 아닌 보다 규범적 의미를 내포하고 있는 것이다.

4. 유기체설

이는 개인 심리학적 영역밖에 존재하는 특수한 사회심리학적 실재라는 의미에서 국가를 의지(will)라는 은유로 표현함으로써[29] 국가는 의도뿐만 아니라 감정, 사고까지 가지고 있다고 가정한 주장이다. 즉 국가는 다른 유기체(organism)와 마찬가지로 정신을 지닌 육체 또는 육체를 지닌 정신으로 간주된다는 것이다. 이것이 유기체적 국가론의 핵심인데, 이런 실체화 역시 일종의 신화에 지나지 않는다. 왜냐하면, 소위 자연과학적이며 가치판단으로부터 자유로운(value-free) 생물학적 국가유기체설의 전모는 일종의 윤리적, 정치적 가치판단을 위한 가면에 불과하기 때문이다. 즉 이런 종류의 사회생물학은 거짓으로 동일화된 물리적, 심리적 유기체와 국가유기체 사이의 유사성이 근본적으로 다르다는 사실이다. 다시 말해 일반적으로 유기체설은 윤리적·정치적 규범을 자연법칙으로 간주하며 자신을 인과법칙으로 설명하고 자신으로부터 어느 정도 상위의 가치인 확고 부동성과 불가침성의 성격을 발견할 수 있다는 사실을 통하여 오직 상대적으로만 시인될 수 있는 일종의 가치판단을 절대화하려는 시도 일 뿐인 것이다.[30]

Ⅱ. 관념적(觀念的) 체계로서의 국가

1. 심리적 행위와 정신적 내용(자연과 정신)

국가정신(혹은 국가의지)을 인정하고 나아가 국가의 육체까지 인정한다면 그 결과 모든 사실, 행위, 과정의 전체 혹은 통일체를 국가로서 규정하게 되

29) 민준기역, 한스·켈젠 지음, Ibid., p.27.

30) Ibid., pp.27-28. 여기서 한스 켈젠은 짐멜(Simmel)의 「사회학」을 통해 물리적 행동과 정신적 내용을 구분하는 방법론적 토대를 발견하였다고 한다.

며 이들은 사회적 사실(事實)과 마찬가지로 인간정신 내부에 자리 잡고 있다는 인식의 오류에 빠지게 된다. 그러나 국가의 본질을 탐구하는 연구에 있어서 중요한 것은 자연적인 존재의 세계 속에서 인과법칙(因果法則)에 따라 도출되는 정신·육체의 과정이 아니라 이런 과정을 수행하는 정신적인 내용인 것이다.

이와 같이 국가는 심리적인 것과는 다른 특수한 연구의 대상이며 정신적 내용의 집합이요, 내용에 담겨있는 특수한 규범(規範;norm) 체계이지 규범의 사고와 의도는 아니다. 즉, 국가는 심리적 물리적인 자연의 영역이 아니라 정신의 영역으로 존재한다.

2. 규범적 성격

국가의 정신적 내용이 지닌 특수성은 규범체계라는 점에 있다. 이와 같은 국가의 규범적 성격은 국가를 실재(實在)한다고 믿는 사람들에 의해 무의식적으로 표현되어 왔다. 즉 이들은 국가의 특성을 단지 규범체계로만 이해함으로써 국가를 구성하는 개인의 주관적 자의성과 관계없는 국가의 객관성이 다양한 모습으로 주장되었다. 국가의지 또는 국가정신이 단순히 개인의지 및 행동의 총합으로 가능하다면 국가의 객관성에 대한 주장은 맞지 않다. 왜냐하면 개인의 주관적인 의지 등의 요소를 아무리 결합하여 총합시킨다 할지라도 객관성은 성립할 수 없기 때문이다. 여기에 국가의 객관적 성격은 국가질서를 형성하는 규범이 객관적으로 통용된다는 사실에서 잘 알 수 있다.

그러므로 국가는 무엇보다도 그 본질상 국가를 구성하는 개인들의 상위(上位)에 존재하며 각 개인에게 전제적으로 의무를 부과하는 등 모든 구속력이 국가로부터 나온다고 주장된다. 그래서 국가사회학은 단순히 국가가 권위로 간주되는 것에 만족하지 않고 국가가 권위를 지닌 어떤 상징(simbol)에 의해 사람들이 동기 유발되고 있다는 사실 확인 뿐 만 아니라 나아가 상징의 내용을 자신의 대상으로 하여 국가는 본질적으로 의무를 부과하는 권위적 성격을 갖는다고 주장한다.[31]

3. 국가와 개인

국가와 개인간의 대립은 모든 사회이론과 실천(praxis)의 핵심문제이다. 초개인적인 통일체로서의 국가의 규범적 성격은 바로 이런 대립관계 속에서 잘 드러난다. 만약 국가가 개인과 동일한 지평의 존재로서 인과적(因果的)으로 결정되는 실재(實在)라면 특수한 대립과 문제는 생기지 않을 것이다. 오직 한쪽의 다른 쪽에 대한 의존관계만이 문제 될 것이다.

이렇게 볼 때에도 국가를 규범으로 전제할 때, 개인의 의도와 행동에 대한 규범(norm)의 존재와 당위(sollen)의 양 측면은 심한 갈등에 빠지게 된다. 그러나 개인은 더 엄밀히 말해 개인적 의지와 행동은 국가 질서를 형성하는 규범으로서 당위일 뿐만 아니라 전체 체계를 통합하는 구성요소이며 국가 전체와 모순되는 현실의 개인적 의지와 행동은 존재지평에서 배제된다고 볼 수 있다. 즉 a는 b이면서 a는 b가 아니다 라는 명제는 논리적 모순관계가 아니라 이원론적 논리관계일 뿐이라는 것이다. 이때, 이원론은 서로 독립된 두 체계 사이에 성립하는, 예를 들면 당위체계와 존재체계, 또는 국가의 질서체계와 개인과 국가간에 대립을 가져오는 윤리적·정치적 주장의 체계사이에 성립한다. 결국 국가의 실정법적 법질서와 개인적 자연법은 이원론적으로 존재한다.

4. 국가와 사회

국가학의 관점에서는 국가로서 지칭되는 규범체계와 다른 규범 및 가치체계, 예를 들어 도덕체계, 종교체계 사이의 갈등문제는 없다. 왜냐하면 순수 국가학은 특정의 규범체계로만 그 범위를 제한함으로써 고유 법칙상 본질적으로 다른 체계를 고려치 않고 이루어질 뿐만 아니라 자신을 최고의 자족적인 체계로 생각하여, 다른 체계를 배제할 것을 요구하기 때문이다. 따라서

31) 민준기 역, 한스 켈젠(Hans Kelsen)지음, 일반국가학, 민음사, 1990.

국가학은 특수한 사회과학에 속하며 규범적 국가학이라는 의미에서 국가사회학이다. 그러나 보편적 가치체계를 다루는 일반사회학의 문제는 고대에는 윤리학에서 중세에는 신학에서 19C말 사회학이 이 문제를 맡게 되었으나 그 당시 사회학은 현실의 사회문제를 가치와 정신의 문제로 파악하지 않고 자연의 문제로 파악함으로써 문제를 변질시켰다. 즉, 사회의 통일성을 현대 사회학자들은 규범영역이 아닌 자연적 영역에서 찾으며 당위(sollen)지향적 관찰대신에 존재 지향적 관찰을 함으로써 사회의 제 문제를 자연의 문제로 변화시켜 사회가 지닌 특수한 대상을 상실하였다. 결국 국가와 사회의 대립관계를 좀 더 자세히 살펴보면 여러 가치체계와 규범체계 양자 사이의 대립에 불과하다는 것을 알 수 있다.[32)]

III. 법질서로서의 국가

1. 국가와 법의 통일성

국가개념이 지닌 특수한 통일성은 자연적 현실세계가 아니라 규범적 가치세계에 존재한다. 그러므로 국가는 본질상 규범체계 또는 이러한 규범체계의 통일성을 강조한다. 이러한 사실에서 국가는 법질서 또는 법질서 통일과 관계가 있다고 인정된다. 그러나 이는 국가가 곧 법질서라는 동일성을 의미하는 것은 아니다. 이러한 동일성의 거부는 실정적 법질서와 윤리·정치적 규범 복합체라는 두 규범체계 사이의 이원론을 인정하는 것을 의미한다. 이렇게 볼 때 국가라 부르는 규범체계에서는 자연법과 실정적 법질서는 흔히 대립되나 국가가 규범체계라면 그것은 실정적 법질서여야 한다. 이는 국가의 실정적 법질서는 다른 질서가 통용되는 것을 허용하지 않기 때문이다.

32) Ibid., pp.30-31.

2. 강제장치와 권력

국가학의 통설에 따르면 국가는 강제장치의 성격을, 전통적인 법학에 따르면 강제질서의 성격을 갖고 있다고 한다. 이 양자는 근본적으로 동일대상의 파악이다. 왜냐하면 강제장치는 결국 강제질서의 상징에 불과하기 때문이다. 강제란 법률가가 법규의 효력에 관심을 두고 통찰하는 것처럼 규범의 내용이 아니라, 현실의 심리적 억압 내지 강요이다. 이와 같은 심리적 강제란 어떤 규범을 생각함으로써 일어나는 효과로서 현실의 인간행동을 규정하는 동기부여규칙 즉 국가를 강제제도로 규정할 때 떠올리게 되는 실제적인 권력이다. 이러한 실제권력은 오직 법에 의해서만 가능하면 이때 의도하는 바는 법질서의 효력 즉 법규범을 생각함으로써 생기는 효력이다. 여기에 국가규범(국가질서)과 법정권력(법 권력)을 대비시키는 것은 의미가 없다. 왜냐하면 법의 배후에는 국가권력이 있고 국가권력은 법을 유지 · 창설 · 보증한다는 통념의 실체화에서 국가권력이란 법적권력에 불과하다는 것, 즉 이상적 자연법이 아니라 실정법의 인식에서 알 수 있기 때문이다.

3. 규범성(normality) 사실성(factuality)

국가를 법질서로 간단히 인식한다면 국가학은 단지 규범성(normality)을 따지는 법규범학이 될 것이다. 법의 형태가 아닌 법 내용을 연구하게 되면 규범으로서의 법체계내용과 자연체계에 속하는 인과적으로 결정되는 현실사건의 내용사이에는 어떤 관계가 있는지에 대한 문제에 직면하게 된다.

이때 규범의 내용 특히 통용되는 것으로 전제되는 법규범은 실제행동의 내용과 어느 정도까지 일치하는가에 대한 법규범의 관념이 효력을 발생시키고 있다는 사실이다. 즉 당위질서로 통용되는 법과 국가의 내용 및 이에 상응하는 자연의 일부인 실제사건의 존재질서 내용과의 관계에서 사실성(factuality)의 개념이 제기된다.

4. 사회학적 국가와 법학적 국가

국가 또는 법질서의 당위(sollen)적 통용과 이런 질서를 내용으로 하는 관념이 갖는 현실적 효력사이의 대립은 이원론적이다. 여기에 사회학적 국가는 실제로 일어나는 행동의 총합으로 존재(sein)의 지평위에 수립되고 법학적 국가는 법규범체계로서 당위의 지평위에 수립하려고 한다. 즉 법학자에게 있어서 국가는 단지 법질서에 지나지 않는 규범적 형성체이자 당위적 가치의 영역에 존재하는 것으로 간주된다.

한편 인과적으로 일어나는 인간행동을 이해할 수 있도록 해석하고 이에 대해 인과적 설명을 하여 현실의 삶을 탐구하는 사회학에서의 국가란 인간행태의 결과와 연관관계로 파악하여 인간공동행위의 특수한 복합체로 간주한다.[33]

33) Ibid., pp.34-35.

I. 국가 발생론(國家發生論)

1. 문제의 배경

국가를 일종의 특수한 사회적 이데올로기(ideologie)로서 인식한다면 국가의 사회이론 혹은 사회학의 주요문제, 즉 방법론적으로 상이한 두 가지 문제에 있어서의 "국가의 발생"(sollen : 당위, 가치, 규범)에 대한 물음은 사라진다. 다만, 그 대신 특수한 국가이데올로기를 내용으로 하는 심리적 행동의 발생에 있어서 여러 자연적 조건(존재: sein)에 대한 물음이 문제가 된다[34]

그러나 지금까지 그 물음에 대한 답은 극히 일반적인 수준을 넘어서지 못하고 있다. 즉 국가의 발생은 "비교적 다수인(多數人)의 지속적인 공생(共生)"에 의해서 이루어진다는 확신 이상을 주지 못하고 있다. 이 확신조차도 국가에만 한정된 사회적 이데올로기뿐만 아니라 모든 고차원적 분화의 사회적 이데올로기가 발생하는데 있어서의 자연조건에 불과하다.[35]

---

34) 이는 다시 말해 국가의 발생과 국가 발생의 조건이라는 측면을 구분하는 것이다. Richard Schmmit 역시 「일반국가학(Allgemeine staat slehre, 1901)」에서 이를 준수하고 있으며 특히 그는 전자보다는 후자에 대한 물음에 답하고 있다.

35) Schmmit, Ibid., pp.38-39.

국가발생의 특수한 제 조건을 제시하려는 시도는 지금까지 성공하지 못하고 있다. 즉 사람들이 정주하고 있거나 공통의 혈통과 언어를 가진다면 하나의 국가가 형성될 수 있다는 가정 역시 단지 대상을 말해주는 것뿐이라는 사실이 입증되었다.[36]

국가가 가족으로부터 발생되었다거나 국가발생의 조건으로서 민족의 통일성이 주장된다면 그 이면에는 보통 민족국가의 정치적 요구가 숨어있을 뿐이다. 또한 국가의 발생을 특수한 경제 형태와 연관시키는 입장 역시 헛될 것이다.[37]

그리고 지형(地形)이 국가발생에 대해서 결정적인 영향을 행사했다는 해석과 산맥, 바다, 강 등의 자연적인 경계가 소위 국경의 형성에 미치는 영향 등은 어떠한 확정적인 규칙으로써 주장 될 만한 것이 못된다.[38]

때때로 자연적인 여러 조건들은 국가발생을 지향하는 인간들의 의식적 행동과 대비(對比)되며 따라서 국가란 그러한 목표를 지향하는 행동의 결과인가 혹은 인간의 의지와는 관계없이 그들이 인식하지 못하는 과정, 즉 유기체적 성장의 결과인가 하는 물음이 제기된다.[39] 국가의 발생을 계약의 체결이라고 생각하는 일단의 자연법론자들에 의해 전자에 대해 답하고 있다.

---

36) 이점은 유목·유랑 민족들도 국가라는 조직을 형성한 것을 역사가 보여주고 있으며 다양한 혈통과 언어를 가진 집단들이 모여 하나의 국가를 이루어 계속 살아가고 있는 데 역시 역사상에 흔하게 있다는 데 있다.

37) 목축이나 경작농업, 수렵만이 국가를 형성하는 성질이 있다거나 이질적인 경제형태를 지닌 집단들이 서로 충돌하여 전쟁을 야기 시킴으로써 국가 이데올로기가 성립한다는 주장 역시 입증되지 않았다는 데 있다.

38) 국가의 경계가 자연적 경계와 일치하지 않는 국가들이 현재에도 존재하고 있고 과거에도 항상 존재해 왔으며 그 국가들은 역사적으로 매우 중요한 국가일 뿐만 아니라 자연적인 경계개념은 매우 상대적이고 교통, 기술 등에 종속되어 있다고 볼 수 있다.

39) 이 이론은 사회계약의 승인이 단지 국가를 시인할 뿐이라고 주장하는 계약설과 혼동되어서는 안된다.

2. 가족설

이 학설은 국가가 가족으로부터 발생했다는 주장이다. 즉 생물학적 의미에서의 부모와 자식의 동거가 최초의 사회질서의 발생에 대한 자연적 조건이라는 가정에서 출발한다. 이때의 최초질서는 이미 강제 질서인 듯 하다. 즉 어린아이의 의식속에서 최초의 권위이자 입법자로서 즉 사회질서의 대변자로서 아버지가 존재한다는 것은 결국 당위(sollen)적 사실인 것이다. 그리하여 숭배하는 신, 굉장한 영웅, 경외의 대상이 아버지의 대용물로서 나타나기 때문에 어린시절 이후에도 모든 권위는 아버지에게서 경험된다. 실제 이런 권위들은 아버지의 대리인 자격으로서만 인간을 자기의사가 없는 어린아이로 만드는 정신적 영향력을 행사한다.[40] 역으로 생각하면 아버지란 사회의 창설자이며, 가족은 국가의 세포(cell)가된다. 이와 같은 논리(logic)하에서 이 학설은 타당성을 가진다고 볼 수 있다.

그러나 가족이 국가의 지주이어야만 하고 따라서 특정한 친족법적 질서가 국가질서의 본질적 기본이 되어야 한다는 주장은 궤변이다. 더더욱 국가질서의 합목적적 형성에 관한 의견 이상으로 견해가 주장된다는 점 역시 말할 필요가 없다.[41]

3. 계급투쟁설

이 학설은 국가가 발생하는 것은 오로지 경제적으로 이질적 구조를 가진 두 집단, 즉 예를 들어 수렵·목축에 종사하며 호적적인 유목민 집단과 우호적인 정착 농경민 집단이 서로 충돌해서 유목민이 농경민을 굴복시켜서 그

---

40) Sigmund freud,「토템과 타부 : Totem and Tabu」제2판, 1920.
Hans kelzen, 일반국가학, 민준기역, p.41, 재인용

41) 국가 및 모든 고차원적 사회단체 전부가 아버지, 어머니, 자식의 결합체, 즉 가족에서 유래하는 것이 아니라 사교본능에 의해 창출된 남성 결사체에서 유래한다는 이론 역시 마찬가지다. Heinrich Schurtz, 남성결사체와 연령집단(Altersklassen and Manner bün de)

들은 지배하며 피지배자의 노동수익이 모든 잉여를 계속해서 탈취해나갈 때 뿐이다 라고 주장한다.[42)]

그러나 국가의 개념은 강제질서의 개념에 결국 국한될 수밖에 없다. 여기에 그 밖의 강제질서가 갖는 경제적 목적 내지 기타 목적은 제외될 수 밖에 없는데다가 국가가 두 집단 사이의 전쟁형태를 띈 충돌로부터 발생했다는 계급투쟁설은 두 집단이 그 충돌이전에 이미 국가적인 강제조직을 갖추고 있었다는 사실을 부인할 수 없다.

또한 강제 질서란 자연법칙에 어긋나고 비도덕적인 착취관계 유지를 위해서만 존재 할 수 있다. 이러한 착취관계와 함께 발생했다가 없어지면 다시 사라질 것이라는 것이다 따라서 이러한 국가 발생론은 그것과 조응하는 국가소멸론 속에서 비로소 알 수 있다. 만일에 생산수단이 개개인의 사적소유로부터 모든 사람의 공동소유로 넘어가서 착취관계가 극복된다면 그때는 더 이상의 강제 장치가 필요치 않게 된다. 왜냐하면 주관적인 의도와 사회·강제질서의 객관적인 당위사이에서 발생할 수 있는 대립이 사라질 것이기 때문이다.

II. 국가 시인(是認)론

일반국가학이 국가란 무엇이며 어떻게 존재하는가, 즉 국가의 기본형태와 주요내용이 무엇인가에 대해서 묻는다면, 정치학은 국가란 과연 존재해야만 하는지, 그리고 존재한다면 최상의 가능성은 무엇인가를 묻는다고 할 수 있

---

42) 계급투쟁설은 맑스주의 사회학의 국가론 내지 국가발생론이다. 이에 대해서는 Hans Kelzen 의 국가와 사회주의(Socialismus and State, Friedricl Engels)의 가족 사유재산, 국가의 기원 (Der ursprung der familie, des privateigentums and des States), 1894.
Max Adler의 마르크스주의와 국가개념(Die staatsau fasung des Marxismus, 1922)참조. 그리고 국가의 발생(더 엄밀히 말하면 계급지배)을 두개의 경제적·이질적 집단간의 전쟁형태의 충돌에 의거하지 않고 본래부터 동질적 집단의 내재적 발전으로부터 시작되었다고 설명하는 시도도 있다.

다. 이러한 국가의 존재를 인정치 않으려는 무정부주의자들의 견해가 있었는가하면 야경국가 시대에는 국가의 존재를 시인 즉 인정하기는 하되 국가의 역할 및 존재를 최소한에 한정하려는 최소의 정부(국가)라는 격언에 맞게 소극적 긍정(시인)론이 주장되었다.

그이후의 현대 국가는 거대정부(국가)가 아니고는 민주복지국가의 실현은 불가능하다고 판단되어 국가의 역할 및 기능이 소극적 기능에 국한되지 않고 적극적 기능(사회변동 촉진 및 유도 기능, 급부・서비스기능) 까지 담당해야하는, 즉 국가의 존재를 적극적으로 시인하는 적극적 긍정론의 입장으로 변모되어 왔다고 볼 수 있다. 이를 간단히 요약하면 <표 I-3>과 같다.

<표 I-3> 국가 시인론의 변동

- 국가 시인론
  - 부정론 - 무정부주의
  - 긍정론(=국가주의, 권력설, 계약설, 승인설)
    - 적극적 긍정론 = 복지국가, 행정국가, 서비스국가직능국가(국가사회주의이론)
    - 소극적 긍정론 = 야경국가 (상대적 시인론) (자유주의, 보수주의)

1. 무정부주의론

정치이론들 간에 기본적이고 일차적인 대립은 강제 질서로서의 국가에 대한 근본적인 부정이냐, 시인이냐에서부터 발생한다. 국가는 그 질서 효력이 의미상 당위(sollen)로서 외부의 강제 행위를 통해 보장되도록 요구된다는 사실은 원칙적으로 부정 될 수 없다. 이때에 최고의 가치원리로서 자유를 선택한다면 이 원리는 무엇보다도 소극적인 의미만을 지닐 뿐이며 적극적으로 시인 될 수 있는 성질을 결여하게 된다. 이러한 정신적 태도가 바로 고유한 의미에서 무정부주의(anarchism)로 지칭 될 수 있다. 이는 타인의 의지가 자신에게 부과되는 성가신 강제에 대한 거부이며 타율성에 대한 반감에 불과할 뿐이다. 이러한 무정부주의라는 주관적 사회이론은 자체 내에 모순을 갖는다. 즉, 무정부상태에서의 질서에조차 필수 불가결한 강제를 예외로서 설정하고 반대자의 의사를 억누르는 행동을 강제가 아닌 것으로 해석하고자 한다. 이는 자신의 존립자체도 부정하는 즉, 모든 강제를 기피하는 무정부주의는 국가 강제를 시인하는 국가주의 이론과 마찬가지로 허구적 논법에 빠지게 된다.

2. 국가주의론

앞 절에서 살펴본 무정부주의와는 반대로 국가주의 혹은 정치주의란 강제질서로서의 국가를 원칙적으로 긍정하는 정치론이다. 국가를 긍정하는 정치적 체계 전체를 총괄하는 일반화된 용어는 아직 없다고 할 수 있다. 왜냐하면 국가를 긍정하는 정치이론들에 대한 총괄적 개념이란 모든 일반적인 정치이론들에 대한 총괄적 개념이고 앞에서 보았듯이 국가를 철저하게 부정하는 이론은 정치론과 사회 일반이론으로서 자기 자신을 부정하기 때문이다.

1) 자유주의, 보수주의 및 국가 사회주의 이론

무정부주의가 자신의 사회질서 속에서 강제요소를 예외인 것으로라도 허용한다면 이는 이미 국가주의론 쪽으로 방향을 전환한 것으로 된다. 왜냐하면 강제의 적용과 강제장치의 형성이 허용됨으로써 국가는 더 이상 부정되는 것이 아니라 자유로운 사회를 위해서 단지 축소 될 뿐이기 때문이다. 여기서 만일 자유주의가 인간은 본질적으로 선(善)하며 사회에 악(惡)이나 해(害)를 끼치는 행동은 단지 병리(ailment) 현상에 불과하다는 낙관적이고 유토피아(utopia)적인 전제에서 출발하였다면 강제행위는 처벌이 아니라 치료, 개선 등의 의미로 해석되었을 것이다. 하지만 자유주의(liberalism)을 현실적으로 평가하며 강제의 적용, 즉 국가를 불가피한 것으로 간주한다.

2) 권력설

국가주의 입장의 논리(logic)를 밝히라는 요구, 즉 국가 시인(是認)의 문제가 제기 된다면 먼저 어떤 의미에서 국가의 기초에 대해 묻는지가 해명되어야만 한다. 특수한 사회적 통일체로서의 국가는 단지 규범적 질서로서 이해될 수 있기 때문에 국가의 기초에 대한 질문은 당위(sollen)와 규범(norm)의 기초를 묻는 질문이 된다. 이런 질문에 대해 존재에서 당위로, 당위에서 존재로 둘을 이어주는 논리적 가교(架橋)가 없다는 사실에서 존재와 당위 사이에 화해 될 수 없는 논리적 이원성이 있다는 것을 알 수 있다. 시인(是認)은 항상 당위에 기초한 질문이기 때문에 이 질문은 하나의 당위에 도달할 수 밖에 없고 따라서 질문의 대상은 오로지 규범일 수 밖에 없는 것이고 단지 인과(因果)적으로 설명될 수 있을 뿐이다. 일반적으로 그러하듯이 국가의 기초에 대한 질문이 그 어떤 존재 사실에 대한 언급으로 대답된다면 이는 국가를 규범적 질서 체계로서가 아닌 자연적 존재 사실 곧 원인의 결과로서 파악하고 있음을 알 수 있다. 이와 같이 국가 권력을 통해 국가를 시인하려는 보통의 이론은 본질적으로 위에서 언급한 바와 마찬가지로 그 문제를 전환하는 것과 같다. 국가의 기초로서(결론적으로는 국가의 본질로서) 권력이 주장된다면 이는 규범적 관찰 방법 전체에 대한 배제를 뜻하는 동시에 사회가 지니는 특수한 고유 법칙성 및 특수한 형태로서의 국가에 대한 인식을 포기함을 뜻한다. 이런 점에서 국가를 시인하려는 권력설과 국가를 부정하는 무정부주의적 이론이 일맥상통한다.

3) 계약설과 승인설

국가의 시인에 대한 문제, 왜 인간이 국가의 강제질서에 복종해야만 하는가라는 문제가 제기 된다면 그러한 문제제기는 결국 모든 자연법이론의 본질적 구성요소인 계약론에 도달한다. 즉 국가적 질서 및 사회적 질서는 그 질서의 복종 주체인 인간 자아가 그것을 원하기 때문에, 다시 말해 그 질서의 내용에 동의하고 자기의 의사에 그 내용을 받아들이기 때문에 그러한 한도 내에서만 유효하게 된다고 보는 입장이다. 그러나 계약설의 논리를 철저히 관철시키면 국가는 단지 개인 스스로가 동의한 사실만을 의무로 부과할 수 있고, 동시에 개인이 동의할 때에 한해서만 의무를 부과 할 수 있으므로 개인은 임의로 자신이 전에 했던 동의를 다시 철회 할 수 있어야 한다는 결론에 귀착된다. 이러한 경우 계약설은 국가 및 모든 사회 형성체의 시인이 아닌 해체를 의미한다고 볼 수 있다. 계약설은 근대 법이론가 들에 의해 종종 주장되는 승인설 속에 남아 있는데 승인설이란 법질서의 타당성을 규범에 복종하는 사람들의 명시적 승인을 통해서 혹은 그들의 행동을 통해서 그리고 암묵적, 간접적인 승인을 통해서 추론해 내는 이론이다. 따라서 계약설 및 승인설은 국가를 주체의 의사에 포함된 것 즉 주체의 의사로서 파악한다. 이렇게 볼 때 결론적으로 국가의 시인은 단지 상대적인 것이지 절대적인 것은 아니라고 볼 수 있다. 일정한 인간 행위가 당위적인 것이라고 전제된다면 강제 행위에 의해 상호 행위를 규제하는 질서가 있다는 것은 합목적적이다. 그리고 그 결과 문제는 전적으로 일종의 강제 요소에 대한 시인에 해당되면 시인은 특수한 사회 기술적 수단 의미 내에서 강제 장치로서의 국가의 합목적성을 증명(시인) 하는 것이다.

Ⅲ. 국가목적론

국가가 어떤 목적들을 추구해야 할 것인가의 문제는 정치학적인 것으로서 일반 국가학의 영역 밖의 문제라 할 수 있다. 왜냐 하면 일반 국가학은 국가를 소위 자기 목적으로 간주하기 때문이다. 이는 국가가 아무런 목적도 가지지 않는다는 것을 의미하는 것이 아니라 국가학이 단지 국가의 목적에 대해 묻지 않음을 의미한다. 하지만 국가 강제질서의 내용을 목적으로 하는 모든 내용들을 유형화 하는데 국한시켜 관찰 할 때 국가의 강제적인 제재가 어떤 구성요건에 적용 될 수 있는가? 다시 말해 국가가 사회생활의 어떤 영역에 개입 할 수 있거나 개입해야만 하는가의 문제는 곧 국가 질서의 권한 범위를 제한시키려는 경향과 확대시키려는 경향간의 대립이라는 결과를 낳는다.

여기에 첫째, **제한적 국가목적**과 **확대 국가목적**이란 유형을 가정해 볼 수 있다.

둘째, **법목적과 문화목적**이다. 국가의 권한이 어떤 한계를 넘어 확대할 수 없고 혹은 확대해서는 안되는 한계를 정할 수 없듯이 국가 권한의 최소한의 내용 또한 결정 될 수 없다. 여기에 국가는 최소한 법목적을 추구하고 법을 보호하거나 혹은 보장해야만 하는 법목적을 띈다는 것은 국가학에서 잘 알려진 사실이다. 이때 법목적으로 칭해지고 있는 것 또한 하나의 목적을 위한 수단에 지나지 않는다. 왜냐하면 이 때 목적은 법이 아니라 결국 법을 초월한 것으로, 임의로 권력목적 혹은 문화목적이라 불리는 것이기 때문이다. 다시 말해 일반적인 법의 집행이 지니는 목적은 종종 막연하게 문화로 지칭되는 것들에 불과 하다는 것이다. 즉 문화법의 영역에서와 마찬가지로 원래의 목적을 구성하는 것은 처벌 혹은 강제 집행이 아니라 생명, 건강, 명예, 경제 등과 같이 침해로부터 보호받아야만 하는 국민의 복지이다.

셋째, **법목적과 권력목적**이다. 국가의 법목적과 문화목적의 대립보다 더 근거없는 대립유형은 법목적과 권력목적이다. 통설적으로 권력목적의 토대를 형성하는 것은 일반적인 법규범 및 그 규범에 기초한 개별적 법행위뿐이다. 예를 들어 병역의 의무를 규정한 병역법과 전쟁수행을 규정하는 국제적인 법질서 및 그 구체화작용의 모든 것은 결국 국가 초월적인 권력목적을 달성하기 위한 수단이라는 점에서 잘 알 수 있다. 이렇게 법실증주의 입장에서 볼 때, 국가 행위들이 법질서로 특징지워지는 질서를 실현시키므로 모두 다 법행위라는 의미에서 모든 국가는 법치국가요, 마찬가지로 그 법질서에 의해 달성될 목적에 비추어 볼 때는 모든 국가는 권력국가이자 문화국가인 것이다.

넷째, **법목적과 자유목적**이다.

결론적으로 국가목적론 자체가 얼마나 문제점이 많은가 하는 것은 법, 문화 및 권력이외에도 즉 자유가 국가의 목적 및 국가긍정의 기초로서 찬미되고 있다는 사실에서 잘 보여 진다. 이때 전자의 견해에 따르면 국가가 자유의 죽음을 의미하는 반면에 후자의 의견을 가진 사람들은 국가를 통한 자유의 실현을 기대한다. 이제 국가가 단지 법목적에만 국한되어 있든지 혹은 무제한적인 문화목적 및 권력목적을 지니도록 용납되든지 간에 그것은 진정한 자유를 가능하게 해준다. 즉 국가란 인간의 자유를 궁극적 목적으로 삼고 있을 뿐 만 아니라 국가 자신이 법 법칙이므로 동시에 자유 그 자체이기도 한 것이다.

자본주의사회에서 지난날까지 국가-사회의 관계를 분석하는데 준거가 되는 주요이론들은 크게 사회중심론적(society-centered) 시각과 국가중심론적(state-centered) 시각으로 대별되어 왔다. 그러나 최근에 앞의 두 이론적 시각에서 경시되어온 국가와 사회의 상호작용을 이해하기 위해 국가-사회관계론(state-society relation)적 시각이 새롭게 조명되고 있다. 여기에 본 강(講)에서는 자본주의 사회에서 국가-사회관계를 다차원적으로 보여주는 이론시각들에 준거해 국가와 사회의 개별특성이 국가-사회관계에 어떤 영향을 미치는지 그리고 국가 기능은 국가-사회관계와 어떤 관련성을 지니며 파생되는지를 살펴보고 이를 간단히 정리하고자 한다.

Ⅰ. 사회중심론적(society-centered) 시각

이 시각은 간단히 말해 결국 국가를 사회의 부수적 현상으로 이해하며, 국가활동의 근거를 국가의 선호보다는 사회의 제 요인에서 찾는 이론적 시각이라 할 수 있다.[43] 즉 이 시각은 국가에 대한 사회의 원인적 우위(casual

43) Eric Nordlinger, On the Autonomy of the Democratic State(Cambridge; Harvard Univ. Press, 1981), p.5.

primacy)를 인정하는 시각으로서 국가가 무엇을 하고 왜 그것을 해야 하는지를 이해하기 위해서는 국가 활동에 영향을 미치는 사회영역의 성격을 주로 연구해야 한다고 주장한다. 여기에 이 이론적 시각은 사회내 이익집단들이나 정치체제 내에서 갈등을 빚는 사회세력(계급)들을 기본분석단위로 삼고[44] 이들 사회 제세력들간의 상호작용의 산물을 국가정책으로 이해한다. 따라서 사회집단 내지 사회계급은 독립변수가 되고 국가의 기능과 정책은 종속변수가 됨으로[45] 정책결정 및 대안 선택에 있어서 사회 제세력의 중요성을 강조하는 설명이 지배적 경향을 띄게 되는 것이다. 이러한 사회중심론적 시각은 크게 다원주의 국가론과 네오맑시즘 국가론으로 대별해 볼 수 있다. 즉 다원주의 국가론이 우익론적(polar right)시각에서 국가-사회관계에 있어서 사회중심성을 강조한 이론인데 반해 네오맑시즘적 국가론은 좌익론적(polar left)시각에서 사회중심론적 입장을 대변하고 있다.

1. 다원주의 국가론

다원주의 국가이론은 자유경쟁시장원리와 자유민주주의 이론에 그 철학적 기반을 둔 이론이다. 따라서 사회는 공유된 이익을 지닌 다양한 경쟁적 집단으로 구성되고, 국가권력은 사회내에서 자기 이익(利益)을 관철하기 위해 존재하는 다양한 이익집단들에 의해 분산적으로 소유된다. 여기에 국가는 다양한 이익집단들의 경쟁을 중재조정하고 이 과정에서 게임규칙(game rull)의 준수여부를 심판하는 중립적 중재자(仲裁者;arbiter) 내지 심판관(審判官;umpire)의 위치에 불과하다. 한편 다원주의 국가론에서의 국가기능 혹은 정부의 역

---

44) Peter A. Hall, Governing the Economy: the Politics of the State Intervention in Britain and France (N.Y. : polity press, 1986), p.13.
이도형, 한국 국가-사회관계의 변화에 따른 국가기능 재정립에 관한 연구, 연세대학교 박사 학위논문, 1991, pp.9-10.

45) Ibid., p.10., Stepan Krasner, Approach to the State : Alternative Conceptions and Historical Dynamics, Comparative Politics, Vol.16. No.2, 1984, pp.226-229.

할을 잘 설명해 주는 모형이 바로 시장모델(market model)인데 이 모형하에서 국가기능이나 정부 역할은 미약하고 분권화된 정부 형태가 지배적인 경향을 띄게 된다. 그러므로 국가는 결국 사회 일반의지 내지 이익(general will & interest)을 규정하기보다는 사회 제이익집단들이 그들의 이익을 조화시키기 위해 정치적으로 협상하고 그들 사이의 의견차이를 줄이거나 해소하도록 제도(institution)와 법(low)을 마련하는 기능을 수행하게 된다. 결론적으로 다원주의 국가론은 국가 없는 사회(stateless society)내에서 완벽한 국가기제 없이도 국가기능이 자연스럽게 수행되기를 희망하는 불충분한 국가(halfway state)의 성격을 내포하고 있다 [46]

2. 네오 맑시즘적 국가론

네오 맑시즘적 국가론의 시각은 국가를 계급관계의 구조를 반영한 지배체제로 보며 이들 지배계급이나 지배계급 구성상의 변화에서 정책결정 변화의 원인을 모색한다.[47]여기에 이 이론적 시각은 정책제안을 하는 사회계급의 형성과 특정계급에 대한 정책결정 영향력의 차이에 대한 탐구를 중시하게 되어 국가존재양식 및 국가기능에 대한 새로운 논리를 서구 자본주의 사회내에서 전개하고 있다.

① 밀리반트(Miliband)는 자본주의 사회내의 지배계급을 핵심적인 하나의 실체로 묘사하면서 도구주의 국가론을 주장한다. 그는 선진자본주의 국가의 정경유착에 대한 경험적 연구를 통해 국가 엘리트의 충원이 주로 부르죠아 계급에 한정되어 이루어지고 이들의 이념이나 교육배경이 사회내 자본가계급과 일치성을 보이므로 자본가계급이 주요 정책결정과정에서 집단적으로 영향력을 행사한다고 본다. 여기에 국가는 중재자적 중립적 계획자일 수 없고

46) Richrd J. Stilman Jr., The Peculiar Stateless Origin of American Public Administration :The Conseguence for Government today, PAR, Vol.50, No.2(March, 1990), p.168.

47) Hall, op.cit., pp.13-14.

국가 엘리트들은 자본가계급의 장기적 이익을 위해 자본축적을 지원하게 된다. Miliband는 이런 점에서 국가를 자본가계급의 도구(tool)로 이해하는 도구주의 국가론을 주장하는 바 이에는 사회내 지배계급이 국가의 역할을 규정짓는다는 사회중심적 성향이 깔려있다.[48)]

② 플란챠스(Poulantzas) 역시 구조주의적 관점에서 국가를 분석하고 있는데, 그에 의하면 국가는 경제적 계급관계의 정치영역에의 접합에 의한 계급관계의 구조(構造)에 의해 그 형태와 기능이 결정된다고 한다. 따라서 국가는 계급국가(class state)적 성격을 띄며 계급구조를 재생산하는 기능을 수행한다. 한편 국가는 이러한 계급국가로서의 기능을 수행하기 위해 상대적 자율성(relative autonomy)[49)]을 갖는다고 본다. 국가는 이러한 상대적 자율성에 의거해 사회모순의 외적 표출을 억제시키는 응집기능을 수행, 자본주의 생산관계를 확대재생산 함으로써 궁극적으로는 전체 자본가 계급의 이익을 충족시킨다.[50)] 다시 말해 그의 구조주의 국가론은 국가의 상대적 자율성이 지배계급구조를 재생산하고 지배계급의 헤게모니를 조직화하는데 보다 잘 작용할 수 있다고 전제하면서 국가·사회관계에 있어 사회의 우위성을 강조한다.[51)]

③ 자본논리학파(資本論理學派)의 대표적인 힐쉬(Hirsch) 역시 국가의 형태와 기능이 자본주의 생산양식, 즉 자본논리(capital logic)에서 도출된다고 주장함으로써 사회의 우위성을 또한 강조한다. 힐쉬(Hirsch)와 자본논리학파에 따르

---

48) Ralph Miliband, The State in Capitalist Sociey(N.Y.: Basic Book, 1969), ch.3. 이도형, op.cit., p.12.

49) 여기서 국가의 상대적 자율성(relative autonomy)이란 국가가 사회내 제세력집단간의 힘의 균형상태를 반영한 하나의 산물로써 일부 자본가 계급(지배계급)의 이익에 반하는 행동(사회복지, 환경관리, 노조활동인정)을 할 수 있음을 의미한다.

50) 니코스 플란차스 (Nicos Poulantzas); 정치권력과 사회계급, 홍순권·조형제 역(서울: 풀빛, 1986), pp.50-65

51) Martin Carmoy, the State and Political Theory : Modern Capitalist State and class (Princeton, N.J : Princeton Univ. Press, 1984), pp.97-104., 이도형, 전개논문, p.12.

면 국가구조란 자본주의 사회의 기본관계를 반영한 정치적 형식에 불과하다. 여기서 국가는 자본축적과정에서 나타나는 이윤율저하 경향을 방지하면서 자본축적을 계속하기 위해 자본가에게 생산하부구조를 공급해주거나 과학기술의 개발에 조력하며 세계시장에서 국내 자본의 판로를 돕는다[52] 또 한편으로 국가는 복지국가 정책을 통해 계급갈등을 잠재화시키며 부르죠아의 정치적 지배를 보장해 주는 장치를 마련하기도 한다. 결국 네오맑시즘적 국가론자들은 자본축적조건을 유지하기 위한 축적기능(accumulation function)과 사회조화를 위한 정당화기능(legitimation function)을 자본주의 국가의 주요기능으로 파악하고 있는데 여기서 축적기능은 자본주의 국가의 경제적 목적을 위한 국가개입을 의미하고 정당화 기능은 정치 사회적 목적을 위한 국가 개입을 의미한다고 볼 수 있다. [53]

④ 사회중심론적 시각의 평가

위에서 살펴본 사회중심론적 제 시각은 그 이론 구성에 있어 아래와 같은 결함에 대한 평가를 면할 수 없다.

첫째, 다원주의 국가론은 국가가 이미 직접 경제규제자 내지 경제주체화된 국가독점자본주의 상황하에서 국가-사회관계에 대한 분석 내지 설명틀로서의 적실성을 갖지 못한다. 다시 말해 자본주의 국가란 사회관계에 있어 본질적으로 사회의 지배계급인 자본가의 계급권력과 분리시켜 생각할 수 없으므로 이러한 계급 중심적 국가관은 계급간 불평등을 은폐시키는 허상이론에 지나지 않으며 이미 그 이론적 유용성을 상실했다는 비판을 받고 있다.[54]

---

52) Joaquim. Hirsch, The State Apparatus and Social Reproduction : Elements of Theory of the Bourgeies State, in John Holloway & Sol Picciotto(eds.), State and Capital A Marxist Debate (London : Edward Arnord, 1978), pp.66-99: Carnoy, op.cit., pp.140-147. resited from 이도형, 전게논문, p.13.

53) Ian Gough, The Political Economy of the Welfare State(London: Macmillan press, 1989), pp.51-54. : James O'Connor, The Fiscal Crisis of the State (N.Y. : St. Martin's press, 1973), p.6.

54) 이도형 전게논문, p.14., 한국정치연구회, 한국정치론(서울: 백산서당, 1989), pp.23-25.

둘째, 네오 맑시즘적 국가론 역시 국가를 자율적 행위자로 보지 못하고 사회구성원들의 개인적 이해관계를 초월할 수 있는 국가이익의 개념을 논의에서 배제하므로 국가가 자체 목표하에 사회 제집단 및 개인들의 이해관계에 광범한 영향을 줄 수 있음을 간과하고 있다.

셋째, 결론적으로 사회중심론적 시각에서 바라보는 국가-사회관계 논의는 사회의 국가에 대한 정책적 요구측면만 강조하지 정책 공급측면은 고려하지 않는다고 비판하면서[55] 1980년대에 들어와 네오 베버리언들의 국가중심론적 시각이 대두하게 된다.

II. 국가중심론적 (state-centered) 시각

네오 베버리언들은 국가 형태 및 기능이 국가 밖의 사회에 의해 결정된다고 보는 사회중심론적 시각과는 달리 국가란 자체의 형태와 기능을 결정할 수 있는 고유의 정치과정과 이해관계 및 힘을 갖는다고 이해한다. 그러므로 국가는 사회 제세력들로부터 독자적 자율성과 정책적 선호성을 지니며 사회에 대해 독립적 영향력을 행사하게 된다.[56] 이렇게 볼 때 국가는 사회와 분리되며 국가조직이나 국가이념, 정부내 정책결정자 및 정책결정제도 등이 국가중심론적 시각에서의 주요 분석단위가 된다.[57] 이 시각은 웨버(Weber)의 국가론과 정치사회학에 근거하여 국가란 사회안정과 질서유지등의 기능을 수행하는 사회지배조직으로 이해하고 국가조직구조의 역동성이 정책결정에 미치는 영향에 관심을 쏟고 있다. 뿐만 아니라 이들은 국가가 자체의 구조와 자원에 의존하면서 사회 제세력들의 반대와 저항에도 불구하고 공적인 목표를 실행하는 국가능력(state capacity)을 중시한다. 즉 네오 맑시스트들이 지배

---

55) 강민, 한국 국가이론의 재조명: 국가 정책의 이론적 위상, 한국정치학회보, 23집 2호, 1989, p.11.

56) 이도형, 전게논문, p.15.

57) Grindle & Thomas, op.cit., pp.219-220.

계급의 실체를 인정, 국가의 계급편향성을 강조하는데 비해, 국가 중심적 시각을 주장하는 자들은 국가의 조직구조가 사회집단 및 계급들의 이해와 능력을 결정한다고 봄으로써 국가의 조직성을 강조하는 것이다.58) 여기에 이들은 국가는 사회 제세력의 반영물이 아니라 하나의 독립된 세력과 행위자로서 인식되어야 함을 강조한다.59)

네오 베버리언의 국가중심론적 시각은 이와 같이 국가와 사회와의 관계에 있어 국가를 독립변수 내지 외생변수(exogenous variable)로 보면서 국가가 자체의 목표를 선택하고 집행할 수 있는 독자적 논리와 능력을 지니고 있음을 인정한다.60) 그러므로 국가는 네오 맑시스트들의 견해처럼 자본가계급의 이익에 봉사하는 도구가 아니라 오히려 이들에 대해 패권을 행사함으로써 경제세력의 형성기반을 제공해주는 주요원천으로서 생산활동에 직접 개입해 경제 발전을 촉진시킨다.61) 따라서 이 시각에서의 국가-사회관계는 후원자-수혜자(patron-client)관계가 형성된다.62) 이렇게 볼 때 국가중심론적 시각은 사회중심론적 시각과는 달리 국가가 사회의 반영물 이기는커녕 오히려 사회를 재형성한다.63) 이러한 국가중심론적 시각은 비대칭적 국가-사회관계에 의

58) 강민, 전게논문, p.13.

59) Peter B. Evans & John D. Stephens, "Studying Development Since the Sixtiens : the Emergence of a New Comparative Political Economy", Theory & Society, Vol.17(1988), p.722.

60) 이러한 관점에서 국가중심론적 시각은 식민지 종속형에서 비롯된 후발 산업화 국가의 자본주의 발전을 설명하는데 보다 설득력을 갖게 되는데, 이들 국가에서는 산업부르죠아의 취약으로 국가 엘리트들이 국가목표를 설정, 추진함으로써 근대화를 주도하는 독자적 경향을 띠게 된다.

61) Preston은 이를 개혁주의적 국가기획(reformist state planning)이라 명명하고 있는데 제3세계의 많은 후발 산업화 국가는 이런 맥락에서 근대화 및 경제성장의 동력을 가속화 시키는 개입주의 국가(interventionist state)의 성격을 강하게 띄고 권위주의적 사회개입과 명령에 입각한 사회개혁을 주도한다.

62) Martin Heper, the State and Public Bureaucracies : A Comparative Perspective (N.Y. : Greenwood Press, Inc., 1987), pp.188-190.

63) Kohli는 이러한 관점에서 제3세계 사회를 국가 지배적 사회(state-dominated society)라 명명한것을 보아 그만큼 사회는 국가에 예속되며 국가주도하에 발전하는 것으로 보고 있

거 제3세계국가는 서구 선진국가와는 달리 물리적 폭력과 억압장치를 통한 강압적 사회질서 유지방식을 택하는 국가의 강압적 사회관리 기능이 중시된다. 64) 또한 국가는 산업부르죠아의 취약으로 산업화의 관리자로서 자본축적 과정을 안정 유지시키기 위해 경제생산활동에 직접 개입하게 된다. 즉 국가는 공기업을 운영하거나 민간부문을 육성·지원할 뿐만 아니라 국내 자본가 계급의 이익을 유지코자 억압적 국가 장치를 정교히 하면서 노조탄압등 억압적·관료적 산출방식에 의거하며 자본축적에 개입한다.65)

한편 이러한 국가중심론적 시각도 아래와 같은 이론적 결함을 벗어나지 못하고 있다.

첫째, 국가 중심론자들은 국가 조직의 기반을 이루는 관료가 대표하는 계급특성에 대한 설명이 간과되고 있고 또한 민족국가의 발전을 강조하는 것이 때로는 사회의 계급갈등을 은폐시키는 결과를 가져오고 있다.66)

둘째, 국가 중심론자들이 주장하는 국가 자율성의 의미가 독자적인 주체로서 완전한 절대적인 자율성을 의미하는지 아니면 사회경제적 제약을 받긴 하지만 네오 맑시스트들이 얘기한 상대적 자율성 보다는 그 자율성의 정도가 크다는 것인지 불분명하다.67)

셋째, 국가 중심론자들은 사회부문이 취약한 후발국내의 국가구조와 국가능력만을 논의에서 강조하고, 사회의 정책성이나 독자적 역량을 고려하지 않고 있다는 점이다.68)

다. Atul Kohli, Democracy and Development, in John P. Lewis & Valerian a Kallab(eds.), Development Strategies Reconsidered(Neu) Brunswick: Transaction, 1986), p.178.

64) 이는 결국 사회를 탈정치화시켜 군사통치 검열, 경찰력에 의한 인권 탄압조치 등이 나타나게 된다.

65) 이도형, 전게논문, p.18.

66) 진덕규, 전게서, p.307.

67) 손호철, 국가 자율성의 개념을 둘러싼 제 문제들: 개념 및 이론적 문제를 중심으로, 한국정치학회보 제23집 2호, 1989, pp.300-301.

68) 이러한 시각은 결국 후발산업화 과정에서의 국가-사회관계와 국가 일변도의 국가기능 설정에 대해서는 설명력이 있지만 산업화로 인해 성장한 시민사회의 정치적 저항과 독자적 발전의 논리의 대두에 따른 국가-사회관계의 변화와 국가기능 재정립의 필요성에

Ⅲ. 국가-사회관계론적 시각

1980년대 후반에 들어와 위에서 살펴본 양시각이 국가와 사회를 지나치게 이분화시킴으로써 조합주의(corporatism)나 정책망(policy network)과 같은 국가와 사회의 통합논리를 인정치 않는 결과를 초래했다고 비판하면서 이른바 국가-사회관계론(절충주의 국가론)이라는 새로운 연구시각이 제시되고 있다.[69] 즉 이 시각은 기존의 많은 이론들이 국가를 중심적인 것으로 보고 국가-사회관계의 논의에 있어 국가 자율성이나 국가능력을 너무나 당연시함으로써 이들 개념을 제3세계국가들에게 무차별적으로 적용한다고 비판한다. 여기에 이 시각은 사회변화를 고려한 보다 적실성있는 분석을 위해서는 국가와 사회가 상호 영향을 미치고 있음을 전제로 양자를 함께 고찰하는 방법이 보다 유용하다고 주장한다.[70]

① 국가-사회관계론의 대표자인 요셉(Jessop)은 국가를 “사회구성원들의 공동이익(public interest)과 일반의지(general will)를 실현시키기 위한 집합적 결정을 내리고 이를 집행하는 제도 및 조직의 총체”로 이해한다. 따라서 그는 국가가 모든 사회 제세력과의 정치적 결정에서 중립적일 수 없고 전략적으로 선택적일 수 밖에 없어 결코 사회와 완전히 단절될 수 없다고 주장한다.[71] 여기에 Jessop은 지난날의 그릇된 이분법을 청산하고 국가와 사회간에 상호

대해서는 적절히 언급하지 못하는 한계를 갖는다.

69) 강민, 전게논문, pp.15-21.
강민교수는 Jessop, Migdal들의 최근논의를 수용, 그동안 대립적으로 설명되었던 사회중심론적 시각에서의 국가 계급성과 국가중심론적 시각에서의 국가 조직성을 변증법적으로 통일시키기 위한 이론적 방안으로서 절충주의 국가론을 국가 정책결정과 관련시켜 제시하고 있다.

70) Ibid., pp.7-26.

71) Bob Jessop, "Putting the States in their Place : State Systems and the State Theory", a Paper Presented at an International Conference on 'Marxism and the New Global Society' Sponsored by the Institute for Far Eastern Studies, 1989, pp.3-4.

관련되어있는 형태를 도출해내기 위해서 국가를 사회적 관계로 보는 관계론적 접근(relational approach)을 시도한다. 결국 국가제도는 사회여타부문과의 상호침투와 결합을 통해 분석되어야 한다는 것을 주장한다. 다시 말해 Jessop은 국가가 광범한 사회환경과 연계되어 논의되어야 한다고 역설한다.

② 그린드(Grinde) & 토마스(Thomas)도 국가중심론적 시각은 사회의 압력, 사회내 이해관계, 과거정책의 유산 등으로부터 아무런 영향도 받지 않는 정책 엘리트간의 상호작용으로 정책결정의 의미를 축소시킨다고 비판하고 사회중심론적 시각 역시 국가 이익이나 국가조직내의 작용요소들에 대한 충분한 인식을 결여하고 있다고 비판하면서 국가 정책과정에서 국가-사회의 상호작용을 중시한다. [72)]

③ 플란챠스(Poulantzas) 역시 최근 저서에서 국가내의 현 제도적 변화를 고려한 새로운 연구대상으로서 새로운 형태의 사회운동(도시문제, 생태계문제, 여성문제, 학생운동, 생활의 질 향상운동)과 이를 통제하기 위한 국가 정책의 관계를 주시, 국가 위기를 초래하는 제반 사회운동에 대한 사회적 합의의 논리로서 국가-사회관계론적 시각의 필요성을 보여주는 것이라 할 수 있다. [73)]

④ 그람시(Gramsci)는 맑스(Marx)의 국가론에서 국가에 해당하는 것을 이분화시켜 각각 정치사회(political society)와 시민사회(civil society)라 부르고 <표 I-4>과 같이 시민사회를 상부구조에 설정함으로써 시민사회의 정치적 실천성을 강조하고 있다.

---

72) Meril S. Grindle & John Thomas, Policy Makers, Policy Choices, and Policy Outcomes : the Policical Economy of Reform in Developing Countries, Ppolicy Science, vol, 22. 1989, pp.221-222.

73) 이도형, 전게논문, p.23.

<표 I-4> Gramsci의 국가와 시민사회

통합국가	정치사회(political society)
	시민사회(civil society)
사 회	토 대

여기서 그람시(Gramsci)는 맑스(Marx)의 논리인 토대가 상부구조를 결정한다는 역사적 숙명론이나 경제결정론을 부정하고 능동적 역사주체인 시민사회가 상부구조 내에서 활동하며 그들의 목표를 실현하기 위해 토대자체를 도구로 사용하게 된다고 본다.

⑤ 카젠스타인(Katzenstein) & 스코폴(Skocpol)은 국가와 사회조직을 연계시키는 제도 및 기능인자로서의 연결망(連結網: network)이란 개념을 중시, 스코폴(Skocpol)이 국가장치를 사회와의 연결망으로 보면서 누적적 산물로 이해하고 있다.[74] 아켄베리(Ikenberry) 역시 사회중심론적 시각과 국가중심론적 시각의 단순한 대치로서 국가-사회관계의 논의를 끝낼 것이 아니라 국가 관료제가 사회세력과 맺는 정책수단 및 연결망 그리고 정치인들이 사회세력을 중재하는 방법들을 이해하는 것이 중요하다고 지적한다.[75]

⑥ 안드레인(Andrain)은 국가와 사회의 대칭적 역학관계를 반영하고 있는 유럽국가 모델로서 서독과 북구유럽제국의 민주주의적 코포라티즘체제(democratic corporatism system)모형을 들고 있다. 이 모형은 국가와 사회를 명확히 구분하는 시장모형과는 달리 정부, 기업(자본가), 노조(노동자)등 3자주의(tripartism)를 사회동반자적 의식(social partnership)속에 통합시킨다. 여기서 정부 관료들은 국가목표에 이들 이익을 반영하고 조정하는데 있어 적극적 역할을 수행하는 결합동인(associating agent)으로 작용한다. 즉 이들 나라는 산

74) Ibid., p.25.

75) G.John Ikenberry, the Irone of State Strength : Comparative Response to- the Oil Shock in the 1970, International Organizations, vol.40, No.1, 1986, pp.105-137.

업화과정에서 상이한 사회경제적 제이익들을 조정하기 위해 국가나 사회와의 협의제도를 구축함으로써 어느 서구 산업사회에서 보다도 국가와 사회간에 권력균형이 잘 이루어져 있다고 주장한다.[76)]

지금까지 살펴본 주장자들의 견해와 같이 이처럼 국가사회의 연계를 강조하는 것은 사회가 국가에 대해 갖는 이미지가 국가중심론적 시각에서 보는 것처럼 수동적·부정적인 것이 아니라 나름대로의 능동적·긍정적 측면을 갖고 있음을 강조하는 것이다.

우리는 이러한 국가-사회관계론적 시각에서 볼 때 국가와 사회 중 어느 한 쪽의 일방적 작용이 아니라 양자가 일정한 관계하에서 실제로 상호작용하고 있는 경우를 발견해 낼 수 있다. 국가-사회관계론은 결국 앞서 논의한 양 시각처럼 어느 한쪽의 원인적 우위성을 강조하는 것이 아니라 양자의 대칭적 역학성을 이론적으로 반영하고자 하는 것이다.

한편 국가-사회관계론은 앞서 살펴본 사회중심론적 시각과는 본질적으로 다르다. 즉 비록 국가-사회관계론적 시각 역시 국가에 대한 사회적 영향을 중시하나 사회중심론적 시각에서와 같이 사회집단의 제세력의 연합에 의해 밀려다니는 국가를 상정하지는 않는다. 국가는 사회의 종속변수가 아닌 하나의 매개변수(intervening variable)로서 내외적 환경변화에 대응적인 정책활동을 전개함으로써 환경과의 불일치 위기를 극복하는 것이다. 즉 국가는 사회의 요구에 대응하기 위해 그 구조와 정책장치를 매개변수로 하여 사회 제세력의 이해와 요구를 국가정책으로 구체화시키는 것이다. 아울러 국가-사회관계론적 시각은 제3세계에서의 국가-사회관계에 대한 국가중심론적 설명의 오류를 아래와 같이 지적하고 있다. 제3세계국가의 이미지는 국가제도가 국민의 일상생활에 거대한 영향을 미치며 침투하고 있는 것으로 여겨진다. 그러나 실제로 이들 국가의 사회 통제력은 크게 분열되어 있어 사회규제의 효과적인 역량은 낮다. 이는 사회 여타 조직들이 독자적 규칙을 자체에 적용함으로써 상대적으로 국가의 사회통제력이 떨어지기 때문이다.

국가-사회관계론의 관점에서 볼 때 제3세계 후발 산업국가로서 산업화를

---

76) Andrain, op.cit., pp.174-176.

신속히 이루어 낸 신흥공업국(NICS)들도 대칭적 국가-사회관계로의 전환 가능성을 보여주는 나라들이다.[77] 이들 국가는 지난날 국가 절대 우위의 입장에서 산업화를 신속히 이루었으나 산업화이후 정권의 정당성(legitimacy)에 도전하는 참여욕구와 발전의 혜택을 둘러싼 분배의 욕구가 사회부문에서 폭증하고 있다. 이로 인해 이들 국가에서는 산업화에 따른 사회부문의 성격변화에 따라 국가-사회관계론적 시각은 한국등과 같이 신흥공업국으로 부상한 나라들의 산업화 이후 국가-사회관계의 변화양상과 국가기능 재정립의 필요성을 잘 보여주는 이론적 틀(framework)이라 할 수 있다. 지금까지 논의한 국가- 사회관계의 세 가지 이론적 시각의 특징을 정리해 보면 아래 <표 I-5>과 같다.

<표 I-5> 각 이론시각에서 본 국가, 사회, 국가-사회관계 및 국가기능

<table>
<tr><th>이 론</th><th>학 파</th><th>대표논자</th><th>국 가</th><th>사 회</th><th>국가-사회관계</th><th>국가기능</th></tr>
<tr><td rowspan="2">사회
중심론</td><td>다원주의
이 론</td><td>Bentley
truman</td><td>계급중립적
국가관</td><td rowspan="2">집단중심의
다원화, 분화된
구조,
사회세력강함.
계급구조화.
지배계급의
헤게모니</td><td rowspan="2">국가는 사회의
부수물. 사회
우위적.
(국가의 상대적
자율성)</td><td>사회내
이익갈등의
중재자.
심판자기능.</td></tr>
<tr><td>네 오
맑시즘</td><td>Miliband
Poulantza
s
Hirsch</td><td>지배계급의
도구.사회관계
응집물.사회의
정치적형식에서
도출</td><td>자본축적조건
창출,유지/정당화
기능</td></tr>
<tr><td>국가
중심론</td><td>네오
베버리언이즘</td><td>Krasner
Trimber
Evans</td><td>개입주의국가/독
자적 국가.
국가이념,
구조,지배엘리트,
관료제능력
중시.</td><td>미분화된 사회.
사회세력화미흡</td><td>국가우위적.국가
가 사회를
재형성. 고도의
국가 자율성</td><td>직접적
축적기능/
강압적
사회관리기능
강함.
정당화기능미흡</td></tr>
<tr><td>국가-사회
관계론</td><td>네오 맑시즘과
네오
베버리언니즘
조화</td><td>Jessop
Migdal
Skocpol
Ikenberrry</td><td>하나의 사회적
관계.
사회이익의
결합동인,
정책망.</td><td>시민사회의
정치적 능동성,
실천성</td><td>대칭적 역할성.
국가와 사회의
상호작용.사회의
선택성.</td><td>자본축적조건
창출,유지/정당화
기능</td></tr>
</table>

(자료: 이도형, 전게논문, p.29)

77) 한상진, 권위주의 유산과 민주화논리, 현대사회 '85년 봄초, pp.22.

변화(變化)란 일반적으로 현 상태의 변경(變更)과 분화(分化)[78]를 의미한다고 볼 수 있다.이러한 변경과 분화의 반복적 리듬 현상이 변화의 본질로 파악된다. 변화의 내용 및 양태(樣態)는 발전(development)과 퇴보(retrogression)로 전개된다.

발전이 현재상태보다 나은 바람직한 방향으로 변화되는 것이라면 퇴보는 현재상태보다 못한 쪽으로 그 변화가 진행되는 것으로 볼 수 있다.

국가도 이와 같은 변화에서 예외일 수 없다. 지난날의 역사를 돌이켜 보더라도, 사상, 이념, 제도, 정책, 산업들은 언제나 변화의 과정에 있었지, 변화하지 않고 정체되어 있었던 적은 거의 없었다. 지금도 여러 국가들내에서 다양한 변화들이 일어나고 있고, 또 그러한 변화를 의도적으로 추진하고 있다.

여기서 주요한 논의는, 이러한 다양한 변화를 어떻게 더 나은 방향으로, 더 바람직한 국가의 발전의 계기로 삼을 것인가 하는 문제다. 그러므로 국가 최고정책결정권자의 현명한 선택과 결정의 중요성은 아무리 강조해도 지나치지 않다는 것을 우리는 잘 알 수 있다.

이러한 국가의 변화에 미치는 주요한 요인은 매우 다양하겠지만, 보통 세 가지 측면에서의 요인이 지적되고 있다.

---

78) 변경(變更)은 축소, 수렴, 내실, 정리, 결과의 현상으로 축소정리되는 것을 말하고, 분화(分化)는 팽창, 성장, 확산의 양상으로 나타나는 확대지향을 의미한다.

첫째, 국가 내부요인으로서의 내재적 모순, 둘째, 국가 외부요인으로서의 외부의 자극과 영향, 셋째, 과학과 기술 및 산업의 변화요인이 그것이다. 하지만 이 세 가지 국가변화요인은 한 가지씩 따로따로 작용하는 경우도 있겠지만 대개 세 가지 요인이 한꺼번에 상승작용을 한다고 볼 수 있다. 여기에 본 절에서는, 국가변화의 세 가지 요인을 간단히 먼저 살펴보고자 한다.

I. 국가 내부적 요인(내재적 모순)

삼라만상(森羅萬象)에 존재하는 모든 사물의 내부에서 본래적으로 작용하고 있는 작용과 반작용의 원리 즉, 팽창과 축소, 구심력과 원심력, 성장과 억제 등 상호대립 충돌하여 일견 모순처럼 보이는 자연현상의 원리를 사회현상에 적용하여 설명할 때 이를 내재적 모순이라고 한다. 국가사회의 내부에서 작용하고 있는 권력과 소외, 지배자와 피지배자, 상위계급과 하위계급, 유산자와 무산자, 보수와 진보, 개발과 보존 등의 상호대립되는 상대성을 지칭할 때 주로 쓰이는 용어로 볼 수 있다. 이런 작용과 반작용의 국가 사회의 변화 양상을 헤겔과 맑스는 변증법으로, 동양의 철학자 내지 사유가(思惟家)들은 음양(陰陽)의 이론으로 설명하고자 했다(유낙근 이준, 2006:178-185).

먼저 맑스와 헤겔의 변증법적 논리 개념을 살펴보면, 변증법은 현재위치와 측정지점 및 별자리의 3측 관계거리 판단기법의 기하학적 논리에서 발달한 사유(思惟)체계이다.

즉, 정(正, thesis) + 반(反, antithesis) = 합(合, synthesis) → 정(正, thesis) + 반(反, antithesis) = 새로운 합(合, synthesis) → 정(正, thesis) + 반(反, antithesis) = 2차적 새로운 합(合, synthesis) 이때, 정(正, thesis)과 반(反, antithesis)의 사이에는 아무런 내적, 내포관계가 없어, 정(正), 반(反)은 서로 다른 개념이다. 따라서 정과 반이 합쳐지기 위해서는 정(正)이 반(反)의 방향으로 가든지, 반(反)이 정(正)의 방향으로 오든지 혹은 제3의 지점에서 만나든지 해야 한다. 이렇게 정이 반을 오도록 하게 하는 힘, 반이 정을 오도록 하게 하는 힘, 이

힘들의 충돌이 곧 투쟁이요, 충돌의 모습이 투쟁양상이라 할 수 있고, 투쟁의 타협점이 바로 합(合, synthesis)의 지점이 된다.

이를 그림으로 설명한 것이 <그림 I-1>이다.

<그림 I-1> 변증법의 다이어그램

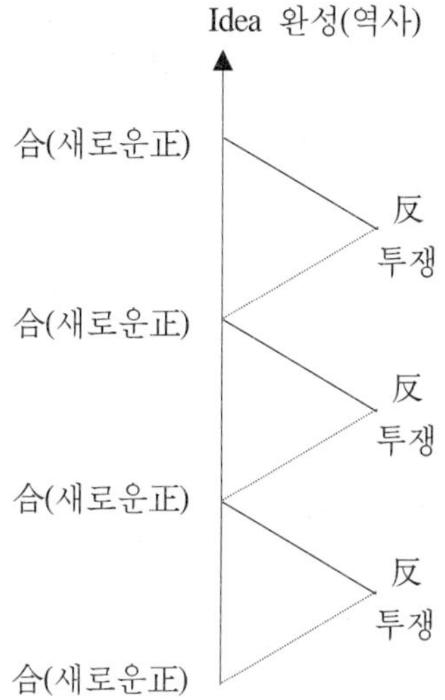

자료 : 바라다트, 1984:269, 유낙근 이준, 2006:179.

이와 같이, 국가나 사회안의 모든 정치, 경제, 사회, 문화의 모든 양상들이 정 반 합의 모순율로서 전개된다고 보는 관점이 변증법이고, 논의의 전제인 정(正, thesis)에 물질(생산과 이익)이 놓여있다고 보는 것이 유물론적 변증법이다.

한편, 동양의 음양(陰陽)이라는 대립적 상대성 개념은 원래 자연상태를 묘사하는 말이었으나 이 음양이 철학적 의미로, 비약하여 사용하기 시작한 것은 노자(老子) 이후로 보여진다(유낙근 이준, 2006:180). 즉, 노자는 “만물은 음을 지고 양을 안는다(萬物負陰而抱陽)”라고 하여 음양을 자연현상을 설명하는 데에서 철학적 의미로 변환시켜 사용하였다(노자, 1976:209, 유낙근 이준, 2006:180).

이러한 음양이론은, 음과 양의 변화의 핵심으로 음속에 양이 있고 양속에 음이 있다는 것이다.

앞의 변증법은 객체가 서로 분리되어 있다고 가정하지만 음양은 주체가 서로 뒤엉켜 혼재하고 있다고 보는 점이 다르다.

즉 변증법은 물리적 공간의 개념으로 합쳐질 수 없다는 가정 하에 물리적 공간이동을 가능케 하는 요인으로 힘(power)을 전제로 하지만 음양은 서로 동일한 질료들이 시간적 차이에 따라 그 모습을 다르게 나타내므로 시간적 흐름 곧 세월의 변화를 주요 전제로 한다.

이는 절대 권력 내부에 이미 그 절대 권력을 변화시키는 요인이 싹트고 있고 개인의 미미한 아이디어와 사상 속에 거대한 새로운 세계가 태동하고 있다고 전제하는 것과 같다.

이렇게 볼 때, 결국 변증법의 논리이든, 음양의 논리이든 두 개의 관점이 모두 대립적 상대성을 전제하고 있다는 점은 같다. 이러한 대립적 상대성의 작용력이 곧 변화를 일으키는 주요인이다. 여기서 다만 변증법적 대립은 상대방과의 대립을 부정하며, 말살하는 전제로서 전개되는 반면, 음양의 대립은 상대가 없으면 나도 존재할 수 없다는 상호긍정과 통합을 전제로 한 작용이라는 점에서 차이가 있다.

Ⅱ. 국가 외부적 요인(외부의 영향)

국가의 외부영향은 국가 외부에서 국가 내부에 미치는 영향력이라 할 수 있다. 오늘날 어떤 국가이던 어떤 사물이던, 국가 외부 영향의 존재와 무관하게 독립적으로 존재할 수 없고, 모든 사물은 상호관계를 맺고 있다고 볼 수 있다.

하지만 외부적 요인이 국가에 미치는 영향력은 어디까지나 부차적이지 본질적인 것은 아니다.

외부적 영향의 주요 현상으로, 전쟁, 기술이전, 자본유입, 인구이동, 문화교류, 지식전달 등의 국제교류관계의 현상을 지적할 수 있다. 역사상 우리나라에 영향을 미친 외부적 영향의 한 사례로 대개 임진왜란과 일제강점을 들 수 있다. 즉, 이 두 사건은 모두 우리나라의 변화에 지대한 영향을 미친 외세에 대한 굴욕적 사건의 대표적인 예라 할 수 있다.

이 두 사건에서 일본의 침략과 식민상태를 가져온 것은 외부적인 일본의 야욕도 있었지만 좀 더 근본적 원인은, 우리의 내부적 혼란과 모순에 기인되었다고 할 수 있다. 즉, 내부적 혼란과 모순이 외부적 영향을 초래케 하는 원인이 되었던 것이다.

만약 우리가 내부적으로 단결하여 강력한 힘을 가지고 있었다면 이런 외부적 침략의 영향력이 가능하였을까 하는 점이다.

이와 같은 국가에 미치는 외부 영향력이 본격화되면서 산업혁명 이후 국제교류가 보편화되기 시작했다.

여기서 자본의 국제화는 자본이 빈약한 저개발국 내지 후진국을 주변국 내지 식민지상태로 전락시키고 자본중심의 제국주의화를 야기시켰다. 이렇게 주변국 내지 식민국가 상태로 전락한 국가들은 국제사회에서 영향력을 행사할 힘이나 기회를 갖지 못할 가능성이 매우 높다.

자본의 이러한 모순적 관계가 세계시장에서 개별국가에게 외부적 모순 및 영향으로 작용하여 국가로 하여금 외부자본시장에 반응하도록 함으로써 이것이 국가변화를 일으키는 주요한 한 요인이 되는 것이다.

또한 자본중심의 국제 질서 구축(WTO)에서 다양한 국제기구와 조약들은 개별국가로 하여금 국제 자본 질서에서 이탈할 수 없도록 하고 있다.

이러한 자본주의 이념에 대항하여 나타난 노동중심의 이념이 곧 사회주의이다. 즉, 자본의 세계적 흐름에 대항하여 노동운동의 세계화도 자본의 국제화에 대한 반작용으로 전개되었다.

세계시장에서의 이와 같은 자본과 노동, 성장과 분배, 개발과 보존이라는 대립적 모순은 개별국가에 그대로 외부적 영향력으로 작용하여, 국가의 변화를 초래케 된다.

Ⅲ. 과학 기술 및 산업의 변화

과학 기술의 발달에 따른 산업의 변화가 국가변화에 또한 지대한 영향을 미친다고 볼 수 있다.

산업혁명 이전의 과학과 기술이 도구적 기술이라면, 산업혁명 이후의 기술은 기계에 지식과 기술을 응용하는 의식적 기술이라 할 수 있다.

이때, 도구적 기술은 인간이 주체적으로 사용과 중단을 자의적으로 판단하여 사용할 수 있는 기술이다. 의식적 기술은 기계의 프로그램과 절차에 따라 인간이 대응하여야 하기 때문에 인간이 자의적으로 판단하여 기계 사용을 중단하거나 변경할 수가 없는 기술이다.

여기에 과학기술의 발달이 급진적으로 이루어지면 질수록 인간은 기계기술에의 종속화 현상이 가속화된다.

이런 과학 기술을 연계한 기계와 산업의 변화에 따라 국가는 변화하지 않을 수 없다. 동시에 기술과 산업의 진전에 따라 야기되는 다양한 사회문제들의 해결을 위한 정부기능과 역할도 똑같이 변하게 된다.

즉, 과학과 기술의 발달은 산업변화를 촉진하고 나아가 국가 및 사회의 변동을 초래하는 것이다(유낙근 이준. 2006:182-185).

제 2 편

현대 행정국가란 무엇인가?

(행정국가이론)

I. 현대 행정국가의 이해

20세기의 현대행정국가 내지, 복지국가는 일반적으로 현대국가의 특징으로 지적되고 있는데 이는 현대국가가 과거에는 볼 수 없었던 미증유의 그 활동을 행정부에 크게 의존하고 있기 때문이다. 물론 역사적으로는 고대 이집트, 비잔틴제국, 페르샤제국과 같이 또한 한대(漢代) 및 당대(唐代)의 중국과 같이 정부관료제에 의해서 지배된 국가는 몇몇 존재했다고 볼 수 있다.[1] 그러나 이들 역사상의 나라들에 있어서의 정부관료제는 어느 것이나 커뮤니케이션의 수단을 포함한 통치기술의 미숙함과 이용 가능한 자원의 부족 때문에 그 지배에 이르는 범위가 한정된 것으로 존재했다. 칼 만하임(Karl Mannheim)은 그의 저서 인간과 사회(mensch und Gesellschat Im Zeitalter des umbaus)에서 이전시대의 사람과 현대인중 어느 쪽이 보다 강하게 국가통치권력에 의해 간섭받을까 하고 의문을 제시하고 있다. 이에 대한 칼만하임의 대답은 말할 것도 없이 현대인이라고 지적하고 있다.[2] 즉 과거 전제적 절대권력이 자의적으로 생명까지도 빼앗는 일도 드물지는 않았으나 사람들의 일상생활은 일정한 사회의 질서의 틀속에서 그들이 하는데로 방임되어 있었다. 절대군주

1) S. N. Eisenstaat, the Political Systems of Empires, The Free Press(New York, 1963), p.14.

2) Karl, Mannheim, Mensch und Gesellschaft Im Zeitalter des um baus, Leidem Sithoff, 1945.

의 대명사격인 불란서의 루이 14세조차도 그의 신하와 국민을 자기가 생각한데로 종속시키는 수단을 준비하고 있지는 못했다. 이에 반해 현대국가에 있어서 국민의 생활은 "요람에서 무덤까지", 즉 태어나서 죽을 때까지 국가활동(행정)과 어떤 형태로든 관련 없이는 결코 생각 할 수 없다. 막스웨버(M.Weber)가 지적하는 바와 같이 오늘날의 국민생활에 있어서 보다 중요한 현대 정부관료제는 그 이전의 관료제와는 달리 그 활동을 위한 충분한 자원과 수단을 소유하고 있는 것이다.[3)]

이와 같이 오늘날의 20세기 현대국가는 정부관료제와 그에 의해 수행되는 행정의 존재 없이는 도저히 생각할 수 없다. 오히려 국민의 모든 사회생활과 나아가 국민의 요구(needs), 복지(welfare)는 싫든, 좋든, 행정에 의한 의존도를 보다 강하게 하고 있다. 프리츠 몰스타인 막스(Fritz Morstein Marx)는 이러한 사태야말로 우리 시대의 가장 큰 정치행정문제의 하나라고 지적하고 있다.

이와 같은 국민생활의 행정에 대한 의존성의 증대로 행정자신이 정치의 중심에 이행(移行)(행정의 정치화)해가고 있는 국가를 왈도(Waldo), 몰스타인 막스(Morstein Marx)[4)]의 이론에 따라서 행정국가로 명명한다면 이는 역사상 존재했던 어떠한 관료제국가라고 불리는 것과는 상이한 것이다. 따라서 이와 같은 현대국가를 이해함에 있어서는 행정국가에 대한 충분한 검토가 그 선행요건이 되지 않으면 안된다. 현대산업사회의 진전에 따른 세분화・전문화・이질화는 행정권이 어느 나라에서나 예외 없이 입법권・사법권에 비하여 상대적으로 확장・비대해져 가고 있다. 그리고 그것은 불가피한 현상으로 인식되고 있다 왜냐하면 정부관료제에 있어서 행정관료가 개인적으로 뿐만 아니라 조직적으로도 현대국가의 사회문제 해결에 있어 요구되는 전문기술성[5)]에 있어서 뛰어나기 때문에 행정부의 권한(정책결정권)이 확대・강화될

3) Marx Weber, Politikals Beruf, Verlag von Dunker und Humbolt München Leipzig, 1946, p.46.

4) Fritz Morstein Marx, The Administrative State : An Introduction to Bureaucracy (Chicago, ILinois : The Univ. of Chicago Press, 1957). p.1.

5) ① 김병찬, 행정국가의 개념규정, 경북대학교 사회과학논집 제32집, 1981, p.73.
② 수도효(手島孝), 행정국가の법리, 학양서방, 1976, pp.163-164.
여기서 애기하는 조직적 전문성이란 19C말 실적주의(merit system)하의 결정된 가치를 집

수 밖에 없었다.

이러한 필연적인 현상을 두고 일부학자들은 자유민주주의 종언을 고하는 관료독재지배국가로서 네오파시즘(Neo-Facism)이라고 비판하는가 하면 또 다른 사람들은 민주복지사회의 실현을 위해 국가가 사회, 경제를 계획·조정하여 공공복지 서비스를 급여하는 참다운 민주복지국가라고 하여 권력구조에 대한 새로운 통제장치의 탐색노력과 이론적 고찰 없이 이를 비호하는 이가 있다[6]

이런 시각에서 볼 때 현대 행정국가화는 공공복지실현을 위한 즉, 사회복지 서비스에 대한 국가(정부)의 책임이 증대됨에 따라 새로운 국가(정부)의 직능을 강조하게 된 점에 기인된다. 사회복지를 위한 정부활동의 영역은 20세기에 들어 계속 확대되어온 것이 세계각국의 일반적인 경향 내지 추세이며 슬리만(Sleeman)은 이와 같이 정부활동을 보다 적극적인 방향으로 주도해 온 요인들을 첫째, 공리주의(Utilitarianism)의 영향, 둘째, 도시화 및 산업화의 진전에 따른 공중보건에 대한 국민수요, 셋째, 현대산업사회가 요청하는 공공교육의 필요성, 넷째, 참정권의 확대에 따른 정치적 민주주의의 압력, 다섯째, 긴급한 사회적 욕구에 대응하기 위한 시장경제구조의 부적절성에 대한 경험, 여섯째, 번영과 동시에 미숙련층, 근로대중가운데 만연되고 있는 빈곤과 소외 및 불평등의 존속에 대한 인식(경제적 민주주의의 실현요구)등이라고 지적하고 있다.[7]

이러한 관점에서 20세기 현대행정국가는 복지사회의 실현을 위한 근대자유민주주의국가의 산업사회화에 따른 현대국가(정부)의 역할을 강조하는 국가의 한 형태라고 할 수 있다. 한편 20세기 현대행정국가를 그 생성과정에서 보면 종래의 자유방임적 자본주의제도, 야경국가적 원리의 모순을 국가(정부)

행하기 위하여 필요한 도구로서의 단편적인 전문지식이 아니라 가치 그 자체를 결정 하기 위한 전문성을 말한다.

6) 김병찬, op. cit., p.69.

7) J. F. Sleeman, The Welfare State, Its Aims Benefits and Cost ; George Allen & Unwin Ltd., 1973, p.1.
김상영 · 이영조, 복지정책의 목표와 방향, 경북평화연구 제6집, p.22.

가 개입해서 체제내적으로 극복하려는 자본주의 발달과정에서 생성된 역사적 개념의 산물이다.

국가(정부)의 직능에 대한 인식이 이와 같이 현저하게 변화되고 있는 그 배경에 있어서는 국가와 사회의 대립에서 국가와 사회의 밀착이라는 통치권력구조의 변화[8]에 있는 것이요 국가기능의 확대・강화라는 현상[9]은 구체적으로는 권력분립제에 있어서 행정권의 확대와 강화를 말하는 것이다. 또한 행정권의 비대화에 따른 현대국가를 단순히 행정국가라고 규정할 때 이는 입법부(의회)가 우위였던 전세기의 입법국가와 대비되는 바 의회의 약화 내지 대의제 위기를 초래하여 의회민주주의를 신봉하는 많은 학자들의 우려를 자아내고 있다.[10]

이러한 의회약화 내지 위기의 원인을 행정국가화의 원인으로써 일부론자들은 논의하여 왔다.[11] 이런 현대국가를 이해하기 위해서는 행정국가를 이해하지 않으면 안된다. 아울러 현대행정을 이해하고자 할 때도 먼저 현대 행정국가의 이해가 필요하다.

---

8) ① 김홍기, 행정국가와 시민참여(서울 : 대왕사, 1986), pp.56-57.
② 김병찬, 국가와 사회의 구분의미, 고시연구, 1981. 7월호, pp.91-100.
③ 계희열 역, 국가와 사회의 구별이 갖는 현대적 의문성과 의미에 관한 몇 가지 소견, 고시연구, 1984. 11월호, pp,46-61.
이 논문은 독일의 Konlad Hesse가 국가를 19C의 입법국가에서 처럼 원칙적으로 사회 에서 분리된 지배조직으로 보고, 사회를 정치적 참여에서 제외된 피지배현상으로 보는 즉, 양자의 분리와 고립화에 반대하고 양자의 결합을 주장하는 것이 곧 양자의 일치를 의미하는 것이 아니며, 그와 같은 극단화와 단순화에 대하여 경고한 글을 계희열 교수 가 번역한 것이다.

9) 정부권력의 비대화(팽창)에 관한 자료는 Klaus von Beyme, The Role of the State and the Growth of Government, International Political Science Review, Vol.6, No.1, 1985.

10) T. Lowi는 미국과 같이 의회의 권한이 강한 국가에서조차도 위임입법, 골격입법(skleton legislation)등으로 행정부의 재량권이 계속 확대되고 있는 경향에 대해서 커다란 우려를 표명하고 있다. T. Lowi, The End of Liberalism(N. Y. : Norton, 1969), pp.127-131. 또한 Steiner 또 이러한 행정권의 강화로 정부분야의 개입이 전세계적으로 광범위하고도 안정된 추세로 유지되고 있음을 지적하고 있다. Deter O. Steiner, The Public Sector and Policy Analysis (Rand Mcnally, 1977), p.27.

11) 정정길, 의회의 정책과정상의 역할과 약화(노산 최재원박사 회갑기념논총), pp.239-245.

이에 본서에서는 행정국가의 이해를 도모하고자 현대 행정국가의 특질 및 본질을 밝혀 복지국가와의 관계를 비교 모색하고자 하였다.

1. 행정국가를 보는 입장

현대국가의 통치구조를 형식적으로 의회제와 관료제라는 두 유형으로 개괄하고 있으나 이러한 견해는 행정국가라고 지칭되는 현대 서구 민주주의국가의 실태설명에는 타당하지 않다.

왜냐하면, 정치는 일반적으로 가치(목적)를 결정하고, 행정은 결정된 가치를 몰가치적으로 단순히 집행한다는 정치행정이원론 시대, 즉 최소의 정치가 최선의 정치라는 말로 요약되는 근대시민사회의 정치경제이론에 있어서는 하나의 전형으로 간주되었으나, 현대사회의 경우 거대하고 강력한 정부관료제 없이는 자유와 복지가 보장될 수 없다는 견해가 일반화되어 정책결정권을 정치와 행정이 공유함으로써 융합된다는 점 때문이다.

자유와 평등이라는 명목하에 국가를 필요악이라고 본 시민사회의 국가관은 현대사회의 제상황 변화에 따라 이제 국가를 자유와 평등이념의 실현을 위한 필요선의 주체로서 인정함에 이르고 있다. 한마디로 국가기능의 극소화가 근대국가의 존재이유였던 것에 반하여 그 극대화가 현대국가의 기능원리로 되었다고 할 수 있다.[12)]

이러한 의미에서 클레어(G. S. Claire)의 'Administocracy'[13)]라는 말은 이른바 현대 서구민주주의 국가의 정부관료제와 민주주의와의 관계를 잘 표현한 말이라고 하지 않을 수 없다.

19세기 미국 고전적 민주주의의 입법국가에 있어서는 통치구조원리인 권력분립에 있어서 국가권력의 비중이 입법권에 상대적으로 우월한 지위에 있었다. 그러나 현대국가의 국가권력은 산업화의 진전에 따라 사회경제적 환경

---

12) Herbert Krüger, Allgemeine Staatslehre, 1964, pp.674-740.
김홍기, 행정국가와 시민참여(대왕사, 1986), pp.21-22.

13) J. S. Claire, Administocracy, 1934, p.5.

의 변화를 토대로 행정권의 상대적 비중이 높아지고 있다는 사실과 관련해서 행정국가가 그 특징으로 논의되고 있다.

그런데, 이와 같은 행정국가적 현상으로서 행정권의 확대·강화 및 관료의 정책결정권에의 개입은 현대국가에서 하나의 보편적이고 필연적인 현상으로 지적되고 있으나. 행정국가의 개념 및 이론구성에 있어서는 기존의 입장이 서로 상이하다.

그러므로 여기서는 행정국가에 대한 선행 연구자들의 연구결과를 검토함으로써 그 문제성을 규명해내고 이론의 정립에 따른 행정국가의 개념 및 특질에 대해서 체계적으로 정리하고자 한다.

행정국가의 기존의 개념구성은 첫째, 정치·행정학적 입장(사회과학적 접근), 둘째, 법학적 입장(법규범론적 접근)으로 대별할 수 있을 것 같다.

첫째, 정치·행정학적 입장(사회과학적 접근)이다.

이 입장은 현대자본주의 국가의 구조적 모순으로 야기되는 경제적 불평등, 빈부의 격차, 환경오염 등을 시정하기 위하여 국가개입을 통한 국가 권력의 증대는 불가피하게 되었고 이러한 국가권력의 증대는 정치가와 행정관료에 있어서 전문성의 차이와 행정관료제의 조직적 전문성 때문에 행정권의 확대 강화를 필연화 하였다고 보는 시각이다. 즉, 정치현실에 있어서 행정권이 확대·강화되고 있다는 사실과 행정관료의 정책결정에의 개입을 사실로서 인정하고 그와 같은 정치적 사실 내지 사회적 현실에 입각해서 논의하고자 하는 입장이다.

둘째, 법학적 입장(법규범적 접근)이다.

행정국가적 현상으로 지적되는 행정권의 확대·강화 및 관료의 정책결정에의 개입은 현대국가에서 하나의 보편적인 현상으로서 지적되고 있으나 행정국가 이론구성에 있어서 이를 불가능하게 하는 하나의 사실은 법규범과의 관계인 것이다.

즉, 사회적 현실 내지 정치적 사실로서 진행하고 있는 행정국가화 현상과 법규범이 상호괴리되는 관계에 있는 것이다. 이와 같은 점은 역사적으로 신생민주주의 국가나 독재주의에 유린된 경험을 가졌던 국가에서 독재주의 부활을 방지하고 민주주의를 정립코자 하는 국가에서 현저했다.

여기에 법규범적으로는 전통적인 행정권에 대한 불신감을 토대로 해서 행정국가적 현상을 인정하고 있지 않는 것이다. 즉, 법규범적으로는 행정권을 제약하는데 주로 관심을 표시하는 것이 일반적이며, 입법국가 또는 사법국가로 규정해서 행정권의 확대나 강화 및 행정관료의 정책결정권에의 개입을 부인하고 있는 것이다.

2. 행정국가의 개념

지난날의 낡은 국가 관념에 사로잡혀 오늘의 엄연한 국가현실의 변화를 직시하지 못하면 국가 발전을 저해할 수 있다. 반면에, 현대국가의 새로운 변화 사실을 너무 과장하여 특이한 논리를 펴면 이 역시 사회의 안정에 해독을 초래 할 수 있다.

즉, 새로운 제동장치에 대한, 견제의 모색 없이, 국민의 복지실현을 위해 사회 및 경제를 계획·조정하고 서비스를 제공하는 참다운 민주복지국가로 극찬하는 측면도 위험하고, 한편 새로운 국가 사실의 변화를(행정권의 확대, 강화) 민주주의의 종말을 가져오는 관료의 독재지배국가로 확대 해석하여 네오파시즘(Neo-Fascism)이라고 비판하는 측면 역시 올바른 문제인식이라 할 수 없다(김병찬, 1981:72). 여기에 현대사회의 세분화(細分化), 전문화(專門化), 이질화(異質化), 고속도화(高速度化)에 따라 어느 나라 예외 없이 행정권이 팽창·비대 해져가는 현상이 나타나고 있고, 이러한 현상이 불가피하고도 필연적인 현상으로 받아들여지고 있음을 어떻게, 올바르게 이해할 것인가가 행정국가 이해의 출발점이자 문제의식이라 할 수 있다.

먼저 행정국가의 주요 개념 구성 입장에 대해 간단히 살펴보면 아래와 같다(김병찬, 1981:69-73).

1) 행정재판제도에 따른 개념

이 입장은 오스트리아 공법학계의 일반적인 견해로써 실정법상의 제도에 따라, 행정소송을 일반법원에서 관장하고 있는 나라를 사법국가, 행정소송을 행정내부에서 관장하고 있는 나라를 행정국가라고 이해하는 개념이다. 이 개념 학설은 현재 우리나라의 공법학계에서도 사용하고 있다.

하지만, 이 개념은 후술하겠지만, 현대 행정국가문제가 이와 같이 형식적이고 소극적인 문제가 아니라 근대 민주주의의 원리로써 입법부만이 행하도록 되어있는 가치결정(정책결정)을 오늘날, 행정부가 행하고 있다는 문제로서 행정부와 입법부간의 관계에 관한 적극적인, 실증적인 정치 문제라는 점을 간과하고 있다는 비판을 면치 못한다.

2) 현대의 모든 국가는 행정국가라는 개념

행정국가적 현상인 행정권의 확대나 강화는 민주주의를 국가체제의 가장 본질적인 이념으로 하는 민주주의 국가에서 만의 현상이 아니라 현대국가에서는 정치이념이나 체제에 관계없이 지적될 수 있는 현상이라는 점. 즉, 현대국가에서는 행정권의 확대나 강화가 보편적 현상으로 지적된다는 것이다.

다시 말해 과거의 나찌즘, 파시즘의 전체주의 국가에 있어서나 공산주의 국가에 있어서나 또는 경제 발전을 계획하는 후진 국가에 있어서도 국가기능의 증대는 요청되고, 그 국가기능의 증대는 입법 기관 보다도 행정기관이 주체가 되어 수행되고 있다는 것이다.

이런 점에서, 행정국가화 현상으로서의 행정권의 확대나 강화는 현대 모든 국가의 보편적 사실로서 인식 되어 행정국가를 하나의 일반적인 개념으로서 국가의 체제나 이념과 관계없이 구성된다는 개념학설이다. 따라서 현대의 모든 국가는 행정국가로 규정된다는 것이다.

이러한 행정국가 개념 구성은 행정국가를 지난날의 입법국가와 대립시킴에 그 정당성(legitimacy) 있는 것이나 그 특징을 합목적성이나 공리성이 아닌 사물적합성(事物適合性)에서 찾고 이와 같은 특성의 행정국가가 현대국가로 성격 규정된다는 것이다. 즉 현대국가는 인간이 아니라 사물이 스스로 관리하는(예: 과학적 합리성: 과학과 기술) 국가로 규정 될 수 있다는 것으로, 이와 같은 행적국가에로의 변천 과정에 있는 국가를 현대국가로 본다는 것이다(C.Schmitt, 1932:11, 김홍기, 1995:33).

그러나 이 개념학설은, 전제군주국가나 민주주의국가, 나치스국가 등 모두가 행정국가이고 또 행정국가는 동시에 입법국가도 사법국가도 될 수 있다는 논리적 모순을 내포하고 있어, 우리가 논의의 초점으로 삼고 있는, 지난날 가치결정(정책결정)을 정치가 했던 것을 오늘날 정치와 행정이 함께 하고 있다는 정치와 행정 간의 관계문제에서 벗어나고 있다는 비판을 받는다. 또한 극히 유토피아적 개념 구성이라는 비판이 제기된다. 즉 행정을 관리로 규정 하고 정치를 거기에서 배제하고 있는 것이다(H.Pefers, 1949:478, C.Schmitter, 1932:4).

3) 외형상의 유사점에 의한 개념

이 학설은, 프로이센의 절대국가가 그 권력구조상 행정권이 상대적으로 우월적 지위에 있어 입법부의 지위가 낮고, 행정 관료가 정치기능을 수행 할 뿐만 아니라 확고한 직업적 관료제가 수립되어 정권변동과 무관하게 하나의 정치적 세력으로서의 지위를 유지하고 있다는 점 등의 현대국가와의 외형상의 유사점을 이유로 현대 행정국가의 기원으로 제기 하는 입장의 개념 구성이다. 하지만, 이 개념 역시 형식적인 외형상의 유사점에 대한 소극적인 문제가 아닌, 보다 적극적인 입법부와 행정부 간의 정치 문제에 대한 논의의 초점에서 벗어나 있다는 비판이 제기된다.

4) 행정부 업무의 양적 증가만을 강조하는 행정국가 개념

현대의 민주주의 국가에 있어 종래의 국가 안보나 치안 질서유지와 같은 기능은 국가 본질적 기능이다. 하지만 현대국가의 기능은 이와 같은 소극적 기능에 국한되지 않고 사회복지와 같은 서비스기능과 경제발전 촉진·유도 기능, 사회복지 서비스 급부기능, 국민생활에 대한 경제규제기능과 같은 것이 새로운 기능으로 강조되고 있다.

이와 같이 행정국가의 개념을, 국가기능을 중심으로 규정하려는 견해에 있어서, 입법부 사법부에 비해서 행정부의 그 기능이 양(量)적으로 특히 우월한 국가를 행정국가로 규정하는 것이다(F.Marx, 1959:2, 김홍기, 1995:37).

즉, 행정국가는 양적인 면에서 행정조직과 작용이 특히 우월한 국가로 이해하는 것이다.

하지만 이 개념구성은, 행정조직과 그 작용의 단순한 양적인 변화에 초점을 두고 있으나, 이러한 행정변화가 질적(質)이라는데 문제가 있다. 즉, 현대행정이 과거 행정의 연속으로서 성질을 갖는 것이 아니라 과거의 행정과는 질적으로 차이가 있다는 데에 문제가 제기된다.

다시 말해 행정기능의 변화를 논의하는 경우, 행정부의 기능 가운데 정책결정과 같은 기능의 포함여부에 대한 의문제기나 검토 없이 단순히 양의 문제만 다루어(행정조직기구의 증대, 공무원 수 증가, 예산증대 등) 행정과 정치의 관계 또는 행정의 정치적·권력적 성격 등을 구명하지 않아 현대 행정의 특질을 충분히 이해한 학설이 아니라는 비판이 제기된다.

5) 행정관리체제의 합리성을 강조 하는 개념

이 개념은, 국가의 주요 결정 순간에 있어서 최종최고(最終最高)의 의사가 무엇이냐에 따라 국가성격을 규정하는 것이다(C.Schmitter, 1932:9, 김홍기, 1995:33)

즉, 규범 정립에 있어서 공동의사(共同意思)가 최고 결정적인 국가를 입법국가, 또 소송을 판결하는 재판관이 미리 규정된 일반적인 법규범에 구속되지 않고 직접 표명하는 정의(justice)가 최종·최고의 선언이 되는 국가를 사법국가라고 규정하고, 즉석에서 준수 집행되는 구체적 명령이 최고·최종의 결정적 의미를 가지는 국가가 통치국가 및 행정국가인데 이 중에서 그 구체적 명령이 개인적이고 권위적인 국가를 통치국가, 개인적·권위적이 아닌 즉물적(則物的 : 사물적합성: 과학과 관리기술)인 국가를 행정국가로 이해하는 것이다.

하지만, 이 개념 역시 현대국가의 정치적 사실로서의 변화를 정당하게 인식하는 것이 아니라, 현대국가의 행정관리의 합리성을 지나치게 믿음으로서 행정권의 확대강화에 내포되고 있는 문제의식을 모호하게 하는 문제점이 역시 제기 된다.

6) 반(反)행정 국가적 행정국가 개념

행정국가는 기능적 의미로서는 입법도, 사법도, 행정으로 되는 국가이고 기관적 의미에서는 국가권력이 행정기관 내지 관청에 집중되어 행정은 물론이고 입법도, 사법도 모두 행정기관에서 행하는 국가로서, 이러한 행정국가화 경향이 있기는 하지만 기본법의 법치국가성에 의하여 견제 제어됨으로써, 행정국가의 이행이 배제 된다는 입장이다.

즉, 법치국가가 개인의 인격과 책임을 존중하는 국가 인데 반해 행정국가는 복지국가에로의 지향성을 갖는다는 점에서 행정기관이 입법과 사법의 본질적 업무를 수행하는 국가로 규정하여 법치국가와는 결합 내지 조화를 반대하는 개념학설이다.

이러한 입장에서는 민주주의를 위해서는 행정국가나 복지국가화에 대한 투쟁이 오히려 필요하고도 중요한 것으로 행정국가화는 곧 법치국가의 종말을 의미 하는 것으로 이해하는 것이다.[14]

이렇게 볼 때 이 개념학설은 현대국가에서 현저한 사실로 나타나는 행정권의 확대나 강화를 인정하는 것이 아니라 이러한 사실이 민주사회의 자유와

---

14) Carl Herman Ule, Uber das Ver haltnis von Ver weltungswissen schaleiche Beitrage, 1957, P.162
김홍기, 행정국가와 시민참여, 1997, 대왕사, P.41

책임을 침해 할 가능성이 있다는 점에서 이를 억제, 내지 반대하려는데 성립하는 이론인 것이다. 따라서 현대국가의 행정국가적 경향을 사실로서 명백히 인정하면서 이와 같은 사실과 전통적인 법치국가를 조화시키는 새로운 이론인 행정국가론을 구성하는 것이 아니라, 행정국가적 현상이 법치국가에 대한 위험물로서 양자는 절대로 양립(兩立)·조화 할 수 없는 것으로, 반대하는 입장으로 간주되는 것이다. 이 개념 역시, 행정국가이론의 초점이 단순히 지난날의 삼권분립주의와의 관계에서 과거의 이론을 교조적으로 견지 하는데 있는 것이 아니라 행정권의 확대와 강화에 따라 고전적 삼권분립이론이 현대국가에서의 구조적 변화를 이론화해서 고전적 민주주의를 현대 국가에 있어서도 적응하게끔 함과 동시에 그 생명력을 유지 하자는데 있다.

7) 국회의 감독권 강화를 전제로 하는 행정국가 개념

이 개념 학설은, 헤링(E.P. Herring), 규릭(L.Gulick), 케이(V.O Key) 등이 구성하고 있다. 이는 모든 국민들의 일반의지(general will)를 결집, 마련하는 방법으로 인간이 창안한 의회제도를 능가하는 새로운 제도의 모색이 없다면 인간적 욕망에 따른 갈등의 해결은 정치 즉 국회에 맡겨 감독권 강화를 전제로 하되, 현대사회의 복잡한 문제나 상태 해결은 전문성과 과학적 합리성을 가진 행정에 맡기자는 것이다.

이렇게 하는 것이, 현존하는 제도상의 마찰 없이, 현대사회의 정치, 사회, 경제적 구조변화로 야기된 행정권의 확대 강화 현상을 설명 할 수 있는 가장 현실적 방법을 전제로 한 개념 구성으로 판단된다.

이와 같은 다양한 행정국가 개념 정의에서 우리는 행정권의 확대·강화라는 행정국가화 현상이 권력분립주의, 국민주권주의, 법치주의와 같은 민주주의의 제 원리와 대립적인 측면이 있지만, 결국 양립할 수 없다거나 이율배반적인 것이 아니라 조화적으로 또는 통합적으로 구성하는데 행정국가 논리의 초점(focus)이 있다는 것을 잘 알 수 있다. 또한 이 문제는 18~19C 자유민주주의의, 입법국가에 대한 회고적, 소극적, 형식적 접근이 아니라 이에 연속되어 새로운 특질을 내포하는 국가에 대한 적극적인 전망적 접근이 되어야 함을 강조 하고 있다.

여기에 본 저자는 현대 행정국가의 개념 규정을 위한 사고의 전제로써, 앞에서 살펴본 바를 종합하여

첫째, 역사의 필연적 변화 현실을 직시하지 못하는 전통적 사고를 탈피, 불식하고 사회적 변화의 현실을 똑바로 인식하여 현대국가를 분석, 제 문제를 규명할 것과(김병찬, 1981:69-82)

둘째, 정치학, 미래학을 포함한 사회과학의 새로운 연구 성과를 결집하는 등 적극적으로 개념규정 할 필요성을 인식할 것.

셋째, 현대 행정국가는 입법국가에 대립되는 개념으로 전제된다는 점

넷째, 행정국가의 개념을 정치(입법부)와 행정(행정부)의 통치구조와 관련된 기능을 중심으로 구성할 것.

다섯째, 행정국가를 권력분립을 전제로 한 민주주의의 발전을 지향하는 전개형태로서 인식해야 한다는 점.

여섯째, 현대사회의 복잡한 현상을 해결하기 위한 전문기술적, 과학적합리성을 행정부에 인간적 욕망에 따른 갈등을 해결하기 위한 정치를 국회에 분담시키는 것이 현재 상황으로는 유일한 방법[15]임이 틀림없다고 인식하여 새로운 형태의 권력분립적 견제와 협동을 전제로 하는 행정국가개념을 규정해야 한다는 점, 즉 국회의 최종적인 결정권과 통제권을 유보하거나 국회의 감독권 강화를 전제로 하는 행정국가개념을 구성해야 한다는 점 등을 고려하여 아래와 같이 개념규정 하고자한다. 즉, "국가 통치구조와 기능을 중심으로 민주주의의 발전형태로서의 정치적 현실을 바로 인식하고 행정부가 「정치적 교환」이라는 메카니즘을 통하여 국회의 최종적인 통제, 감독하에 복지사회의 이념을 구현하기 위해 가치를 결정하고 집행하는 현대민주복지국가"라고 이해하고자 한다.

여기서 "입법국가에 대립하여"라는 뜻은 행정국가를 민주주의 발전형태로 인식하고자 하는, 또 그렇게 유도하도록 하는 도구로서 즉, 보안국가나 법치

15) Ibid., p.78.

국가에 대립되어 역사적 단절을 의미하는 것이 아닌 입법국가의 역사적 계속성을 갖는 연속적 개념으로 파악하고자 한다.[16)]

또한 "국회의 최종적인 통제 감독하에"서의 뜻은 첫째로 민주주의의 최고원리인 국민주권주의를 관철하기 위함이다[17)] 이는 그 내용이 무엇이든지 간에 국가의 중요정책은 모두 최종적으로 국회의 결정에 유보되어야 한다는 뜻이다. 그러므로 여기서는 고식적인 법치주의원리를 탈피하고 국가의 모든 중요계획과 결정을 최종적으로 국회의 동의를 얻어야 한다는 것이다.

둘째, 행정의 과학적 합리성과 정치적 이데올로기간의 기능적 분담과 권력적 견제라는 새로운 형태의 권력견제제도를 의미한다. 이는 입법부와 행정부가 가치결정이라는 동일한 업무를 분담하는 것이기 때문에 기관별 상호불가침의 고유권을 인정하는 것이 아니므로 전통적인 권력분립주의처럼 국민주권주의와 모순되는 것이 아니며, 따라서 입법부는 물론 직접국민까지도 행정의 모든 영역에 걸쳐 통제할 수 있는 이론적 근거를 제공할 수 있다. 이렇게 함으로써 또한, 행정권의 확대·강화가 날로 심해지는 현대행정국가에서 행정부의 권력남용방지책을 전제로 할 수 있다. 이는 곧 현대행정국가의 민주주의의 형식적 타당성 확보를 의미한다.

"복지사회의 이념을 구현하기 위해 행정부가 가치를 결정하고 집행하는"이라는 말은 현대국가의 기본이념과 목표, 기본 가치성을 의미하는 동시에 그것을 실현하게 하는 행정부의 과학적인 전문성과 민주적인 행정부구조(관료제의 민주화)를 의미한다. 이는 곧 야경국가적 예정조화설(natural harmony), 자유방임주의를 과감히 불식하고 국가의 계획과 결정에 의한 개입으로 사회적 형평 및 배분적 정의를 실현코자 하는 민주주의의 실질적 타당성을 확보한다는 뜻이다.

이러한 여러 상황과 전제조건을 고려한, 행정국가 개념 구성 모델을 도표한 것이 아래<그림II-1>이다.

---

16) 김홍기, op. cit., p.38.

17) 김병찬, op. cit., p.82.

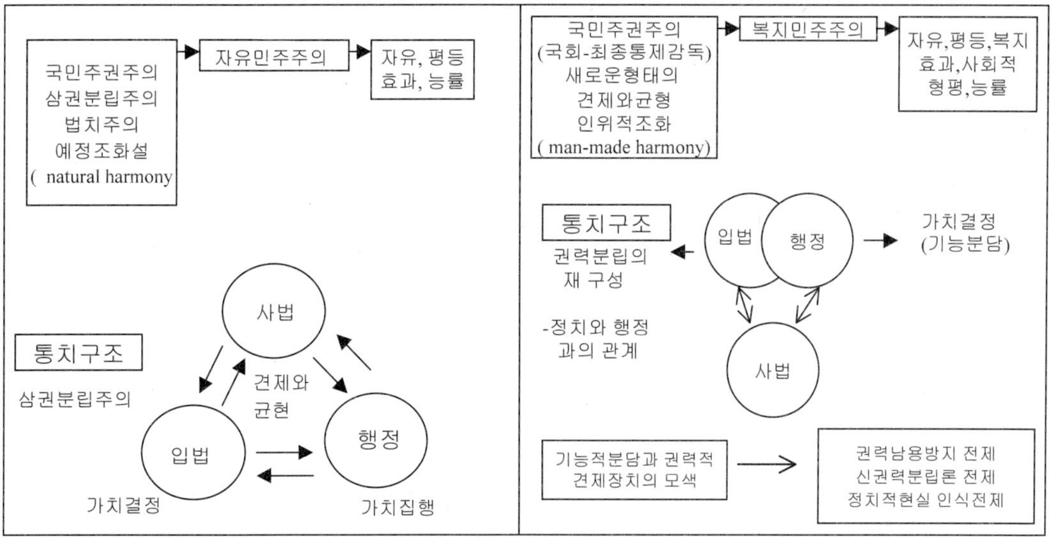

<그림 Ⅱ-1> 행정국가 개념모델

Ⅱ. 행정국가의 특질 및 본질

본 강(講)에서는 근대 시민사회를 기반으로 성립했던 서구 자유민주주의가 정치, 경제, 사회 구조의 변화에 따라 불가피하게 현대 행정국가로 이행될 수밖에 없었던 제조건과 현대사회에 있어서의 행정국가의 문제성을 좀 더 구체적으로 이해하기 위하여 행정국가의 특질 및 본질을 간단히 살펴보고자 한다.

1. 행정국가의 본질

① 현대 행정국가는 입법국가와 대립되는 개념으로(즉, 근대 입법국가의 역사적 단절을 의미하지 않고, 연속적 개념으로) 정립하는데 본질적 의의가 있다.

현대 행정국가에 있어서 행정국가 논의의 문제성은 행정권이 확대되고 강화되고 있다는 사실을 인식하는데서 성립된다는 점은 명백하다.

하지만 만약 현대 행정국가의 행정이 18C~19C 당시의 입법국가의 행정과 본질적으로 차이가 없다면 행정국가의 개념구성은 가치가 없고, 무의미하다는 점 또한 명백하다.

즉, 입법국가에 있어서의 행정과 현대 행정국가에 있어서의 행정이 질적인 변화가 아니라 다만 양(量)적 측면에서만의 차이에 지나지 않는다면 행정국가의 개념을 새삼 논의할 필요가 없다는 것이다.

이는 근대 입법국가의 개념으로서는 현대국가를 이해하는데 효과적인 실질적 접근이 될 수 없다는 점에서, 현대 행정국가의 개념이 그 타당성을 갖는다는 점에 있다.

물론 여기에는 행정국가가 입법국가와의 역사적 단절을 의미하지 않는다는 것이 전제되어 있다.

② 현대 행정국가의 문제는 민주주의와의 관련을 전제로 한다는 것이 두 번째 주요한 본질적 문제이다. 즉, 이점에서 우리는 또한 민주주의를 거부하는 전체주의나 공산주의는 행정국가 논리와는 관계없다는 점에 논의의 초점이 있다.

③ 행정국가를 권력분립을 전제로 다루는 것이 또한 주요한 본질적인 성질이다.

법률의 집행으로서의 행정을 산출(output)이라 하고 입법을 투입(input)이라고 한다면 현대국가의 행정활동은 산출만을 위한 것이 아니라 투입기능도 담당하고 있다.

즉, 현대 행정국가에 있어서는 투입기능이 법적으로 어떻게 규정되어있고 또 법적으로 그 기능을 억제하고 있다하더라도 오늘날 행정이 투입기능을 수행하고 있다는 것이 사실이다.

이러한 투입기능을 정치나 입법으로 간주한다면 현대국가의 행정이 입법이나 정치의 투입기능을 담당하고 있다는 점에서 현대 행정국가는 결국 권력분립 관계에서 논의하는 것이 본질적인 사항임이 명백하다.

하지만 현대 행정국가의 행정권의 확대와 강화는 근대 입법국가에 있어서의 권력분립을 크게 변화시키고 있다는데서 문제가 제기된다. 즉, 현대 행정국가에 있어서의 권력은 전통적인 권력분립과 근본적인 차이가 있다는 것이다.

그것은 산출기능으로서의 행정이 투입기능의 입법, 정치를 흡수한다는 점이 행정권의 확대와 강화를 의미한다는 점이다.

더더욱 지난 날 정치와 사회의 이원적 대립이 현대국가에서는 사회의 정치화에 의해서 정치가 국민의 모든 분야에 개입, 관여하게 되고 이러한 투입과정인 정치과정에 행정권이 기능하고 있다는 점이다. 특히 권력분립과의 관계에서는 정책형성이나 정책결정과 같은 기능이 행정권에 집중되고 있다는 점이 지적된다.

④ 국민주권의 원리의 전제가 또한 현대 행정국가논리의 본질적 요소가 된다.

근대 입법국가의 권력분립주의는 권력분립상 입법권의 우월, 즉, 입법부가 사법부나 행정부에 대한 우월적 지위를 갖는다는 데에 귀착되고, 또 정치적으로 그렇게 전개되는 것이 논리적으로 타당하였다. 민주주의는 민주주의국가의 가장 본질적 요소인 국민주권이 전제되어야 하는 것이며, 국민주권의 보장을 위해서는 입법부가 중심적인 우월적 지위에 위치해야 하는 것은 당연했기 때문이다.

하지만 근대 입법국가의 행정권이나 사법권이 입법부에 전적으로 종속한다는 것은 아니었다. 즉, 만일 사법권이나 행정권이 각각 그 고유영역을 갖지 못하고 입법부에 종속된다고 한다면 국민주권주의의 철저한 논리적 관철은 가능하겠지만, 입법, 사법, 행정 삼권은 각각 침범할 수 없는 고유의 영역과 권한이 있다는 권력분립주의는 부정되는 것이다.

여기에 현대 행정국가의 행정은 국민생활에 적극개입, 규제, 보호, 서비스(봉사), 원호 기능까지 수행하고 있다는 사실을 부정할 수 없다는 점에서 정책결정과 같은 기능이 행정부에 집중되고 있다는 점이 강조되는데 있다.

나아가 논자에 따라서는 이러한 정책결정기능의 행정수행이란 점에서 정치적 정당성의 논거를 현대행정이 제공한다고 극단적으로 지적하기도 한다(汁淸明, 1966:42).

2. 행정국가의 특질

1) 행정국가의 정치성

「정치적 교환」을 그 메카니즘으로 하는 행정국가는 정치성을 그 특질로 하는 국가이다. 스피로(Herbert J. Spiro)는 현대사회의 개인생활에 있어서 가장 중요한 사실은 그 소재와 범위에 관계없이 점차 정치에 의해 규제된다는데 있다고 하여 현대국가에 있어서, 정치문제의 폭발을, 고대 그리이스 도시국가에서 정치가 우세했던 상황에 비춰 비교하고 있다.[18)]

확실히 그 정치성에 있어서 현대행정국가는 고대 그리이스의 도시국가에 필적할 만하다. 그렇지만 고대 그리이스 도시국가의 정치는 인간의 사회적 생활의 영위를 숭상하였다. 그러나 현대행정국가에 있어서의 정치는 점차 불가피한 사회생활의 수단으로 되어 인간의 사회생활에 깊이 개입, 규제하고 있다.

두버거(Maurice Duverger)는 정치의 본질을 두 얼굴을 가진 상반되는 두 개의 측면으로 되어 있다고 지적하고 있다.[19)] 한 측면은 개개인을 하나의 집합체로 결집하고, 사회적 질서를 확립해서 공공의 목적(공공선, 사회정의)의 달

---

18) Herbert J. Spiro, Politics as the master Science : From Plato to Mao, Harper & Row, Publishers, N.Y., 1970, p.4.

19) Maurice Duverger, The Idea of Politics: The uses of Power in Society, translated by Robert North & Ruth Murphy, Methven & Co. Ltd., London, 1964, p.13.

성을 도모하는 측면이며, 다른 한 측면은 권위를 통해서 발생하는 지배복종 관계와 여기에서 파생하는 착취와 부패타락의 측면이라는 것이다. 이러한 이율배반적인 사항은 정치에 항시 동반하는 것이고, 어느 한편을 제거했던 정치는 있을 수 없고, 역사적 사실로서도 존재하지 못했다고 한다.[20]

왜냐하면 제1의 측면에서 제시된 공공목적의 달성은 제2의 측면인 권위의 관계를 통해서만 가능하고, 또 권위에 의한 지배복종의 관계는 그것이 공공의 목적달성을 위해 불가결하다고 하는 전제에 의해서만 정당화될 수 있기 때문이다. 그렇지만 역사발전단계의 특수한 사정에 의해 양측면 가운데 어느 한 면이 특히 강조되고 다른 한 면이 경시되는 경우는 있었다.

즉, 현대행정국가에 있어서는 한편으로, 공공목적의 달성(민주복지사회의 실현)을 위한 정치의 제일측면이 강조된다. 즉, 「정치적 교환」에 대한 국민요구의 분출이 일어나고 현대국가의 정당성은 정부가 그들의 요구를 어떻게 충족하는가에 달려있다. 이러한 현상이 초래되는 요인의 하나는 근대과학기술의 발달에 의한 가족 및 제사회집단의 사적영역이 붕괴되어 사회로 흡수되어가는 과정의 반영에 있다.

사회와 국가는 재차 융합하고, 길브(Gilb)가 신봉건주의라고 지칭하는 현상이 출현한다.[21]

밴딕스(Reinhard Bendix)가 갈파하고 있듯이 이점에서 정치가 주권의 배분을 둘러싼 투쟁인 것이 아니라 국민생산의 배분을 결정하는 정책과 그 집행을 둘러싼 투쟁이 된다.[22] 이는 사적 영역에 속해 있던 것이 정치화되어 정치과정속으로 투입되어 가는 경향을 시사하고 있다.

카(E. H. Carr)가 국가의 기능이 정치에서 경제로 변했다고 하는 것은 이를 의미하는 것이라고 생각된다.[23]

---

20) Peter Bachrach and Morton S. Baratz, Power and Poverty(N.Y., Oxford Univ. Press, 1970), p.7. 바츠라츠와 바라츠도 정치의 양면성을 "권력의 두얼굴(two faces of power)이라고 하고 있다.

21) Gilb, op. cit., p.15.

22) Reinhard Bendix, The Nation-Building & Citizenship, John Wiley & Sons, N.Y., 1964, p.106.

23) E. H. Carr, Nationalism and After, Macmilliam Co., London, 1945, p.21.

2) 행정국가의 기술성

행정국가는 훌륭한 정치적 국가인 동시에, 전문 기술성을 그 특질로 하는 국가이기도 하다. 현대과학기술의 효과는 일정한 영토 내에서 보편적인 관할권을 가진 유일한 단위인 국가에 의해 흡수될 수 있는 동시에 정부는 현대과학기술의 활용에 의해 국민생활의 개입정도를 깊게 해 간다. 즉, 정부는 과학기술의 발달을 촉진하는 입장임과 동시에 교통, 통신, 커뮤니케이션을 포함한 정보, 과학기술을 장악함으로써 사회적 통합관리의 중추적 주체로 존재한다.

이와 같이 과학기술과 표리일체를 이루는 현대행정국가의 발달을 촉진했던 요인의 하나는 근대합리주의사상이다. 모겐쇼(Mogenthau)는 17, 18C합리주의를 사회현상도 자연현상과 마찬가지로 인간의 이성적인 탐구과정을 통하여 이해될 수 있다는 것과 사회적 현상을 합리적으로 제어·통제하기 위해 합리적인 사고의 탐구과정이 필요하다고 한다.[24)]

여기서 제기되는 하나의 명제는 인간이 이성의 힘에 의하여 자연계 및 사회를 지배하는 법칙만 파악한다면 자연환경을 포함한 사회를 자유롭게 통제하고 개조할 수 있다는 것이다. 그러나 이것이 실현되기 위해서는, 어떤 결과를 얻기 위한 힘이 필요한데 오늘날의 현대 행정국가에 의해 그 힘이 출현되므로, 현대합리주의사상이 관철될 가능성이 있다는 것이다. 오크숄트(Michael Oakesholt)가 지적하고 있고 합리주의자가 스스로 요구하는 자격은 기술가 및 전문가로서의 자질이고 기술에 의한 인간사회의 지배이다.[25)]

3) 행정국가의 논리적 접근성

현대 행정국가의 국가기능의 증대로 인한 행정권의 확대와 강화현상, 즉, 국가기능의 증대와 행정부 기능의 증대가 논리적으로 자동적인 것으로 간주

---

24) Hans Morgenthau, Scientific Man Versus Power, Politics Phoenix Books, The Univ. of Chicago Press, Chicago & London, 1946, p.3, p.176.

25) Michael Oakeshott, Rationalism in Politics, Methuen & Co. Ltd., London, 1962, p.4.

될 수는 없다.

이와 같은 현대국가의 기능을 근대 입법국가의 원리적 연속성에서만 이해되고 또 이해될 수 있다면 현대국가를 행정국가로 지칭하는 하등의 의미가 없다.

그것은 근대 입법국가의 제원리가 현대국가에 있어서도 그대로 논리적 타당성을 갖는다면 행정기능이 현대국가에서 비록 증대된다 하더라도 제원리의 논리적 접근성에서 새로운 문제를 제기시킬 요인이나 사실이 지적될 수 없다는데 있다.

하지만 현대 행정국가의 논리적 접근성에서 아래와 같은 특질이 지적된다.

첫째, 근대 입법국가를 중세국가와 비교해서 그 특징이 지적되고 있다는 점이다. 이는 절대주의나 민주주의와 같은 정치원칙을 근간으로 하여 성립하는, 정치형태를 달리하는 국가와 구별 없이 근대국가의 일반적 특징을 중세국가와 비교해서 추구되고 있다는 점이다.

둘째, 현대 행정국가의 논리의 접근은 법규범적 접근이 아니라 정치형태구조의 특질의 변화를 정치적 현실 내지 사실로 인식하는 사회과학적 접근에 그 논리적 타당성을 두고 있다는 점이다.

셋째, 행정국가논리의 접근은, 근대국가와의 원리상의 연속성을 인정하면서도 불연속성 내지 이질성(異質性)을 가진 현대국가로 파악하고 있다는 점이다. 즉, 행정기능의 확대, 강화가 양(量)적인 증대를 문제삼는 것이 아니라, 질(質)적인 변화 차이가 다르다는데 특질이 있다.

3. 현대국가와 행정국가와의 관계

먼저 복지국가와 행정국가의 관계에 있어, 지금까지 살펴본 바와 같이 기능적 관점에서 강조한 점이 다소 상이할 뿐, 목표나 이념이 같다고 보아 동의어로 보는 입장과, 두 국가의 개념은 서로 다르다고 보는 입장으로 크게 대별해 볼 수 있다.

첫째, 행정국가(The administrative state)와 복지국가(The welfare state)는 동

일한 개념이 아니다라고 보는 입장이다. 이 입장에서는 행정국가를 과학기술의 발달, 산업화, 전문화 등의 사회적 요인과 더불어 행정기능의 확대·강화에 따른 행정부권한 강화현상으로써 행정부가 정부의 기본정책의 수립발전에 있어서 입법기관이나 사법기관보다도 상대적으로 우월한 입장에서 중추적 역할을 담당한다는 기능적·수단적 개념으로 이해한다. 반면에 복지국가는 복지목적을 달성하기 위한 것으로(목적국가) 정치적·경제적 불평등을 완화하여 실질적 민주주의를 실현하고자 하는 것으로서 경제적으로는 시장경제체제에 대한 국가의 국민경제개입을 통한 수정자본주의를, 정치적으로는 실질적 민주주의와 인도주의 확립을 바탕으로 보편성의 원리에 따른 사회보장제도가 수립된 정치체제의 국가로 이해, 다르다고 보는 입장이다.

둘째, 앞에서 살펴본 바와 같이 행정국가를 "국가통치구조와 기능을 중심으로 민주주의 발전형태로서의 정치적 현실을 바로 인식하고 행정부가 「정치적 교환」이라는 메카니즘을 통하여 국회의 최종적인 통제·감독 하에 복지사회의 이념을 구현하기 위해 가치를 결정하고 집행하는 참다운 현대민주복지국가"로 이해하는 입장이다. 이렇게 본다면 복지국가나 행정국가의 목표는 민주복지사회의 실현에 있으며, 뿐만 아니라 그러한 목표를 달성하기 위한 수단의 강구에 있어서도 불가피하게 필연적으로 행정권의 확대·강화가 수반될 수밖에 없다는 점, 역시 같이 인식하나 다만 행정국가의 독선화문제의 해결 및 새로운 견제장치의 모색이라는 측면에서, 복지국가에서는 실질적 연구 및 관심이 부족한 반면 행정국가 쪽에서는 문제인식을 갖고 이의 문제를 해결하고자 기능적 관점에서 노력하고 있다는 점, 차이 뿐이라는 것이다.

이렇게 볼 때 현대국가를 행정국가 외에 직능국가, 복지국가, 적극국가로 달리 표현할 수 있다. 즉, 현대국가는 국민의 생활영역에 보다 깊숙이 관여하여 사회에서 일어나는 제반문제를 해결하는 문제해결자의 역할을 수행하는 직능국가의 성격을 또한 갖고 있으며 직능국가의 연장선에서 국민의 사회복지에 보다 적극적인 관심을 갖고 이를 실천하는 복지국가의 성격을 갖는 다고 볼 수 있다.

18~19C 자유민주주의의 근대 입법국가에 있어서는 입법권에 국가권력의 비중이 보다 우월한 입장이 두어져 있었다.

그러나 20C 이후의 현대국가에서는 국가권력의 사회 경제적 기반의 변화와 관련해서, 행정권이 상대적으로 그 비중이 높아지고 있다는 정치적 사실과 관련해서 행정국가가 그 특징으로서 논의되고 있다.

이와 같은 행정국가를 현대국가의 개념규정으로 일반화하면서도 현대국가의 성격과 관련, 앞에서 살펴본 제(諸)행정국가 개념 학설은 크게 제2차 세계대전 전(前)의 이론과 제2차 세계대전 이후(後)의 이론으로 크게 대별할 수 있다.

I. 제2차 세계대전 전(前)의 이론

지금까지 살펴본, 국가의 체제나 이념과 관계없이 구성되는 현대의 모든 국가는 행정국가로 규정된다는 입장, 외관상의 유사성을 강조하는 입장, 형식적인 행정재판제도에 따른 입장, 행정업무량의 양적인 팽창만을 강조하는 입장 등의 관점이론은 제2차 세계대전 전의 행정국가 이론으로 간주된다.

이러한 제2차 세계대전 전의 이론은 아래와 같은 문제점에서 비판의 대상이 된다.

① 현대 행정국가화 현상으로 간주되는 행정권의 확대 강화 현상이 내포하는 문제의식을 모호하게 만드는 점이 지적된다.

② 18~19C 자유민주주의적, 의회주의적 입법국가의 존립가치를 인정하지 않는 문제를 야기한다. 즉, 나찌즘 국가나 전체주의국가, 공산주의국가의 존재를 정당화하며, 근대 입법국가와의 역사적 단절을 가져오는 현대국가를 논(論)하는 우(愚)를 범하게 된다는 것이다.

③ 이 제2차 세계대전 전의 이론은 특히 유토피아(utopia)적인 규정이라는 점이다.

앞에서 살펴본 바와 같이, 이 이론은 현대국가에 있어서의 현저한 사실(fact)로서의 행정권의 확대나 강화를 인식하는 것이 아니라, 행정국가를 최종 최고의 의사로서 결정적 순간에 구체적인 의사가 결정적 의미를 갖는 국가로서 사물자체가 스스로 관리하는 국가로 규정하고 있다.

여기에 행정을 단순히 관리로 규정하고 정치(정책결정, 가치결정)를 거기에서 배제하고 있다는 점이 유토피아성이 있다는 것이다(C.Schmitter, 1932:4). 따라서 결과적으로 이 이론은 나찌즘이나 전체주의국가나 공산주의국가의 독재주의를 유토피아적인 것으로 인정하는 모순에 빠지게 된다.

하지만 나찌즘 국가나 공산주의 국가에 있어서는 국민의 자유와 권리를 보장하기 위한 권력 분립이 부정 또는 거부되고 있고, 또한, 이러한 국가들은 민주주의 원칙을 인정하지 않는 것이 사실이었고, 오늘날에 있어서도 마찬가지다.

이런 점에서 제2차 세계대전전의 행정국가이론은 삼권분립원칙이나, 국민주권주의, 민주주의의 제원리들과의 관계에서 제기되는 문제가 행정국가화 현상의 실질적이고도 본질적 문제로 자각하는 이론이 아니라 정반대로 형식적이고, 법규범적인 측면에서 국민들의 올바른 정치의식을 제어시키는 결과를 초래하는 이론이라 하겠다.

Ⅱ. 제2차 세계대전 이후(後)이론

한편, 제2차 세계대전 이후에 등장한 행정국가이론은 새로운 측면이 전개되었다. 즉, 제2차 세계대전 이후의 행정국가이론은 현대국가를 사회국가(社會國家)로 규정하면서 이와같은 사회국가는 불가피하게 행정국가로 등장하게 된다는 입장이다.

현대국가를 사회국가로 지칭하는 것은 국가기능에 있어서, 지난 날 국가의 소극적 기능 즉, 안보기능 및 치안질서유지 기능에 국한되지 않고 분배, 보호, 봉사, 원호, 경제 성장 촉진, 유도기능, 복지, 급부(Leistung)기능 등의 적극적 기능을 하고 있다는 사실에 기초해서 주장되는 것이다.

현대 사회국가에서는 행정이, 안보, 질서유지 기능 이외에 봉사, 급부 기능도 수행하여 국민에게 정치, 경제, 사회, 문화적 제서비스를 제공하고 또 계획조정활동을 통해서, 인간의 삶의 질(Quality of Life)까지 가치적 생활을 보장하고 있다는 점에서 현대 행정국가로 개념규정하고자 하는 것이다(Werner Weber, 1953:94, 김홍기, 1995:35)

이러한 제2차 세계대전 이후의 이론에 있어서도 사회국가적, 행정국가적 사실이 그 가치판단과는 관계없이 현대국가에서 사실로 진행되고 있다고 이해하고 정치체제나 이념과 관계없이 일반화되고 있다는 점에서 제2차 세계대전 전의 이론에서 비판된 문제점이 그대로 적용된다 할 것이다.

하지만 제2차 세계대전 이후의 행정국가이론은 아래와 같은 점에서 전전(戰前)의 이론과 상이한 비판을 받고 있다.

① 제2차 세계대전 전의 이론이 나찌즘이나 공산주의 이론의 정당화 이론

으로 전개되었다는 점과 관련해서 독재주의와 행정국가가 동일한 것이 아니라는 점을 자각하면서도 행정국가가 독재주의, 행정독선화에로의 지향성을 내포하고 있다고 우려한다는 점이다(Werner Weber, 1953:28, 김홍기, 1995:35).

② 행정국가는 민주주의를 전제로 하든가 아니면 민주주의와의 단절이 아닌 역사적 연속성을 전제로 해서 행정국가 개념 규정이 바람직하다고 인식하고 있다는 점이다.

③ 행정기능의 양적인 증대가 아닌 질적인 변화에 현대 행정국가의 본질적 문제의 계기가 있다고 인식한다는 점이다.

④ 현대 행정국가는 국가기능을 담당하는 정치기구와 관련해서 논의되어야 한다는 점 등을 인식하고 있다는데 전전(戰前)의 이론과 차이가 있다.

Ⅲ. 권력분립이론의 재편성(현대 행정국가이론:정치와 행정의 관계)

1. 권력분립이론의 재편성의 필요성

지난 날, 존 로크, 몽테스크에의 권력분립주의는 근대국가의 통치 구조원리로서 국가기관 상호간의 견제와 균형(check & balance)으로 권력 남용을 방지하여 국민들의 자유보호원리로써 국민주권주의와 병용되었다고 볼 수 있다.

하지만 행정권의 확대, 강화현상으로 야기되는 현대 행정국가는 행정권의 권력남용방지 및 견제의 필요성이 절실하다. 여기에 현대 행정국가의 개념 규정 내지 현대 행정국가이론의 정립을 위해 행정권력의 남용(행정의 독선화 현상)을 방지할 수 있는 방지책을 전제할 것이 요구된다.

① 과거의 권력분립이론

이는 국회(법 형성권력)와 행정부의 권력(법 집행권력)간의 분립을 국회는 의사결정(意思決定)하고 행정부는 그 결정을 행동에 옮기는 즉 정책결정과 집행의 분리로 사고하였다(Goodnow, Piffer).

② 현대 행정국가이론(권력분립이론의 재편성)

현대 행정국가에 있어서는 행정부도 정책 결정 기능을 수행함으로 오늘날의 국회와 행정부를 결정과 집행으로 분리한다는 것은 불가능해졌다. 여기에 오늘날, 권력분립이론을 재편성할 필요성이 제기된다.

2. 신(新)권력분립이론

① 다원적 분립이론(多元的 分立理論)

한스 피터(Hans Peter)는 신분권이론으로, 연방제 기관간의 권한 분배를 제기하고 있다. 즉, 지방자치제도, 위원회제도, 그리고 정치적 결정과 전문지식과의 분권, 학예술, 행정, 자치 등을 통한 분권을 시사한 바있다.

또한 웨버(weber)는 제 정당간의 경합균형체제를 핵(core)으로 하여 신구교회, 노동조합이 참여하는 의회제, 연방제, 지방자치제를 통한 분권을 제기하고 있다.

그리고 히펠(Ernst von Hippel)은 사회문화 영역은 원로원이 경제영역은 평의회가 공민영역은 국회가 그 권력을 담당하는 새로운 분립이론을 주장하고 있다(김병찬, 1981:82-83).

하지만 이러한 다원적 분립이론은 다원화된 현대사회에서 각 권력에 각각의 배후세력을 배치함으로써, 각각의 이익반영이 가능한 장점이 있지만 반면에 현대사회의 다양한 제이익간의 통합조정이 곤란해지고 너무 권력이 분산되어 실용적인 현실적 제도로 활용하는데는 어려움이 많을 것으로 판단된다.

② 신이권론(新二權論)

피터 슈나이더(Peter Schnider)는 정책 및 법 형성 권력을 국회와 행정부에 그리고 정책 및 법 유지, 판단 권력을 사법부에 배정하는 신이권론을 주장하고 있다.

하지만 이 이론은 현대 행정국가에서 초점이 되고 있는 국회와 행정부간의 관계가 아닌 국회, 행정부 및 사법부간의 권력 관계에 관한 것으로 이는 지금까지 우리가 살펴본 논의의 초점에서 벗어난 이론으로 볼 수 밖에 없다.

설사 사법부에 법, 규범의 통제 권한을 부여하더라도 사법부가 국회와 행정부를 효과적으로 통제권한을 행사하기가 불가능하다는 점에서 역시 문제가 있다(김병찬, 1981:82).

여기에 미국을 비롯한 서구의 대부분의 학자들은 실질적인 새 이권론을 주장하고 있는바 즉 권력분립(separation of powers)을 단순히 권력을 나누는 것이 아니라 상호순환, 교호과정(reciprocal or circular) 내지 계속연속과정(contimum) 혹은 융합과정(intrwined)으로 인식하여 국회는 행정부를 감독, 통제하고 행정부는 정책을 형성하는 기능적 권한 분담으로 새이권 분립적 견제와 협동을 모색하는 분립을 주장하고 있는 것이다(Gulick, E. P. Herring, E. S. Redford).

즉. 규릭(L. Gulick)은 국가의 중요 정책 및 계획에 대한 결정 책임은 행정부가 이에 대한 거부권과 감사권은 국회가 갖는 배정 분립을 주장하고 헤링(E. P. Herring) 역시 정책형성은 행정부가 하고 정책형성에 대한 결정의 유보권한은 국회가 행사하는 방식의 권력배정분립이다.

한편 레드포트(E. S. Redford)는 가치결정을 위한 정치성의 문제는 국회(정치)에 기술전문성은 행정에 담당케 하지만 결정이나 제정은 불가능하게 하고, 그 결정은 정치가 국민의사를 참고하여 가부를 정하도록 하자는 식의 권력분립 등이다(E. S. Redford, 1978:33).

행정국가화 요인

현대 국가의 특징으로서 일반적으로 행정국가를 지적하고 있다. 이는 현대에 있어서 국가의 기능이 과거보다 현저하게 확대되었다는 점에 그 원인이 있지만 행정국가로서 지적하는 의미는 입법(정치)기능과의 관계에 대한 것이다.[26)]

이와 같이 국가의 기능이 현저하게 증대하는 것은 현대국가에서이며 구체적으로는 19C 말에서 20C에 걸쳐서 나타나는 정치적 사실을 의미한다. 여기에, 이러한 현대 행정국가의 역할과 기능의 확대 즉, 행정권의 확대나 강화 현상을 야기하는 주요한 요인은 과연 무엇인가를 살펴보고자 한다.

현대 국가의 기능확대나 증대요인으로 보통 내적요인과 외적요인을 지적하고 있다.

I. 행정국가화의 내적요인

현대 국가 기능의 확대에 대한 내적요인을 극히 단순화한 형태는 바로, 현대 사회의 대규모화와 복잡화이다.

즉, 현대사회는 과학과 기술이 급격히 발달하고 자본주의가 고도로 발달한 사회이며, 또 산업화(industrialization)와 도시화(urbanization)의 진전이 그 특징

26) L. D. White, Introduction to the study of Public Administration, 1955, p.28.

을 이루고 있는 사회이다. 이와 같이 산업화, 도시화가 진행될 때 국가의 기능이 증대하게 된다.

왜냐하면 이는 현대사회의 여러 문제해결에 대한 요구가 강해지면 이의 해결을 위한, 정책이 추진될 가능성이 높아지기 때문이다. 오늘날의 사회문제를 야기시키는 원인으로, 산업화, 도시화, 정보화, 빈부격차, 인구증가, 소득수준, 기업과의 관계 등이 지적된다.

산업화에 따라 우선 노동문제가 중요해진다. 노동쟁의의 빈번, 노사대립의 첨예화가 문제되고, 이의 해결을 위한 노동정책의 필요성이 증대된다. 또한 산업화가 진전될수록 노동자의 수가 증가하여 사회보장문제를 심화시킨다. 즉, 첫째, 실직, 실업문제의 해결을 위한 공공투자사업, 실업수당제도, 실업보험제도 등의 정치적 배려로 인한 각종 역할과 기능의 증대를 가져온다.

둘째, 도시화의 진전은 교통, 화재, 주택, 범죄, 보건위생, 환경오염 등의 문제를 심각하게 야기시켜 이에 대한 해결을 위한 국가기능의 증대를 야기시킨다.

셋째, 빈부격차, 소득격차의 해소를 위한 재분재 정책에 대한 기능, 저소득계층 및 빈곤층 대책기능의 증대를 가져오게 된다.

이렇게 볼 때, 현대사회의 도시화와 산업화는 현대사회의 기초를 동요시켜, 국가가 경제를 계획적으로 통제, 조정하는 기능을 담당하게 되며 노동자의 발언권의 증대와 더불어 야기되는 사회문제를 직접 계기로 해서 현대사회의 질서와 안정을 유지하기 위한 임무 또한 국가의 기능으로 등장하게 되어, 결국 현대 복지국가관의 성립요인으로 작동하게 되는 것을 의미한다.

Ⅱ. 행정국가화의 외적요인

현대 행정국가화의 외적요인으로 국가에 대한 외부의 위협에 대응하기 위한 군사력의 증대 문제가 지적된다.

금세기 양차 세계대전에서 입증된 바와 같이, 현대 과학과 기술의 획기적인 발달에 따라 대량 파괴를 가능케 하는 무기가 현대 국가에 와서 급속하게 발달하였던 것이다.

오늘날의 전쟁은 전선의 구별없이 국민생활전체에 영향을 미치는 전체전쟁의 양상을 보이고 있다.

여기에 이와 같은 현대전쟁의 특징으로 말미암아 현대국가는 군사력이 상대적으로 큰 비중을 차지하게 된다. 따라서 국민생활의 모든 분야가 군사적 고려에 의해 직접적 영향을 받게 된다는 점은 불가피한 현상이다.

이러한 현대 국가의 기능 확대 및 강화는 행정부의 입법부에 대한 상대적 지위의 문제를 제기하는 것이고, 이것은 바로 현대 국가를 행정국가로 특정짓게 하는 점이다.

이러한 점이, 논리적으로는 국가기능의 증대와 행정부 기능의 확대 및 증가는 자동적인 것은 아니나 현대 국가의 기능이 필연적으로 행정부의 기능 증대 및 확대로 전개되는 데에 대한 근거를 제시하게 된다는 것이다.

하지만 이렇게 현대 행정국가화 현상의 주요요인으로 내적, 외적요인을 제기, 설명하고 있지만 형식적인 증가의 설명에 그칠 뿐, 구체적인 설명이 되지 못하고 있다는 비판과 함께 행정국가화 요인으로, 첫째 사회적 요인, 둘째 제도적 요인, 셋째 조직적 전문성 요인으로 구체화하여 지적 설명되고 있다(김병찬, 1981:69-73).

III. 행정국가화 현상의 구체적 요인

1. 사회적 요인(현대사회의 복잡화와 국회의원의 국민대표성 상실)

이는 현대사회의 과학과 기술의 급속한 발달이 사회의 변화를 초래케 한 데서 기인된 요인으로서, 첫째, 직능별 세분화(職能別 細分化)가 지적된다. 이러한 현상의 변화는 각 분야의 전문지식, 경험이 없는 평범한 소인(素人)

은 그에 대한 이해의 불가능성의 증대를 가져왔다.

둘째, 이러한 각 분야의 직능에 대한 이해가 불가능해짐으로서 또한, 각 분야와 계층간의 이질적 대립(異質的 對立)이 야기되었다. 즉 한 부문의 전문가는 타 부문에 대한 이해가 불가능해짐으로서 상호 적대 관계가 초래되는 경향이 농후해졌다는 것이다.

이는, 특정지역의 한 울타리 내에서 같은 업종에 종사하면서도 서로의 이해가 불가능하여 자본가와 노동자는 상대방에 대한 이해 없이 상호 충돌하는 모습, 그리고 같은 교육자이지만 유치원교사, 중・고등학교교사, 대학교수 등의 세분화는 유치원생의, 행동발달상황, 특성, 의식수준에 대한 이해 없이는 대학교수도 결코 유치원 학생들을 이해하도록 가르치기가 어렵다는 점에서도 이해가 가능하다.

셋째, 사회변화 내지 변동의 고속화이다. 이러한 사회변화의 고속화는 곧 고성능의 정보기능 없이는 사실의 파악이 불가능 할 수 밖에 없음을 의미한다. 이와 같은 사회적 요인의 구체적 내용은, 결국 국회가 국민이 선출한 지역대표로 구성되나, 전문성의 한계와 함께 각계 계층의 다양한 이익의 통합조정을 불가능하게 하여 정치적 가치결정, 즉 공익을 위한 독자적 정책 결정이 불가능해져 어쩔 수 없이 행정부에 의존하게 됨으로써, 행정국가화하게 되었음을 지적하고 있다.

2. 제도적 요인

현대 국가에 들어서 첫째, 근대 입법국가의 통치구조 원리인, 국민주권주의와 권력분립주의의 상호모순의 노정이다.

국민주권주의는 곧 치자(治者)인 국민이 국가를 통치한다는 원리로써, 국민에게 주권이 있다는 것인데 이를 철저히 관철하려면 결국 행정부와 사법부는 국민대표기관인 입법부에 종속됨이 마땅하다. 하지만 이렇게 되면 입법부, 행정부, 사법부, 각각 고유의 불가침의 권한이 있다는 원칙인 삼권분립주의를 부정하게 되어 상호모순 된다.

이러한 국민주권주의와 권력분립주의의 상호모순성은 처음부터 내재되어 있었지만 자유민주주의 이념의 근대 입법국가 시대에는 그 모순성이 문제되거나 심각하게 노정되지 않았다.

둘째, 법치주의 원리의 취약성이다. 즉, 권력분립주의의 병리현상(ailment phenomenon)을 줄이기 위해 국가의 주요가치판단은 국민의 대표기관인 국회가 행하고 이를 법률의 형식으로 표현하여 그 시행을 구속하였다. 하지만, 국민의 자유와 권리의 침해를 방지하기 위한 국민의 권리, 의무에 관한 사항은 입법사항으로 최소한의 법률제정에 의거하였으나 국민의 권리, 의무의 침해가 아닌, 비침해행정 즉, 수권수익행위(授權受益行爲)는 행정부의 자유재량행위에 속하여 법치주의원리에서 제외되는 취약성이 노정되기 시작했다.

이는 현대사회에서 국가의 기능이 경제, 사회문제까지 확대되어 배분적 정의 실현을 위한 수권수익행위는 침해행정 못지않게 그 중요성이 강조되었기 때문이다.

이러한 비침해행정은 행정계획과 관련하여 행정부 독자권한이라는 입장을 등장케하여 문제를 야기시켰다.

즉, 예정조화설 내지 자연조화설(natural harmony)이 설명력을 가졌던 자유민주주의 국가 시대에는 국가의 계획이 필요없었다.

하지만 인구의 증가에 비례한 자원의 고갈, 환경오염의 문제는, 자원, 환경의 관리, 보존이라는 계획의 중요성을 강조하기 시작하였다. 여기에 계획지배(plan cracy)는 곧 인위적조화(man made harmony)로서 전문기술성을 가진 관료지배(techno bureaucracy) 내지 기술지배(technocracy)를 가져오게 됨으로써, 계획은 국민의 자유와 권리를 침해하지 않는다는 형식적 이유에서 행정부 독자적 결정의 영역이 되어 행정부의 권한이 확대, 강화되는 계기가 되었던 것이다.

셋째, 야경국가원리의 허구성(虛構性)이다. 야경국가 시대에는 예정조화의 원리에 따라 경제, 사회적인 조정은 인위적으로 국가계획에 의한 조정이 필요하지 않았음으로 개인에게 자유롭게 방임하였다. 하지만 이러한 논리는 각기 욕구체계가 다른 개개인의 물질적 이익 추구에 제동이나 견제가 없어, 여기에는 적자생존의 원리가 지배하는 약육강식의 구조적 허구성을 배태케 하였다.

즉, 제1, 2차 세계대전과 세계대공황이라는 인류비극의 역사적 사건을 경험한 인간은 예정조화 내지 자연조화설과 정치와 경제의 분리는(정・경분리의 원칙) 맞지 않는다는 것을 알게 되었다.

여기에 국가기능 밖으로 배제되었던 사회 및 경제 성장 기능 등의 물질, 기회, 공익 및 윤리에 대한 무관심 내지, 중재감독(gobetween)에서 적극적으로 사회, 경제 문제에 행정이 개입케 됨으로써 행정권의 확대 및 강화는 불가피하게 되었던 것이다.

3. 조직적 전문성 요인

근대 입법국가 시대의 입법부는 보통 대부분의 지역대표로 선출되는 국회의원에 의해 구성된다. 하지만 이들은 특정분야의 전문가로서가 아닌 일반교양이 있는 소인(素人)으로서 선출되지만 임기 이후 차기 선출에서 낙선할 경우 4년 이후의 등원은, 사회의 급격한 변화로 그 전문성의 약화현상은 가중될 수 밖에 없다.

반면에 정부관료제를 구성하는 관료(bureaucrat)는 처음부터 전문성을 고려한 임용시험을 거치고 시보(試補) 기간을 거쳐, 법적으로 하자가 없는 한 계속 그 업무를 수행하게 됨으로써 그 분야의 전문가가 될 수 밖에 없다.

이러한 전문행정관료(technocrat)로 구성되는 행정부 조직인 정부관료제조직은 조직적 전문성을 띌 수 밖에 없다. 그러므로 여기서의 조직적 전문성은 단순히 19C 관료 충원 방법으로서의 자격과 능력을 고려한 실적주의(merit system) 관료제의 전문성을 의미하는 것이 아니라, 가치결정(정책결정)을 할 수 있는 조직적 전문성을 의미한다. 이러한 조직적 전문성은 실제 민주주의의 실질적 타당성을 확보하는데 매우 중요한 관건이 된다.

여기에 조직적 전문성이 떨어지는 입법부는 보다 그 조직적 전문성이 강화되고 있는 행정부에로 정책결정 권한이 불가피하게 확대, 강화되는 현상(행정국가화 현상)이 야기될 수 밖에 없다.

제9강 현대 행정국가의 기능과 파라다임(paradigm)

I. 현대행정국가의 기능과 역할

1. 국가기능의 확대 강화 경향

18C~19C의 근대 자유민주주의 국가는, 시민계급이 지난 날의 군주를 중심으로 하던 절대 군주 국가체제를 무너뜨리면서 성립했다.

16C~17C 시대의 절대 군주 국가시대에는 군주의 지배기구로서의 관료기구가 국가권력을 장악하고 있었기 때문에 시민들의 정치적 자유란 존재할 수가 없었다.

여기에 근대 자유 시민계급은 그들의 자유를 획득하기 위하여 의회를 중심으로 군주의 일원적 권력지배를 약화시키려고 하였다. 즉, 의회 내의 신흥상공 시민계급은 군주로부터 입법권을 점차 박탈함으로써 군주의 권력행사범위를 의회가 제정한 법률의 범위내로 극도로 제한하였다.

이런 결과로, 근대 자유민주주의 국가는 삼권분립적인 입법국가로 그 성립을 보게 되었던 것이다.

이런 입법국가는 의회의 우위성이 인정되어 행정은 국회가 제정하는 법률에 엄격하게 적합해야 했다.(행정의 합법성 강조) 따라서 행정은 단순히 법률을 집행하는 법치행정으로서의 수단으로 간주되었다.

다시 말해, 입법과정에 모든 관심이 집중되었기 때문에 시민의 의사를 반영하는 방법이나, 선거 혹은 정당(party) 및 국회를 그 대상으로 하는 연구는 활성화되었지만 이미 형성된 입법이나 정책(정치적 의사결정)의 구체적 집행이라 할 수 있는 행정과정에 대한 연구는 상대적으로 등한시 되었던 것이다. 여기에, 입법국가에 있어서 행정의 고유성은 인정되나 행정에 대한 중요성은 그다지 크게 인정되지 않았다고 볼 수 있다.

하지만 20C에 접어들면서부터, 근대 입법국가가 대중민주주의(mass democracy)의 현상을 나타내면서 대의제의 원리와 정치현실과의 사이에 괴리현상(discrepancy)이 나타나기 시작하였다.

이는 대의제의 원리가 국민들의 의사를 입법에 충분히 반영한다고 전제했던 것이 현대사회의 국민들의 요구를 반드시 충족시키기에 미흡했다는 것을 의미한다.

그 결과, 현대사회 국민 대중들의 요구는 일면 입법개혁으로 나타남과 동시에 다른 일면에서는 행정기능이 폭넓게 입법과정에 개입하는 기회를 창출하는 것으로 나타났다.

이렇게 볼 때, 19C 산업혁명의 결과는 국가기능을 구체적으로 변화시켰고 국가통치구조의 기본 형태인 대의제도에 대한 이념상의 변화는 국가의 중심을 행정부의 기능에 이전시키는 결과를 야기시켰다(김홍기, 1995:79-80). 여기에 지난 날의 고전적 삼권분립주의 원리를 대체하는 새로운 통치구조 원리가 필요하다는 주장들은 현대사회의 시대적 요구를 잘 표현한 것이라 할 수 있다(汁濤明, 現代 の 國家, 1964:2).

실제로, 현대 사회는 행정국가화 요인에서 살펴본 바와 같이, 새로운 이질적인 사회계층의 출현에 대응하여, 의회가 이질적 대립과 이해 갈등을 조정, 통일하여 포용하기가 거의 불가능하게 되어 적합한 용기(用器)가 아님을 알게 되고, 이는 대의제의 위기로 인식하게 되었다(汁濤明, 1964:8).

이러한 경향은 국가가 이질적인 사회제계층의 대립을 조정, 통일하기 위하여 스스로 광범위한 사회정책과 대규모적인 기업경영의 주체로 변화되고 있다는 것을 의미하며 라스키(Laski)는 이런 현대국가를 사회직능국가(social service state)라 칭하고 있다. 이렇게 볼 때, 결국 현대행정국가의 일반적 특징은 입법부 우위에서 행정부의 기능이 강화되는 것으로 이해할 수 있다. 다시 말해 현대국가는 18C~19C 입법국가의 통치권력구조가 변화하고 있다는데 그 특징이 있다.

이렇다보니, 당연시 근대 입법국가에 있어서는 국가기능 및 역할도 가급적 소극적(negative)인 것이 좋은 것으로 인지되어 국가본질상 국내외에 대한 안보, 치안, 질서유지 기능에만 국한되었으나, 현대 행정국가에 있어서는 행정기능 및 역할의 문제가 종래와는 다른 의미에서 검토하게 되고 국가는 노동시간, 임금, 노임조건, 보건위생, 빈곤, 질병, 실업, 장애에 대하여 적극적인 관심과 대책을 수행해야하며, 뿐만 아니라, 천연자원의 보존, 사회복지시설의 설립, 나아가 미술, 음악 등의 문화적, 사회적, 정신적 활동의 원조까지 국가가 담당해야 할 적극적(positive) 기능으로 현저히 확대되었다.

이점은 이미 지적한 자연적인 예정조화(natural harmony)에 대한 낡은 신념이 인간이 인위적으로 만들고 창출하는 인위적조화(man-made harmony)의 개념으로 대치케 되는 것을 말한다(D. Waldo, Administrative state, 1948:5).

이러한 국가기능의 확대 원인은 농업 문명이 산업화로 그 직능을 확대하는 것으로 직능국가와 산업국가에로의 변화에 있고, 그 변화의 중점이 행정의 양태변화에 있다는 것이다. 이러한 경향은 ① 행정의 양적 확대 ② 행정의 질적 변화와 발전 ③ 국가기능으로서의 행정의 상대적 지위의 상승에서 찾을 수 있고 이는 현대의 모든 국가에서 찾아볼 수 있는 보편적이고 불가피한 현상이다.

여기에 화이트(L. D. White)는 현대행정을 국가기능 및 권력의 확대와 그것의 대규모성과 복잡성 그리고 거대한 사회적 요구를 실현하기 위해 존재하는 것이라 지적하고 있는 것이다(L. D. White, 1955:20).

즉, 19C까지는 국민들의 정부 내지 국가에 대한 기대는 주로 지배적 권력이었다. 그래서 이와 같은 권력의 극소화와 권력으로부터의 해방을 요구하였으나 20C부터는 국민의 정부에 대한 기대는 점차 각종 서비스(service)의 급부와 사회보장을 위한 정치의 활용을 요구하게 되었다(김원태, 1981:133, 김홍기, 1995:83).

여기에 정부, 국가기능의 변화에 따른 행정기능의 강화, 확대를 살펴보아야 할 이유를 갖게 된다.

2. 행정권의 확대 강화와 현대정부기능

1) 현대정부기능

18C~19C의 근대 자유민주주의 국가에 있어서 단지 국가는 비정치화되어야 하고 사회의 자율적 발전을 보장하는 법적 기능의 담당자로서 기구화되어야 하는 것으로 인식되었다.

그 반면에 당시 사회만이 진실한 실재(實在)이며 또 여기서 야기되는 이해대립과 갈등은 자연적(질서) 법칙에 의하여 자동적으로 조정된다고 보았다.

이와 같이, 국가와 사회의 대립이라는 이원적 관계론에 기초하고 있는 근대 자유민주주의 국가의 통치구조원리는 현대사회에서 노정되는 문제를 처리하는데 맞지 않아 국가와 사회의 분립이라는 이원적 관계론이 변화될 수 밖에 없었다.

국가와 사회의 대립적 현상의 변화 이유는 대개 두 가지 입장에서 찾아볼 수 있다.

첫째는 사회(socieity)의 정치화, 국가(state)화 현상이다. 즉 사회에서 야기되는 제사회문제의 해결을 국가에 요구하면서 사회의 요구에 의한 국가화 현상으로 사회와 국가는 일원화되어가는 측면이요, 둘째, 전면적으로 전개되고 있는 국가기능의 확대현상이다. 이는 각종 사회문제의 해결을 주장하는 사회의 요구에 부응하여, 국가, 정부의 사회의 개입에 의한 각종 기능의 확대 현상이라 할 수 있다.

이러한 사회와 국가와의 대립과 결합 가운데 현대 행정국가의 성격을 명백히 할 수 있다. 즉, 국가와 사회의 결합은 국가와 사회가 동일시되어 자기

조직이 되고 또 사회조직자체가 국가가 되어 국가와 사회가 원리적으로 동일한 것이 되는 것이다. 이를 도표한 것이 <표 II-1>와 같다.

<표 II-1> 국가와 사회의 관계 변화

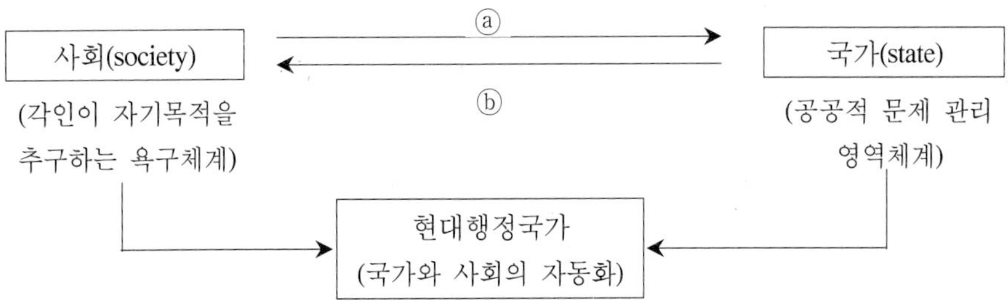

ⓐ 사회는 국가의 개입에 의하여 국가화(소극적 기능 + 적극적 기능)
ⓑ 국가는 사회적 제문제를 자신의 해결과제로 인식 사회화

이러한 국가와 사회의 자동화의 결과는 현대행정이 정책결정을 매개로 정치와 분리될 수없는 불가분의 관계에 있다는 것을 인지하게 하고 정부, 국가기능의 확대 및 복잡성은 국가체제내에서 정책결정 권력의 변화를 불가피하게 하였다.

즉, 현대사회가 요구하는 신속성, 신축성, 전문성을 가장 잘 제공할 수 있는 행정부는 입법부의 실질적 지위의 저하를 가져와 상대적으로 행정부의 우위를 야기, 행정권의 확대, 강화현상을 동반하였다.

이렇게 하여, 현대 행정국가에 있어서는 행정부가 모든 국가, 사회의 제문제의 처리를 담당하게 되어 정치의 초점이 되는 반면, 법률우위 중심의 의회주의가 정치의 중추적인 위치에서 후퇴하게 되었다.

여기에 의회주의의 위기는 입법국가의 변질이요, 그것은 동시에 현대행정국가의 등장을 의미하는 것이다.

그러나 이는 근대 자유민주주의, 입법국가의 통치구조원리의 발전과정의 한 측면으로 파악되는 것이지 의회주의의 법치행정은 부정하는 것은 아니다. 즉 이는 의회주의의 법치행정은 기본적으로 타당한 것으로 인정하면서 권력분립주의의 수정으로 나타난다고 보아야 한다.

이상에서 살펴본 바와 같이 현대 행정국가는 여러 가지 측면의 사회의 변화로 이에 대응하는 사회직능국가 내지 복지, 급부국가로서 행정과제의 다양한 확대와 심화를 가져오자 현대정부는 정치, 경제, 사회, 문화 그리고 공공복지 영역까지 그 기능을 수행해야 하였다. 이를 구체적으로 살펴보면, 아래와 같다. 먼저 국가의 기본적 기능으로서 보통 4대 기능을 지적하고 있다(김홍기, 1995:90-91).

1. 보호기능(protection function) : 이는 국내외의 국민들의 생명과 재산을 보호하기 위하여 수행되는 정부의 역할을 의미한다.

① 대내적 보호 : 치안, 소방, 경찰, 해안경비, 민방위, 자연보호, 기타 여러 안전을 위한 예방조치, 교통·보건·보호관리, 천재지변, 각종 농업상 방역 등의 방지를 위한 임시기능, 흡연·소음 등과 같은 도시주민의 공해방지 등을 포함한다고 할 수 있다.

② 대외적 보호 : 외교, 국방, 국가안전보장 등의 기능 외에 전시의 경제적 동원, 시민방어, 점령지역의 관할, 외국인 보호, 외국인의 재산 보호 및 통제를 포함하는 기능을 말한다.

2. 규제기능(regulation function) : 이는 개인이나 집단이 어떤 행위나 활동을 하지 못하도록 금지하거나 억제하는 정부활동과 관련된 기능을 의미한다.

① 대내적 규제 : 치안·질서 유지, 교통, 공익사업, 주식취득, 상품·시장 등의 규제, 공업상 안전규제, 영업허가와 행위규제, 공공시설의 청결, 공중보건, 조직된 노동단체규제, 음식물과 약품검사규제, 기업독점규제, 풍기단속규제 등 현대행정국가하의 현대행정이 수행하는 활동의 대부분이 규제 활동의 영역이라 할 수 있다.

② 대외적 규제 : 이민, 무역, 통화, 질병, 출입, 밀수 등을 통제하는 활동

3. 원호기능(assistance function) : 이는 사회적 약자나 요구호자들에게 정부가 물자나 서비스를 급부하는 활동과 관련된 기능을 의미한다.

① 대내적 원호 : 경제정책, 통화관리, 사회복지정책 등을 통한 일반적인 경제적 원호, 노동·농업의 지원, 보조금에 의한 운수사업, 소상공업의 원호, 특허법에 의한 저작자·발명가의 이익보호, 여성·아동·사회저수혜자(경제적 불우자), 실업자·영세민·풍수해·이재민·장애인 등의 원호 이외에 정부가 개인 및 집단의 생계를 간접적으로 원조하는 모든 사업도 포함된다. 여기에 현대행정국가하의 현대행정의 기능은 이 범주의 기능 및 역할 확대가 증가할 것으로 판단된다.

② 대외적 원호 : 외국에 거류하는 교민원호, 우방국과 동맹국의 원조, 국제적 원호사업, 국제연합과 같은 국제기구의 원호 등의 활동

4. 봉사기능(service function) : 이는 정부가 집단이나 개인에게 어떤 행위나 서비스를 할당 제공하는 활동과 관련된 기능을 의미한다.

① 대내적 봉사 : 학교, 공공건물, 체신 및 통신시설, 운수, 세입과 공채의 관리, 여신기관의 준비, 시민관·도서관·공원·운동장·수도·에너지 등 각종 형태의 공익사업시설, 공공주택시설 등의 봉사, 즉 이 기능은 정부의 소유와 운영으로 수행되는 완전한 봉사이므로 앞에서 살펴본 규제, 원호기능과는 상이하다.

② 대외적 봉사 : 국제 연합(UN) 산하의 50개 이상의 국제기구의 우체, 전신, 전화 등의 사업봉사, 특히 유네스코 봉사가 대표적으로 전개되고 있다.

이와 같은 정부의 기본적인 기능에 더하여 오늘날의 현대행정은 다양한 사회제집단의 대립과 갈등을 조정, 해결해야함과 함께 이들이 국민과 함께 정부에 대해 주장하는 요구를 정책화시켜주는 역할과 사회의 모든 변화(국민의 욕구변화, 생활양식의 변화, 산업구조의 변화, 인구증가와 대도시집중, 교통수단의 변화, 통신수단의 변화, 직업의 변화)로 야기되는 사회의 제문제 즉, 실업문제, 소득격차문제, 지역간 격차문제, 범죄문제, 주택문제, 환경오염문제, 교통문제, 보건과 교육문제, 물가문제, 부정식품문제 등을 바람직한 방향으로 개선하고 해결을 유도하는 기능까지 담당해야 하는 것으로 주장된다.

여기에 기존의 전통적인 현대정부의 주요기능에 더하여 강조되고 있는 주요기능을 중심으로 일반화시켜 분류하면 아래와 같다(송건섭, 2008:19-20).

첫째, 사회안정화 기능이다. 이는 전통적인 기능으로 사회질서와 제도를 유지, 안정화시키는 기능으로 법과 치안, 질서유지, 공공사업 조세제도, 외교, 국방 등의 역할이 여기에 해당된다고 볼 수 있다.

둘째, 경제관리 기능이다. 즉 현대정부는 국민경제를 계획하고 촉진, 유도하며 변동을 관리하는 역할을 수행한다. 보조금이나 기술을 지원하는 업무뿐만 아니라 국민경제를 관리, 규제하고 공기업을 통한 공익사업 운영 등의 기능을 담당한다.

셋째, 국민형성 기능이다. 이는 국민의 일체감 및 통일성을 촉진하고 공정한 배분, 국민생활의 실질적 향상 등에 기여하는 기능이다.

넷째, 사회복지서비스 기능이다. 이는 모든 국민이 편안하고 안락하게 잘 살 수 있도록 보건복지시설의 확충, 각종 사회복지서비스 제공, 나아가 보험, 연금, 주택 등의 복지혜택이 주어지도록 현대정부가 노력해야 함을 의미한다.

다섯째, 환경 및 인구통제기능이다. 이는 현대산업사회의 고도화, 도시화 등으로 인한 환경오염문제가 국민의 삶의 질(Quality of life)을 저하시키므로 이를 개선 향상시키기 위한 현대정부역할을 강조하는 것이다.

2) 행정권의 확대와 강화

현대행정은 간단히 현대행정국가하의 행정을 의미한다고 볼 수 있다. 이러한 현대행정국가의 행정권이 강화되고 행정관료들의 재량권이 확대된 현대행정의 특질은 대개 양적(quantitive)인 면에서의 증대와 질적(quality)인 측면에서의 변화라는 두 측면에서 지적되고 있다.

① 양적, 구조적 측면에서 행정기능의 증가와 확대

공무원수의 증가, 정부예산의 팽창, 행정조직·기구의 확대 등의 특징이 지적될 수 있다.

먼저, 행정기능의 확대와 증가는 행정조직·기구의 증설을 가져왔다. 늘어나는 행정업무를 신속히 처리하고 국민에게 양질의 행정서비스를 제공하는 등 변화하는 행정환경에 적응하기 위해 행정조직·기구의 증설이 요청되는 것은 당연하다고 할 수 있다. 정부조직기구의 변화를 간단히 살펴보면, 1948년 70국(局)이 1981년에는 160국(局)으로 크게 증가하였으며 문민정부인 김영삼 정권때는 정부 구조조정 및 기구 통폐합 노력으로 2원 5처 14부 15청 1외국으로 되었으며 국민정부인 김대중 정권때는 17부 2처 16청 1외국으로 정부 조직기구를 축소하는 움직임을 보이다가 다시 참여정부인 노무현 정권때인 2007년에는 중앙정부를 18부 4처 18청으로 세분화하여 오히려 증가하는 모습을 보이고 있다(송건섭, 2008:20). 또 최근 2008년 10월 현재 이명박 정부에서는 2원 15부 2처 18청 3실 5위원회의 규모를 나타내고 있다. 이를 정리하면 <표 II-2>과 같다.

<표 II-2> 행정조직 기구의 변화 추이

구분 / 번호	년도	정부조직·기구
1	1948	11부 4처
2	1961	1원 12부 2처 3청
3	1970	2원 13부 4처 12청
4	1981	2원 15부 4처 14청
5	1990	2원 16부 6처 15청
6	1997(문민정부)	2원 14부 5처 15청 1외국
7	2002(국민정부)	17부 2처 16청 1외국
8	2007(참여정부)	18부 4처 18청
9	2008. 10월 현재(이명박정부)	2원 15부 2처 18청 3실 5위원회

자료: 송건섭, 2008, p.20. 재작성.

둘째, 공무원 수의 증가이다. 정부조직·기구가 늘어나면 그 구성원인 공무원도 그만큼 늘어나는 것은 당연하다. 지난날의 역대 정부별 공무원 수(數)의 증가현상을 살펴보면 아래 <표 II-3>와 같다.

5공화국 당시(1988년 2월)에는 69만 9,195명이었다가 6공화국(1993년 2월) 때에는 87만 6,072명, 문민정부(1998년 2월)때에는 91만 9,404명으로 계속 증가하였다. 하지만 IMF 환란과 대규모 공무원 구조조정이 있었던 국민의 정부 말기(2003년 2월)때에는 88만 5,164명으로 3만 4,040명이 감소하기도 했다.

그러나 참여정부에 들어와서는 사회복지와 대민서비스 분야의 공무원 수를 대폭 늘임으로써 역대정부 중 최고의 공무원 수를 기록하고 있다(송건섭: 2008:21). 이후 이명박정부(2008년 10월 현재)에 와서는 968,684명의 공무원 수를 보이고 있다.

<표 Ⅱ-3> 역대 정부별 공무원 수의 변화추이

구분 / 번호	내용	인원(명)
1	제1공화국(1960년)	237,476
2	제2공화국(1961년)	237,500
3	제3공화국(1972년)	438,573
4	제4공화국(1980년)	596,431
5	제5공화국(1988년)	699,195
6	제6공화국(1993년)	876,072
7	문민정부(1998년 2월)	919,404
8	국민정부(2003년 2월)	885,164
9	참여정부(2006년 12월)	933,663
10	이명박정부(2008년 10월)	968,684

자료: 송건섭, 2008, p.21. 재작성.

셋째, 정부 예산규모의 팽창을 들 수 있다. 정부가 다양한 일을 늘어난 인력으로 수행하려면 정부예산의 규모도 엄청나게 커질 수 밖에 없다. 한국의 경우 세출예산이 1949년에 9천만원에 지나지 않았지만 1992년에는 33조원, 1993년에는 38조원, 1999년에는 884,850억원으로 재정규모가 확대되었다. 한편 총지출규모는 일반회계와 특별회계, 그리고 기금을 포함한 금액으로서 2007년 정부전체예산은 238조 5000억원으로 증대되었고 2009년 현재는 355조원에 이르고 있다.

<표 Ⅱ-4> 정부 예산규모의 변화 추이

구분 번호	년도	금액(조원)
1	1999년	166,6
2	2000년	180,7
3	2001년	199,3
4	2002년	217,4
5	2003년	233,8
6	2004년	246,7
7	2005년	259,7
8	2006년	276,8
9	2007년	288,8
10	2008년	320,1
11	2009년	355

② 질적 · 기능적 측면의 변화

여기에는 행정철학 및 이념의 변화, 행정기획기능의 중시, 예산관리기법의 변화, 행정 전문화 현상, 조직의 동태화 등의 특징이 지적된다. 첫째, 행정이념과 행정철학의 변화이다. 행정이념은 미래에 행정이 지향할 정신이요, 가치이며, 목표 혹은 미래상 또는 지도원리 규범으로써 즉 행정활동의 주요한 준거기준이라 할 수 있다. 이러한 행정이념으로 과거에는 합법성(legality), 능률성(efficiency) 이념을 우선시하거나 강조한데 반해, 최근에는 민주성(democracy), 형평성(equity), 대응성(responsiveness) 등의 이념이 강조되고 있다.

둘째, 행정기획기능의 중시이다. 국가발전의 급속화, 경제개발 등의 목적을 달성하기 위해 행정기획의 중요성이 강조되었고 이에 따라 행정조사 연구기능의 강조뿐만 아니라 자료나 정보통계의 중요성 역시 지난날의 행정에 비해 부각되고 있다.

셋째, 예산관리기법의 변화이다. 한정된 자원의 최적배분과 사업계획의 효율성을 높이기 위해 성과주의 예산제도(PBS)뿐만 아니라, 기획예산제도(PPBS), 영기준예산(ZBB)제도 등의 다양한 예산관리 기법이 개발 추진되었다(송건섭,

2008:24).

넷째, 행정분야에서 행정의 전문화, 기술화 현상이 광범위하게 등장하고 있다는 점이다. 행정의 전산화, 체제분석(system analysis), 선형계획(LP) 및 네트워모형(network model), PERT/CPM, 시뮬레이션(simulation:모의실험), 기대행렬이론(quieng theory) 등 관리과학(management science)적인 기법의 행정적용, 나아가 행정정보관리체계(PMIS)의 구축으로 행정의 효율화를 추구하고 있다.

다섯째, 행정부문에서 조직의 경직화를 방지하기 위한 조직의 동태화 현상의 등장이다. 즉, 전통적인 관료제의 계층제(hierarchy)에 구속받지않고, 태스크포스(task force), 프로젝트팀(project team) 등의 임시적·동태적 조직(ad-hocracy)을 활용하는 경향이 높아지고 있다는 점 등이 과거의 행정과는 다른 질적인 측면의 변화로 지적되고 있다.

이외에도 신중앙집권화 경향, 광역행정(regionalism), 행정책임 및 통제의 강화, 국민의 고객화 등이 지적되고 있어 현대행정이 질적으로 많은 변화를 겪고 있다.

현대행정국가하의 현대행정은 거대한 관료제(big bureaucracy)를 통하여 국민들의 경제와 사회에 깊이 개입함으로써 국민의 행정에의 의존도가 매우 높아지고 있다.

여기에 현대행정국가하의 행정관료(technocrat)들의 역할의 중요성이 크게 강조될 수 밖에 없다.

이들의 주요역할은 공공성의 증대, 형평성있는 공공정책의 결정과 집행, 행정의 민주화 실현, 행정수요의 대응성 고양, 행정관리의 효율적 집행, 행정윤리의 확보, 새로운 행정통제와 개혁 등이다.

이러한 행정국가화는 결국 빅거버넌트(big government)와 행정우위론(development ad ministration)의 결과적 산물이라 할 수 있다.

이렇게 볼 때, 현대행정국가에서 야기되는 다양하고 복잡한 제문제를 해결하기 위해서는 전문행정가의 역할과 기능이 증대되고, 이는 무엇보다도 관료제화의 경향을 초래하게 됨을 알 수 있다. 이러한 경향은 결국 의회의 기능을 잠식, 약화시켜 사회의 민주화과제와 관련한 관료제화의 문제가 제기된다. 여기에 현대행정국가의 제기능과 활동의 중추주체로서의 현대관료제에 대해 개략적으로나마 살펴 볼 필요가 제기된다.

Ⅱ. 현대행정국가의 파라다임(paradigm)

현대행정국가에 대한 이해를 현대행정연구의 파라다임으로 해야 하는 이유나 의도는 어디에 있는가?

이는 사회과학(social science)으로서의 행정학을 확립함과 동시에 현대행정국가하의 행정이 현대행정이므로, 현대행정의 이해와 연구를 위해서는, 먼저 그 전제로 현대행정국가에 대한 공통된 이해와 시각의 관점에 대한 일치(paradigm)가 있어야 할 필요성 때문이다.

여기서 사회과학으로서의 행정학이란 행정을 사회제현상의 일형태로 보아, 즉, 다른 사회현상에서 고립된 것이 아니라, 이를 다른 사회현상과의 상호관련성 속에서 이해하고자 함에 그 의미가 있다.

1887년 윌슨(W. Wilson)의 「행정의 연구(The study of Administration)」라는 최초의 행정학 관련 논문의 등장과 함께 미국에서 성립한 현대행정학은 학문으로서의 독립성을 주장하여, 정치행정이원론을 근거로 행정고유의 법칙성을 강조하였다. 이로 인하여 행정의 주요대상은 조직과 관리(management) 문제가 그 핵심이 되어 공공목적의 추구 내지 공익의 실현이라는 행정 본래의 의의를 상실하게 되었다고 볼 수 있다.

지금까지 국가안보·치안질서유지기능에 한정하였던 국가의 기능이 이제는 사회의 제관계를 창출하는 형성기능(formulation function) 및 급부기능(payment function)까지 확대되었다는 것은 이미 지적한 바와 같다. 이와 같이 사회는 국가의 개입에 의하여 국가화하고 또 역으로 국가는 사회의 제문제를 자신의 과제로 인식하여 국가에 의한 해결을 불가피하게 함으로써 사회화한다고 하였다. 여기에서 나타나는 국가와 사회의 자동화는 행동하는 사회(action society)로서 행정국가화한다. 이렇게 볼 때, 오늘날 행정학의 존재위기에 대한 근본적인 원인은 현대행정학의 성립 그 자체 속에 내재한다고 볼 수 있다.

여기에 사회과학으로서의 행정학은 단지 행정국가 현상만을 분석하는 것이 아니고 미래의 전망 내지 인간들의 행동지침이 되는 철학과 세계관(공통된 시각, 관점)을 함양·이해하지 않으면 안된다. 이러한 의미에서 사회과학으로서의 행정학은 제인접 사회과학(정치학, 경영·경제학, 역사학, 법학, 사회학, 사회심리학, 문화인류학, 미래학)과의 밀접한 관련성을 가지지 않으면 안된다.

한편, 행정국가의 분석 및 이해에 있어서 또 하나의 주요한 문제는 역사적으로 행정국가를 어떻게 보느냐 하는 문제이다.

행정국가화 현상은 역사적으로 근대국가의 발전과 함께 잉태되었다가 대중사회(mass society)를 경험하고 복지국가의 단계에 진입하여 국가계획화가 본격적으로 등장함에 따라 그 거대한 모습이 나타났다고 볼 수 있다. 이러한 행정국가화 현상이 더욱 가능하게 된 것은 근대국가의 통치구조에 내재하는 특유의 제원리(국민주권의 원리, 삼권분립의 원리, 법치주의 원리 등)와 메카니즘에 기인된다(김홍기, 1995:76)는 점을 이미 앞에서도 지적한 바 있다. 여기에 근대국가의 본질에 대한 해명없이는 행정국가의 이해는 어렵다.

따라서 행정국가의 연원(淵源)을 근대국가의 성립에서 찾는 이유가 있는 것이다. 하지만 근대 이전에는 행정국가화 현상과 유사한 현상이 있었다 하더라도 그 내용에 있어서는 앞의 행정국가 개념 규정에서 보았던 바와 같이 오늘날의 행정국가화 현상과는 많은 차이가 있었다.

즉 지난 근대국가가 다른 다양한 국가형태와 다른 점은 근대국가의 통치 및 기능 원리 중에서 실질적인 민주주의 원리에 의하여 작동됨과 동시에 이를 관리하기 위한 수단이라는 점이다.

이러한 점은 애플비(Paul. H. Appleby)가 그의 명저 "거대한 민주주의(Big democracy)"에서 현대의 위기(crisis)는 복잡한 오늘날의 사회에서 어떻게 민주주의를 유지할 수 있는가? 라고 토로하고 있음에서 잘 알 수 있다.

즉 현대행정국가가 근대국가의 역사적 연속성·계속성을 가진다는 점에서

이 실질적 민주주의의 확립이 전제가 되어야 함을 의미하는 것이요, 역사적 · 계속성을 인정하면서도 현대행정국가에서 야기되는 이질성(불연속성) 또한 부정할 수 없다는 점이다. 이는 곧 현대행정국가화 현상의 인정은 대의정치의 위기요, 법치국가의 종말이라는 우려를 얘기하는 법규범론자들의 논거요, 위의 애플비(Appleby)의 지적대로 현대행정국가에서 우리가 해결해야할 주요한 최대 과제이다.

한편, 여기서 역사적 불연속성(이질성)의 인정은 현대행정국가를 단순한 행정기능의 확대라는 양적(量的)인 차원만을 인식하는 것이 아니라 현대국가가, 지난날 사회(각기 욕구체계가 다른 사람들의 인적 집합체)가 스스로 맡겨 해결했던 문제를 더 이상 감당할 수 없는 문제해결에 적극적으로 개입하지 않을 수 없다는 점에 국가기능의 강화 특히 행정기능(정책결정기능)의 강화라고 하는 질적(質的)차원에서의 새로운 인식이 대두된다는 점이다.

이렇게 볼 때, 현대행정기능의 확대 · 강화 현상이 근대국가 이후의 사회적 제요인들로 인해 일방적으로 생성된 것이 아니라 국가 스스로가 능동적으로 나타나게 한 것을 알아야 한다. 여기에 현대행정국가는 단순히 종속변수(dependent variables) 내지 피설명변수로서 뿐만 아니라 독립변수(independent variables) 내지 설명변수로서도 분석 · 이해되어져야한다.

또한 행정권의 확대와 강화는 불가피하게 전제주의 국가화(행정독재주의:administocracy)의 우려를 지적할 수 있지만 전제주의국가와 엄격히 구별되어야 한다. 즉, 행정권의 확대 및 강화는 국가권력(특히 행정권력)이 확대 · 강화되는 것이 아니라 정부 내지 행정책임이 보다 확대 · 강화되는 것으로 이해해야만 한다.

여기에 카알 슈미트(Carl schmitt)는 현대행정국가를 전제주의 국가적 요소가 있을지언정 반드시 전제주의 국가일 수가 없고, 현대행정국가는 국가관리주의 내지 파시즘과는 구별되지 않으면 안된다고 하여 현대행정국가가 사회의 제목적에 봉사하게끔 하여야 한다고 말하고 있다(片岡寬光, 行政國家論, 1976:12)

이처럼 현대행정국가에 있어서 복잡한 제사회문제를 해결하기 위하여 전문가의 역할이 증대되고, 이는 결과적으로 무엇보다도 정부관료제화의 경향을 초래하게 된다. 이러한 경향은 또한 의회의 기능을 약화시키게 되고 여기에 사회의 민주화 과제와 관련하여 관료화의 문제가 제기된다.

즉 현대행정국가는 활동중심주체로서의 정부관료제의 합리화·민주화 문제와 책임성 확보가 현대행정국가의 핵심과제가 될 수 밖에 없다.

여기에 다음 강에서는 현대 정부관료제에 대하여 간략히 살펴보고자 한다.

현대 역사는 정치체제나 이념과 관계없이 산업화로 관료주의화가 진행된다고 하는 막스베버의 명제가 자주 거론되고 있다(H. H. Gerth & C. W. Hills, 1952:165). 즉 19C 산업혁명(industrial revolution)이래 나타난 초유의 생산성 증대와 능률성(efficiency)과 효과성(effectiveness)의 중시, 그리고 업무의 분업인 수평적 분업과 권한과 책임의 분업인 수직적 분업을 조직설계의 기본으로 하는 관료제가 탄생, 관심을 받게 되었다.

I. 관료제 일반이론

1. 관료제의 개념 및 속성

일반적으로 관료제(bureaucracy)라고 하면 일정한 규칙과 계층제적 구조의 분업적 체계를 띈 현대의 복잡한 대규모 조직을 지칭한다고 볼 수 있다. 예를 들어 오늘날의 기업, 산업체 조직, 군대조직, 학교, 정부, 종교 조직 등이 모두 관료제 조직이다.

하지만 관료제는 극히 다의적(多義的) 개념이며, 불확정적인 개념으로 ① 대규모조직의 가치중립적인 속성이나 특성을 의미하기도 하고 ② 국가 및 정부 기능과 관련하여 국가관료제(state bureaucracy), 공공관료제(public bureaucracy), 정부관료제(government bure -aucracy) 등과 동일한 의미로 국가행정의 집행기관을 뜻하기도 한다.

③ 또한 관료제는 넓은 뜻으로 현대의 복잡한 대규모조직에서 공통적으로 나타나는 합리적 관리기구를 의미하는 경우도 있으며 ④ 흔히 통속적으로 사용되어 거대정부(big government)에 반대하는 정치적, 비판용어로 사용되기도 한다.

따라서 이러한 관료제의 다의적 개념을 리그스(Riggs)의 견해(F. W. Riggs, 1969:6-8)에 따라 조직구조적 측면과 기능적 측면으로 나누어 살펴보고자 한다.

1) 관료제의 구조적 측면

관료제를 조직구조적 측면에서, 조직의 한 특수한 형태로 계층제적 구조(hierarchy), 합법적, 합리적 지배의 제도화, 대규모조직 등의 긍정적 의미로 파악하는 주로 경영학자, 행정학자들의 견해이다.

즉 관료제는 구조적 측면에서 볼 때, 계층제적 형태를 띠면서 합법적 내지 합리적 지배가 제도화되어있는 대규모조직을 의미한다고 이해하는 입장인데 이는 아래와 같은 속성(trait)을 갖는다.

① 관료제의 보편적 성격 : 관료제는 대규모의 합법적 · 합리적 조직을 의미하므로, 국가 · 행정조직뿐만 아니라 대규모의 모든 사회조직, 즉 기업, 군대, 대학, 종교조직 등에서 보편적으로 찾아볼 수 있다는 속성이다.

② 의사결정센터(center of decision-making)

관료제는 계층제의 형태를 띤 대규모조직으로서 단일의 의사결정의 중심역할을 하는 조직이다. 여기에 종합병원처럼 대규모조직이긴하나 단일의 의사결정센터가 없는 조직은 엄격한 의미의 관료제로 보기가 어렵다(A. Etzioni,

1964:3).

2) 관료제의 기능적 측면

관료제는 기능적 측면에서 볼 때, 합리적이기도 하고 역기능적, 병리적이기도 하며 권력적이기도 하다. 이러한 그 행태적 특징을 간략히 살펴보면 아래와 같다.

① 관료제의 합리성(the rationality of bureaucracy)

이는 관료제를, 조직목표달성을 위한 가장 능률적 · 합리적 기능을 가진 조직 구조로 파악하는 것이다. 웨버(weber)의 소위 이념형 관료제(ideal type)는 이러한 능률적 · 합리적 측면을 강조한 관료제로 기능적 전문화(functional specialization), 몰인격성(impersonality), 표준규칙(standard sets of rules)의 강조, 권위의 계층제(a hierarchy of authority), 분업화(decentralization) 등이 이에 해당한다.

② 관료제의 역기능 · 병리(disfunction-pathology of bureaucracy)

관료제를 비능률적 · 비합리적 조직으로 인식하여 관료제하면 흔히 비능률, 무사안일주의, 형식주의, 비밀주의, 할거주의(sectionalism), 무책임성, 번문욕례(繁文縟禮, red type) 등을 떠올리게 되는데 이러한 것이 관료제의 역기능적 · 병리적 기능에 해당된다.

③ 관료제의 권력성

이는 앞에서 살펴본 바와 같이 관료제는 관료집단이 정치권력의 주요한 장악자로서 권력성을 띠어 광범한 권력을 행사하는 관료에 의한 지배를 의미하는 입장에서의 속성이다(M. Albrow, 1970:91-94). 정치학자 라스키(Laski)와 파이너(Finer) 등이 이러한 측면을 강조하는 대표적인 학자로 볼 수 있다.

즉 관료는 시민적 자유 내지 민주적 지도와는 대립되는 관료지배성의 병폐, 소위 관료주의(bureaucratism)를 나타낸다는 점을 강조하고 있다.

클레어(Claire) 역시 이러한 관점에서 관료제는 의회를 거치지 않고 법률의 효력을 가진 규칙이나 법규에 의하여 통치하며 시민의 자유를 위협하는 관료독재체제(administocracy)라고 지적한 바 있다(G. S. Claire, 1934:5).

2. 관료제의 특징 및 유형

1) 웨버(Max weber)의 이념형 관료제

막스웨버는 독일의 사회학자로서(1864-1920) 관료제를 이론적으로 체계화한 대표적인 사람이다. 이러한 웨버(weber)의 관료제이론의 특징은 이념형(理念型:ideal type)이라는 점에 있다.

웨버(weber)의 관료제를 이념형 관료제라고 함은 웨버의 관료제이론이 역사적으로 존재하는 관료제의 속성을 경험에서 귀납적(歸納的:induction)으로 추출한 것이 아니고, 사유작용(思惟作用)에 의해서 연역적(演繹的:deduction)으로 관료제의 가장 특징적인 면만을 설정, 관료제이론으로 정립함에 있다.

웨버는 이러한 이념형의 입장에서 권위(authority)의 정당성 근거기준으로 지배(dominition) 유형을 첫째, 전통적 지배(traditionale herrschatt) 둘째, 카리스마적 지배(charismat ische herrschatt), 셋째, 합법적 지배(legale herrshatt)로 분류한 바 있다.

① 전통적 지배는 지배 정당성의 근거를 지난날의 관습, 관례, 세습과 같은 전통(tradition)에서 찾는 지배유형으로 전형적인 것이 바로 가산관료제(patrimonialism)라 할 수 있다.

② 카리스마적 지배의 지배 정당성의 근거는 개인의 비범한 능력이나 자질, 인성에서 찾는 지배 유형으로 많은 추종자를 낳는 종교, 정치, 군사지도자와 같은 사람이 여기에 속한다.

③ 합법적 · 합리적 지배의 지배 정당성의 근거는 성문화(成文化)된 법이나, 합리성에 있다고 보는 지배유형으로 근대사회를 특정짓는 관료제적 지배를 의미한다. 웨버가 계층제적 형태를 띈 대규모 조직을 관료제라고 한 것도 여기서 도출된 결과로 볼 수 있다.

그래서 웨버(weber)는, 전통적 지배와 카리스마적 지배와 같이 인간성에 의해 영향을 받는 지배유형의 제도화를 전통적 관료제로 명명하였지만 엄격한 의미에서 현대적 관료제로 보기 어렵다고 하고 합법적 · 합리적 지배의 제도화에 기초한 관료제를 현대적 관료제로 명명하였다.

한편, 전통적 지배에는 2가지 유형의 지배체제가 있다. 즉 그 하나는 가산제(家産制:patrimonalism)이고, 다른 하나는 봉건제(feudalism)인데 이 양자(兩者) 모두는 가부장제(patriarchalism)의 확대나 변형이라는 공통된 속성을 띈다.

여기서 가부장제란, 경제적 측면에서 볼 때 가장(家長)의 지배하에 모든 가족구성원이 노동에 참여하여 그 수익을 가장에게 바치고 가장의 분배에 따라 필요한 몫을 받는 혈연적인 자급자족의 경제적 성격을 띈다고 볼 수 있다. 또한 정치적 측면에서 볼 때, 가장은 가족들에게 전체주의적 지배 양식에 익숙하게 함으로써 권력자의 절대적 권위에 의문을 갖지 않도록 한다. 이들 가족구성원은 가장의 권리 · 의무가 전통적 신성성을 가진 침해할 수 없는 질서의 일부를 이루고 있다는 신념으로 가장에 복종하며 가장도 이에 기초하여 명령을 내린다(김규정, 1996:78-79).

2) 관료제의 특징

(1) 전통적 관료제의 특징

① 전통적 관료제의 관직은 지배자의 개인 재산(patrimonium)의 일부로서 간주되기 때문에 지배자의 명령은 법과 행정을 초월한다. 그러므로 공식적인 것은 군주가 가진 사적(私的)인 것의 확장에 지나지 않는다.

② 직무의 분업이 이루어지지 않았고, 정실(情實)이 지배하는 사회이기 때문에 관료들에게는 행정에 관한 전문지식이 필요하거나 요구되지 않는다. 관료들에게 필요한 지식은 일반교양 정도이었으며(四書五經) 관직의 배정은 합리적인 직무원칙에 따르는 것이 아니라 지배자의 신임의 정도에 따라 결정되었기 때문에 관직의 안정성이 낮다.

③ 관료는 피지배자인 백성에 대하여 군주와 마찬가지로 자의적인 권력을 행사할 수 있다. 그들의 권력행사의 범위는 지배자의 이익과 전통을 위반하지 않으면서 백성의 복종과 노동력을 확보함으로써 유지될 수 있다. 이러한 전통적 관료제하의 행정은 개별사례적 행정으로써 신성한 전통에 대한 존중과 더불어 개인적인 권한이 혼재된 자의적 행정으로 볼 수 있다. 여기에 지배자 절대적 명령이 신성한 전통과 대립될 때, 관료들은 갈등을 일으키게 된다.

④ 지배자와 관료의 관계는 신분상 엄격한 충성, 복종의 차별적 관계이다. 지배자는 관료에게 임의적인 지시나 명령의 철회를 감행할 수 있으며 관료는 지배자로부터 위임받은 직무에 대해서는 특권적 권력을 행사할 수 있는 지위를 갖는다.

⑤ 전통적 관료제의 관료들의 책임과 권한이 명백히 기술(記述)된 규칙(規則)에 의존하지 않으며 또한 업무를 체계적이고 안정성있게 추구할 수 있는 관청도 없다. 지배자는 전통적인 관습과 인습을 존중해야 하지만 그가 그것을 어느 정도로 지켜야 하는가에 대한 명백한 기준도 없다. 오히려 자신의 지배권이 명백한 법규나 규칙으로 정해지는 것을 싫어한다.

⑥ 지배자와 관료의 공무수행은 임의적인 것이지 의무적인 것은 아니다. 왜냐하면, 관료는 상황에 따라 특별한 수입이나 반대급부가 있을 때 업무를 수행하며 수익이 있는 직책은 매매와 세습이 되기도 한다(R. Bendix, 1978:334-360).

(2) 합법적 · 합리적 관료제의 특징

① 법과 규칙의 강조 및 권한의 명확화

관료제의 성립은 합법적으로 제정된 법과 규칙에 근거를 두고 법규의 지배가 확립되어 있다. 즉, 관료제 내에서 이루어지는 모든 절차와 행위는 법규에 따라 통제된다. 관료의 직무 및 권한의 배분, 관료의 자격요건 등이 법규에 명확히 규정된다.

② 계층제(hierarchy)

조직내부 또는 조직간의 상하관계가 계층제의 원리에 의하여 그 체계가 확립되어 있다. 권한과 책임의 계층이 뚜렷하게 구분되는 계층제 속에 모든 직위들이 배치되고 상위직은 하위직을 지시 · 감독한다.

③ 공사(公私)의 엄격한 구별 및 비인간화(impersonality)

관료제하의 직무수행은 비인격적, 몰주관적 성격을 띠며 비합리성, 정의성(情誼性)의 지배하에 사적 내지 가족관계는 배제된다. 그리고 공적사무는 사적인 사무와 엄격히 구분된다. 그래서 관청과 사택은 근본적으로 분리되고 직무상의 금전 설비와 관료의 사유물은 엄격히 구분된다.

④ 문서주의

합법적 · 합리적 관료제 내에서의 직무수행은 구두(口頭)가 아니라 객관적인 문서에 의하여 행하여진다.

⑤ 전문지식 및 기술의 요구

관료의 직무수행은 그 전문성이 요구되고 따라서 전문가로서 교육훈련을 받은 자만이 그 직무를 담당할 수 있다. 여기에 관료임용의 기준은 자격과 능력, 즉 전문적 능력이다.

⑥ 직업의 전념화

관료의 직무시간은 명확히 규정 · 제한되어 있지만 직무상의 활동은 관료의 전노동력을 요구한다. 여기에 관료의 직업은 전임직업(全任職業)이므로, 겸직은 원칙적으로 배제된다.

3. 관료제 발전의 근거(관료제 성립의 요인)

오늘날의 관료제로 성립, 발전하는데 영향을 미친 주요 요인들을 간단히 살펴보면 아래와 같다.

① 자본주의(capitalism)는 관료제를 발전시키는데 확실히 주요한 요인으로써 큰 역할을 하였다고 볼 수 있다.

즉 자본주의의 등장과 성장배경은 안정되고 엄격하며 치밀한 이해타산적 행정의 필요성을 야기시켰다. 자본주의와 관료제가 서로 다른 역사적 배경을 갖고 있지만, 자본주의는 의심할 바없이 관료제 발전의 주요한 요인으로 강조된다.

왜냐하면 자본주의가 관료제하의 행정수행에 필요한 돈과 자원을 공급하여 가장 합리적인 경제적 기초를 제공함으로써, 능률적 · 합리적 수행에 기여했기 때문이다.

② 화폐경제(money economy)의 성립과 발달

화폐경제의 등장과 발달은 규칙적인 관료의 봉급지불을 가능하게 하였다. 봉급을 받지 않고 자원하는 이조시대의 이방과 같은 관료는 조직의 목표를 등한시하고 조직규율에 복종하지 않으려는 경향이 있다. 반면에 예속적인 관료는 자신의 권한을 주장하지 못하고 책임만을 소극적으로 수행한다. 여기에 관료에 대한 규칙적인 봉급의 지불은 관료의 독립성과 소극성의 단점을 적절히 조화시키는 역할을 가능하게 하여 규칙에 따르는 책임있는 행위를 확보하게 해준다.

③ 의사전달과 수송분야의 발달

관료제의 발달을 가져오게 한 또 하나의 주요한 요인은 의사전달(communication)과 수송(transportation)분야의 발달에 기인된다. 이는, 관료제의 관리와 운영에 있어서 그 정확성은 철도와 전신, 전화 등의 서비스에 달려있기 때문이다.

④ 행정사무의 양적 성장

관료들의 전문적인 업무의 양적 성장은 관료제적 구조를 필요로 할 수 밖에 없다. 즉, 관료제화 하기 위해서는 그 본질적인 기초로서 행정업무가 발달해야 하고 특히 양적(量的: quantative)인 발달이 선행되어야만 한다.

⑤ 행정업무의 질적변화

관료제화의 또 하나의 주요 요인 및 조건은 행정업무의 양적 확대나 성장보다도 행정업무의 질적인 변화와 내부의 전문기술의 발전에서 더 많이 발견되고 있다는 점에서 지적된다.

이는 첫째, 안정과 평화에 익숙한 사회가 모든 영역에서 질서와 보호를 점점 강하게 요구한다는 점, 둘째, 오늘의 사회정책적인 제문제가 경제적 요인뿐만 아니라, 권력 이데올로기적인 정치적 동기에 의해서 발생하고 있다는 점 셋째, 근대국가의 기술적 합목적성에 의한 관리는 근대적 교통수단(육로, 철도, 통신)의 발달에 의해 가능하다는 점 등에서 알 수 있기 때문이다.

⑥ 관료제 기구의 기술적 이점

관료제 조직 등장의 결정적 이유 및 배경은 무엇보다도 관료제 조직이 기술적 측면에서 우월하다는데 있다.

즉, 관료제 조직구조가 수많은 업무량을 가장 신속, 정확하게 능률적으로 수행할 수 있는 우수한 조직형태를 갖고 있다는 것이다. 이는 관료제조직이 구두가 아닌 문서에 의한 확실한 보고를 하는 등 지속성과 규칙성, 통일성을 확보할 수 있고 엄격한 복종, 갈등 및 마찰의 제거, 인적·물적 자원의 절약이 가능하기 때문이다.

⑦ 행정수단의 집중화

관료제적 구조는 관료제의 수장(首長)에게 모든 경영관리 수단이 집중화될 때 발전한다. 이러한 경향은 사적 경영조직의 발전에서 그 전형적인 형태를 찾아볼 수 있지만 공적조직에서도 다를 바 없다. 즉 관료제는 행정비용 전체를 예산에 계상하고 하급기관에 그 경영관리수단을 부여하되, 이를 규제하고 통제한다. 이 점이, 관료제 행정에 대한 경제성 강조의 의의가 자본의 규모 집적이익(the size interest of capital accumulation) 즉 자본집중의 대규모 경영 조직에서 강조하는 의의와 같다.

⑧ 사회제도 및 관리기술의 발달

관료제 조직의 성립과 유지는 필요한 각종 사회제도와 관리기술이 발달되어있고(회계, 통계, 자료처리 기술) 법률이 안정적이며 신뢰할 수 있을 때, 더욱 용이할 것이다.

⑨ 보편적(universalistic) 행동규범의 발달

한 나라의 문화 여건이, 인간 상호간에 문서나 구두약속을 통하여 상호 신뢰할 수 있도록 조성되어, 보편적으로 행동하는 규범이 마련되어 있다면 조직 생활을 규율할 수 있어 관료제 조직의 발달 조건의 한 요인이 될 수 있다고 보는 것이다.

4. 관료제 역기능 및 순기능

1) 순기능(eu-function)

관료제가 수행하는 순기능(順機能)이란, 관료제가 본래 의도하고 인지하는 기능, 즉 적응과 조정을 촉진하고 도와주는 바람직스러운 기능을 말한다. 웨버(weber)와 그 지지자들은 관료제와 같은 구조적 특징을 갖는 조직은 반드시 아래와 같은 순기능을 갖는다고 한다.

① 법과 규칙을 강조함으로써 조직의 공식성을 제고(提高)하고 조직업무 수행상의 활동과 절차의 정확성을 촉진, 공평, 공정, 통일적으로 업무를 수행

하게 하여 조직 활동업무의 객관성, 안정성, 예측가능성, 일관성, 계속성을 확보할 수 있게끔 한다.

② 문서주의(文書主義)를 강조함으로써 직무수행의 공식성과 객관성을 확립하고 직무수행의 결과를 보존한다.

③ 계층제적 구조체계를 강조함으로써 조직 내의 명령, 복종체계가 확립되어 질서유지와 조정이 촉진되며 조직내의 수직적 분업체계를 수립 가능케 한다.

④ 비인간화(impersonality)를 주장함으로써, 인간의 감정을 배제하고 객관적인 사실과 법규에 근거한 행정발전을 촉진하고 공평무사한 행정을 가능하게 한다.

⑤ 전문화를 강조함으로써 자격과 능력을 가진 전문행정가를 충원케 하여 행정능률을 높이고 사회적 차별을 제어한다. 뿐만 아니라, 관료제는 근본적으로 전문기술적 지식을 기초로 통제(control)를 행사한다. 바로 이러한 요인 때문에 관료제는 합리적일 수 있다.

⑥ 연공서열을 중시함으로써 직업공무원제를 발전시키고 행정안정과 재직자(在職者)의 사기(morale)를 높이게 된다.

2) 역기능(병리:ailment)

(1) 관료제 역기능의 연구모형

관료제의 역기능 내지 병리란 관료제가 원래 의도한 바와는 다른 변화와 기능이 야기되어 조직의 목표달성이 저해되는 것을 의미한다.

웨버(weber)는 복잡한 사회문제를 관료제가 어느 정도 해결해 줄 수 있는

가를 보여주려 하였지만 그가 기대하지 않았던 결과(역기능적 결과)가 야기되었다. 이러한 결과에 주목하는 학자들이 있었는데(Merton, Thomson, Selznick, Gouldner, Blau, etc.) 그들은 웨버(weber)의 관료제가 가진 기술적 우월성 또는 능률성을 부인하지 않으면서 관료제 조직이 야기시킨 의도하지 않았던 결과를 구조적 관점에서 설명하고 있다.

① 머톤(R. Merton)의 연구 : 머톤(Merton)은 관료제의 역기능·병리에 대해서 처음 체계적인 연구를 시도하였는데 그의 전제는 지도자(leader) 통제의 필요성(a demand for control)에서 시작된다.

여기서, 통제를 위한 규칙의 준수가 과잉동조(overconformity)에 의하여 기대하지 않았던 결과인 목표의 전환(displacement of goals) 현상을 초래하고 형식주의를 유발시켜 조직 본래의 목표달성을 저해한다고 하는 중심과제에 착목하였다(R. K. Merton, 1952:361-371)

② 셀즈닉(Selznick)의 연구 : 셀즈닉(Selznick)은 관료제의 역기능의 근원을 권한의 위임(delegation of authority)으로 보았다. 즉 권한위임의 결과 예기치 못한 조직내 하위단위간의 이해관계가 대립되어, 전체목표보다 하위목표의 중요성만을 주장하는 역기능이 초래된다고 보았다.

③ 톰슨(Thomson)의 연구 : 톰슨(Thomson)은 「현대조직론」이라는 저서에서 조직구성원의 결여 내지 불안의식이라는 개념으로, 관료제의 역기능 및 병리가 야기된다는 설명을 시도하였다(U. A. Thomson, 1961:177).

④ 블라우(Blau)의 연구 : 블라우(Blau)는 머톤(Merton)의 통제에의 필요성이라는 역기능의 근원을 계승하여 동조과잉이나 변동에의 저항 같은 관료제의 역기능 현상의 등장은 관료제 조직 내의 제관계가 안정성을 가지고 있지 못하다는 점에 원인이 있다고 파악하였다(P. M. Blau, 1963:232-237).

⑤ 고울드너(Gouldner)의 연구 : 고울드너(Gouldner)는 하위체계의 균형을 유지하기 위해 만들어진 통제기술이 어떻게 전체체계의 균형을 와해시키며 그것이 하위체계에 어떻게 환류 되는가에 관심이 있었다. 그는 머톤(Merton)의 '통제에의 필요' 개념을 도입하여, 통제의 필요는 일반적이고 몰인정적인 규칙의 사용을 낳게 한다는 것을 설명하고 있다. 이러한 규칙사용의 결과 집단 내의 권력관계의 가시성(可視性)이 증대하게 되고 개인간의 긴장도를 높임으로써 처음 규칙의 제도화에 의해 유지되었던 균형을 깨뜨리는 역기능이 야기된다는 것이다.

(2) 관료제의 역기능

① 동조과잉(overconforming), 목표대치(displacement of goals)

동조과잉은 본래 수단으로 간주되었던 법규·규칙의 준수가 형식주의를 초래하게 되어 그 자체가 목표로 대치되는 현상을 말한다. 즉, 관료제는 객관적인 규칙의 준수를 통하여 정실이나 자의에 의거한 개별주의를 배제하고 보편주의를 확립함으로써 조직 전체의 통일성을 확보하고 조직목표를 능률적·합리적으로 달성하게 된다. 그러나 법규·규칙 준수를 지나치게 강조한 나머지 결과적으로 규칙을 절대적인 것으로 만드는 동조과잉의 역기능적 현상을 낳는다.

② 과다한 문서주의(red tape), 형식주의

관료제 내에서의 모든 업무처리는 규칙에 의거하여 일정한 양식과 절차에 따라 문서로 행하여 권리와 의무, 책임의 존재 및 한계는 이 문서를 증거로 하여 확인된다. 즉, 관료제에 있어서의 업무처리는 문서라는 형식에 의존하게 된다. 이와 같은 문서주의는 문서다작, 복잡한 날인절차, 번문욕례(red tape) 등의 현상이 따른다.

③ 비인간화(impersonality)

관료제 내의 조직 구성원은 대규모 조직의 부속품처럼 기계화, 비정의화되어 인격적 관계를 상실하게 되는 역기능 현상이 초래된다.

④ 권위에의 의존, 무사안일주의

상급자에 의한 지나친 통제와 직무수행의 엄격성은 하급자로 하여금 모험적이거나 새로운 시도를 하지 못하도록 하는 요인으로 작용한다. 따라서, 조직 내에서 발생하는 문제해결을 위한 의사결정을 해야할 경우 하급자는 새로운 조정, 결정을 하려하지 않고, 선례나 상관의 권위에 의존하거나 상관의 명령에 그때 그때 순응하는 무사안일주의의 책임회피적인 경향이 만연하게 된다.

⑤ 의사소통의 왜곡 · 단절 · 지연

계층제적 구조를 통해서 상의하달식의 의사소통(downward communication)과 하의상달식 의사소통(upward communication)이 이루어지는데 의사소통 과정이 여러 계층을 거치는 경우 의식적 · 무의식적 왜곡(distortion)과 단절(ommission), 지연 현상이 야기된다. 즉, 하위계층에 속하는 하급자가 상위계층의 관리자에게 의사소통할 경우 그 지위상의 격차에서 비롯하는 심리적 억제와 위축 때문에 원활한 의사소통이 어렵다.

⑥ 전문화로 인한 무능

전문기술이나 지식을 소유한 전문가(experts, professionalist)들은 특정분야의 권위자이기 때문에 조직전체의 입장을 이해하지 못하는 경우가 허다하다. 즉, 융통성(flexibility)이 적고 전체적인 시야, 직관, 판단력, 협동심 등이 부족한 것이 보통이다.

⑦ 할거주의(sectionalizm)

관료제는 전문적 기술에 입각한 분업체계이므로, 전문화된 각 기관, 부처 등은 타 부처와의 경쟁의식을 갖게 되어, 상호간의 갈등을 불러 일으키며 정보교환도 외면하게 된다. 이와 같이 전문화된 각 부처는 자기부처 이익에만

(section) 치중하여 전문인으로서의 고집을 버리지 않아 상위계층으로부터의 조정(coordination)과 중재가 어렵게 되는 역기능을 초래한다.

⑧ 귀속적인 자생집단의 발생

대규모 조직인 관료제에서는 비공식집단이 필수적으로 등장한다. 이러한 비공식집단은 대개 귀속적인 속성(전문적 유대관계, 혈연, 지연, 학연, 취미)을 같이 하는 사람들에 의하여 구성되는 집단으로, 이들은 관료제의 공식성(formality), 비인격성(impersonality)을 침해하게 되고, 정실(情實)적인 인간관계를 초래케 되는 현상이 나타난다.

⑨ 변화에 대한 저항

관료제는 계층제적 구조 형태, 대규모성, 경직된 규범·규칙 강조 등으로 인하여 급격한 환경 변화에 대하여 신속히 대응하기가 어렵다. 이로 인하여, 관료제의 능률성과 효과성을 저해하는 한 요인으로 나타나게 된다.

⑩ 불안감의 근원(source of insecurity), 무능력자의 승진

관료제의 계층구조 상부로 올라갈수록 성취기준은 모호해지며 승진의 확률은 줄어들기 때문에 지위불안이 발생하게 된다. 또한 승진에 있어서 연공서열이 중시됨으로써 계층제적 관료조직의 구성원이 각자의 능력을 넘는 수준까지 승진한다는 피터의 원리(Peter principle : L. J. Peter, 1969:8)가 작용하여 모든 직위가 무능자로 채워지는 경향이 나타난다.

5. 맑스 웨버(Max weber) 관료제 이론의 재평가

앞에서 이미 살펴본 관료제의 많은 역기능 및 병리에도 불구하고 웨버의 관료제이론은 아래와 같은 점에서 그 효율성과 우수성이 재평가되어야 한다.

① 웨버의 이념형(ideal type)의 관료제는, 현존하는 관료제의 효율성을 평

가하는 기준이 된다. 즉, 관료제는 선후진국의 행정체제를 비교 평가하는 준거기준이 될 뿐만 아니라 특히 후진국의 행정체제의 발전정도를 측정하는 기준이 된다. 후진국의 정실주의, 연고우선주의, 인맥주의, 사인(私人)주의 등은 관료제의 가장 큰 적이다. 여기에 합법적·합리적 관료제는 그 나라 관료제의 발전정도를 평가하는 주요한 기준이 된다.

② 웨버의 이론은 관료제를 연구하는 많은 학자들에게 학문적 과제를 제거하였을 뿐만 아니라 관료제 이론의 발전에 공헌하였다.

③ 웨버는 관료제를 사회생활의 합리화나 역사진화의 산물로 간주하였다. 즉 그는 인간생활이 합리화되고, 사회가 전문화되어 발전함에 따라 관료제가 등장하였다고 보았으며 역사발전의 합리화 과정을 관료제라는 분석적 도구(analytical tool)를 사용해서 의도적으로 관료제의 모순된 사실은 배제한 채 이를 한눈에 포착, 밝히려 하였다.

④ 웨버의 이론은 행정발전에 하나의 방향을 제시하였다. 현대사회에서 아무리 탈관료화 현상이 야기된다 할찌라도 관료제의 합리성, 능률성, 객관성, 공평성, 비사인주의 등의 관점은 소멸되지 않는다.

6. 관료제의 비판 및 수정이론

오늘날의 관료제에 대한 모든 이론적 연구는 웨버(weber)의 이론을 그 출발점으로 하고 있다. 하지만 그의 이론도 시대적 제약성을 벗어날 수 없었으며 많은 비판을 받았다. 즉, 웨버(weber)는 관료제의 합리적 측면, 능률적 측면, 공식적 측면, 순기능적 측면만을 다루고 관료제의 내부구조에 대한 경험적 연구는 의도적으로 하지 않았다.

1930년대 이후 미국의 사회학자, 경영학자들은 웨버의 이념형을 두고 그것은 전형적인 것도 아니고 개념적인 것도 아니라고 비판하면서 웨버가 간과

한 관료제의 비합리적, 비공식적, 역기능적, 비능률적 환경과의 교섭 측면 등을 강조하면서 웨버이론을 수정 · 보완하였다[27](C. J. Friedrich, 1952:27-33).

1) 1930년대 비판 및 부분 수정이론

① 비공식적 측면 강조

웨버는 관료제의 공식적 측면에만 관심을 가지고 비공식적인 면은 간과하거나 도외시하였다. 이러한 관료제의 비공식적 측면을 보완한 연구는 블라우(Blau)에 의해 이루어져 관료제의 자생적인 비공식집단의 순기능적(eu-function)적인 면을 지적, 강조하였다(P. M. Blau, 1956:53-85).

② 비합리적 측면 강조

웨버의 관료제 이론은 합리적 측면만 지나치게 강조하고 비합리적 측면은 등한시 하였다. 여기에 비공식 조직의 경우와 같이 지나치게 합리적 · 이성적인 것만으로 보는 것은 잘못이며 목표달성에 반드시 역기능적인 것만은 아니고 목표지향적, 즉 순기능성을 가질 수 있음을 지적하였다.

③ 역기능적 측면 고려

머톤(Merton)은 웨버(weber)가 간과한 관료제의 역기능적 측면을 지적, 수정하였다. 즉, 관료제의 순기능만 강조되고 역기능적인 측면은 경시되었는데 사실 관료는 언제나 목표달성에 이바지하는 방향으로만 활동하는 것은 아니며, 때로는 목표달성에 바람직스럽지 못한 역기능적인 행동도 많이 할 수 있다는 것이다(R. K. Merton, 1957:51).

---

27) 1930년대의 미국 사회학자, 경영학자들에 의한 수정은 부분적인 수정 내지 보완하는 weber의 부분수정이론에 불과하였으나, 1960년 이후 에스만(Esman), 와이드너(Weidner) 등의 발전론자들의 수정이론은 웨버(weber)이론을 전면적으로 비판 · 수정하게 되었다.

④ 관료제의 환경과의 교섭적 측면 강조

웨버(weber)의 관료제이론은 내부 구조적 측면에 중점을 두고 환경과의 관련성, 교섭적 측면을 도외시하였다. 여기에 셀즈닉(Selznick)은 거대한 관료제 조직이 그 안정성과 유동성을 확보하기 위하여 환경에의 적응이 불가피하다는 점을 강조하면서 "적응적 흡수(cooptation)" 이론을 주장하였다(P. Selznick, 1949:133, 250)

2) 1960년대 비판 완전 수정이론

1930년대 이후의 비판적 이론들이 관료제 이론을 부분적으로 수정·보완함에 그친대 반하여 1960년대의 발전론자들은 아래와 같은 점에서 웨버(weber)의 관료제 이론을 완전히 수정되어야 한다고 주장한다.

① 관료제의 경직성과 사회변동에의 적응 불가능

웨버(weber)의 관료제는 일단 확립되면 파괴하기가 어려운 조직으로 구조화되어 영속성을 띤다. 그러나 오늘날의 사회는 급격하게 변화(격동의 장 : tulbulent field)하는데 이러한 변화에 기존의 관료제 조직은 능동적으로, 신축성(flexibility)있게 적응하기가 곤란하므로, 새로운 조직 형태로 완전히 수정, 대체되어야 한다는 것이다.

② 계층제(hierarely)의 완화·수정 및 대체

웨버(weber)의 관료제에서는 조직에서의 상하·지배복종관계를 중시하는 계층제적 구조를 중시하고 있으나, 발전론의 입장에서 보면 이러한 구조는 조직 내의 의사소통 및 의사결정에의 참여를 곤란하게 한다는 것이다. 여기에 앞으로의 조직은 지배복종관계보다도 분업의 입장에서 고려하고 조직의 기능에 활력을 불어넣기 위하여 계층을 평준화 내지 완화시키는 평면조직(flat organization)이나 메트릭스조직(metrix organization)으로 나아가야 한다는 것이다.

③ 다원적 전문성의 중요성 강조

관료로서 전문성이 요청된다는 사실은 인정되나 좁은 분야의 전문지식만 강조한다면, 훈련된 무능력(trained inability)으로 오늘날의 급격한 사회변동에 대응할 수 있는 조직 내지 사회전반에 걸친 이해력이 부족해진다. 여기에 관료제적 조직보다, 관료제의 전문적 편견이 배제된 다원적인 전문직업조직의 필요성을 강조하고 있다.

④ 합목적성의 강조

관료제 행정에 있어서 법규준수는 필요불가결 하지만 형식적인 합리성보다는 조직발전목표에 따른 합목적성의 강조가 요청된다. 여기에 지난 날 관료제의 지나친 법규준수의 강조는 능률적인 국가 발전 목표의 달성에 장애가 될 수 있으므로 이를 형식적 합리성의 추구보다 합목적성의 강조로 대체할 필요가 있다는 것이다.

Ⅱ. 현대 행정국가의 정부관료제

1. 정부관료제의 기능

행정권의 확대·강화현상은 대중민주주의의 현대정치에 있어서 불가피한 현상으로 지적된다. 따라서, 현대정치를 위해서는 근대민주주의 원칙의 수정이 불가피하다.

여기에, 오늘날의 관료가 국가권력과 정치화한 행정권의 담당자로 부각되고 또 관료제가, 현대사회와 의회, 정당 또는 집단과는 구별되는 국가의식의 구체화라는 양자 간의 조정의 역할을 할 경우, 즉 현대 관료제는 현대 사회의 대립과 모순을 조정, 통제, 계획함으로써 초월적인 제3자로, 결정자로서의 역할을 수행한다. 따라서, 현대 행정국가의 관료제는, 절대군주제의 관료제와 형식적으로는 유사한 것 같지만 양자에는 근본적인 차이가 존재한다. 즉, 양자는 그 역사적 존재의의와 성격에 있어서 상이하다. 절대군주제의 관료제는 사회 그 자체의 지배권이지만 현대 행정국가의 관료제는 사회대립의 조정에 있다. 또한 절대군주제의 관료제는 후견인으로서의 역할인데 반하여 현대 행정국가의 관료제는 이해당사자간의 분쟁의 조정자·중재자로서의 역할이 강조된다는 점에서 근본적 차이가 있다.

그렇다면 이와 같은 현대 행정국가의 관료제와 근대 민주주의 정치원칙과의 관계를 살펴볼 필요가 있다. 이는 현대에 있어서는 근대 자유 민주주의 국가 초기에 보여지는 국가(state)와 사회(society)의 대립이 존재하지 않는다는 점에서 즉 사회적인 것이 국가적·정치적인 것과의 구별이 없어지고 국가가 사회에 필연적으로 적극개입 간섭하기 때문이다. 여기에 현대 행정국가 내지 복지국가론자들은 국가와 사회의 자동화(同一化), 계획화된 사회관리의 실질적 담당자가 현대 행정국가의 관료제라고 간주하고 있는 것이다.

그러므로, 행정국가론자들은 현대정부 관료제는 개인의 봉사를 위한 도구(tool)이상의 아무런 존재이유를 갖지 않는다고 한다. 즉, 민주주의와 관료제는 대립할 이유가 없다는 지적이다. 오히려 자유민주주의는 거대한 정부관료제에 의해서만 가능하고 유지될 수 있다고 한다.

이와 같은 논리는 현대 행정국가의 관료제의 필연성과 존재이유에 대한 확실한 인식의 기초위에 제기되는 것으로 결국 현대 관료제의 국민대표성과 윤리성을 강조하고 있는 입장이라 할 수 있다.

하지만 행정권의 확대·강화에 따르는 새로운 관료제와 전통적 민주주의(대의제)와의 조정을 어떻게 할 것인가가 매우 중요한 정치적 과제가 제기되고 있다.

현대국가에서 의회에 의한 행정부 통제는 거의 확실히 불가능해지고 있으며 그 원인은 권력분립제도 그 자체에 기인한다고 볼 수 있다.

이는 첫째, 대통령, 지사, 시장 등은 직접적으로 국민에 의하여 선출되고 그들은 자신의 정치적 신념을 갖고 법형식을 제정하고 행정행위를 구체화함으로써, 행정적 결정의 전제가 되는 가치는 집행 그 자체에 의하여 공급되어 행정부는 이론상으로나 사실적으로, 정치적으로 입법부에 의존하지 않는다는 점과 둘째, 정책결정에 필요한 정보는 의회가 통제하는 행정부 기관에 크게 의존하고 있을 뿐만 아니라, 비전문가인 의회조직이 전문기술성을 띤 행정부를 통제, 가치 판단한다는 것은 거의 불가능하다는 점이다.

여기에 행정국가에 있어서 민주주의의 확보는 무엇보다도 관료제의 민주화와 책임성 확보문제가 주요한 과제로 대두된다.

애플비(Paul. H. Appleby)도 그의 명저 「Big Democracy」에서 현대 행정국가에 있어서의 위기는 복잡한 현대 사회에서 어떻게 민주주의를 유지할 수 있느냐하는 문제가 우리가 해결해야 할 최대의 과제라고 지적하고 있다.

한편, 행정국가 내지 복지국가론자들은 현대 정치의 요청인 국가권력의 적극적 활동의 필요성을 인정하고 의회에 대한 불신의 전제하에 현대 행정국가 정부관료제의 내재적 책임만을 주장하고 있다.

하지만 이와 같은 논리가 현실적인 타당성이 있는지를 먼저 살펴볼 필요가 있다. 현대 정부관료제의 기원(origin)은 대개 두 학설로 대별된다.

하나는 현대자본주의의 불가피성 때문이라고 보는 입장이다. 자본주의의 발전은, 대규모 생산의 경제적 이점들이 거대한 기업 체제의 등장과 독점을 불가피하게 하였다. 이와 같은 사적인 다양한 관료제가 그들의 이익을 보장받기 위하여 정부에 압력을 가한다는 것이다. 즉 정부 및 사적 관료제는 자본주의체제에 의하여 조성된 세력의 결과라는 것이다.

다른 하나는, 자본주의 경제에 개입·간섭하려는 정부의 의지적 노력에서 관료제의 기원을 찾고 있다.

즉 정부가 경제생활을 규제하게 된다면 이에 필요한 관료제 기구를 확대해야 할 것이고, 그것은 자유로운 시장의 경쟁적 메카니즘(mechanism)을 저해하고 독점체제의 발달을 촉진시키게 된다.

이렇게 볼 때, 정부관료제의 출현은 기업에 개입·간섭하려고 하는 정치적 결단의 결과로 보지 않을 수 없다.

이 양자(兩者)는, 관료제의 역사적 기원에 대해서는 견해를 달리 하지만 미치는 영향 즉, 그 결과에 대해서는 공통점을 갖고 있다.

이는, 바로 관료제가 소수 몇 사람의 수중에 권력의 집중을 가져오게 하여, 민주주의에 필수적인 개인의 자유를 박탈하는 것이다.

하지만, 현대 관료제가 민주적 자유를 위협하고는 있지만, 민주사회의 목적 달성에 필요한 중대한 관료제의 뛰어난 능률적 기능을 결코 무시할 수도 없고 또한 민주주의 국가에서 관료제가 수행하는 기능과 봉사가 무엇이든 간에 관료제가 민주주의에 끼친 역기능으로서(dysfunction)의 폐해 역시 부정할 수 없다.

이와 같이 시민의 자유를 위협하는 관료제에로 바뀌는 원인을 라스키(Laski)는 두 가지 점에서 찾고 있다(H. J. Laski, 1955:36).

즉 첫째, 관리(官吏)의 권력욕의 증대 때문이다. 관료는 자기분야의 전문적 지식을 갖고 있으므로, 자기분야에서의 결정적인 발언권을 가짐으로 그 결과 권력에의 욕구가 증대한다는 것이다.

둘째, 관리(官吏)에 대한 민주적 통제의 결여 때문이다. 민주적 통제 기관인 의회는 최근 그 유효성을 상실하고 있다. 왜냐하면 오늘날의 의회가 권력의 약화, 전문성의 미비, 신축성있는 환경에의 적응성의 부재 등으로 대의정치의 위기가 지적되는 상황에 반하여 보다 그 권한이 강화된 행정부를 통제할 수 있다는 것은 논리적으로 모순이기 때문이다.

이러한 관료제를 통제하기 위해서는 현대 관료제에 내포하고 있는 권력의 문제를 충분히 이해하지 않으면 안 된다.

현대 관료제의 이상형이 가지는 권력적 특색은 첫째, 현대관료제가 갖는 전문적 지식에 의한 행정의 자율성(administrative autonomy)에 있다. 즉 현대 행정관료가 제사회문제를 해결하는 전문지식·기술의 독점체(monopoly of skill)를 구성함으로써 갖는 힘이다.

둘째, 관료제를 제어하기 위한 통제는 중요한 국가 공공사무의 중단을 초래한다는 의미에서 관료제는 권력의 독점체(monopoly of power)를 형성하고 있다는 점이다. 하지만 이러한 현대 관료제가 갖는 권력은 지배계급의 행정적 수단으로 보고 지배계급이 위임한 범위 내에서의 권력밖에 소유하지 못하여 관료제는 지배계급의 정치영역에 따르기 위해 조직화된 것으로 본다.

따라서 관료제는 자체의 자율적 권력을 향유치 못하는 것으로 봐야 한다는 것이다. 관료제가 권력독점을 한다는 것은 지배계급의 권력으로부터 유래한다는 의미에서만 가능하다는 것이다. 즉 관료제를 그 자체가 권력을 갖지 않는 통치의 집행 도구 및 기관이라는 것이다.

이렇게 볼 때, 일반적 결론은 현대 행정국가하의 관료제는, 능률적 국가업무의 수행과 집행을 위해 불가결하다는 점에서 자율성을 갖지만, 그 전문성에 의한 하나의 충실한 도구적 기구라고 보고 있다.

이렇게 볼 때, 현대 행정국가의 관료제는 이율배반적인 것으로 존재한다고 볼 수 있다. 즉 관료제 내에는 행정의 자율성, 전문성이 크게 신장되고 있으며 또한 행정기관의 기능이 계속 확대·강화됨에 따라, 관료제는 거대한 권력을 요청하고 있다는 것이다.

이리하여 현대 관료제가 현대 행정국가의 조정자, 집행자로서의 초연한 제삼자적 권력이나 지위를 갖는다고 하더라도 이는 외형상 그렇게 보여지는데 지나지 않는다. 그러므로 현대국가의 통치권력구조가 변화함에 따라 관료조직기구도 근본적인 개혁이 요청된다. 이는 무엇보다도 관료주의화의 문제로 지적되는, 관료제권력의 보수성 문제로 부각된다. 여기에 관료제의 근본적인 개혁은 관료제화 경향의 민주적 통제에 집약되어야 하고, 동시에 분권화와 조직원리의 제도화에서 구해야 함이 마땅하다.

2. 행정관료의 기능

엽관주의적 관료제(spoils system)가 실적주의 관료제(merit system)로 변화된 것은 현대 행정국가에 있어서의 권력구조의 변혁 또는 정치기능의 기본적 변화에 기인된 것이라 하겠다. 또한 현대의 전문기술의 발달에 따른 조직의 합리적·능률적 경영을 위한 과학적 관리법의 영향과 근대 입법국가에서 행정국가 내지 복지국가에로의 전환에 기인하는 현상으로 볼 수 있다.

현대 행정국가에서의 사회 및 복지 관련 제시설을 설치케 하는 다양한 사회입법(social legislation)은 지난날의 자유방임주의 국가 및 입법국가에 비하여 훨씬 확대된 복잡한 업무를 부담하게 하였다. 즉, 국가사무의 확대·강화라는 변화는 공무원제도(civil service)의 능률화를 요구하였다.

여기에 애플비(Appleby)는 오늘날 인사행정의 과제는 "유능한 새로운 형의 관료를 관료제도에 조직화하는 일에 있다"라고 하고 있다(김홍기, 1995:267, Paul H. Appleby, 1949:17).

또한 디목(Dimock)은 현대행정이 현대사회의 다원적인 세력을 조정·통제·규제하기 위하여 정책을 기획·입안하여 그 실천에 지도적 역할을 담당하는 것이라고 하고 있다(M. E. Dimock, 1948:315).

그러므로 행정관료는 바로 이와 같은 기능을 담당하는 자로서 하급직원을 지휘·조정하고 통제하는 사람으로 보고 있다(A. L. Lowell, 1942:92).

이러한 사실들은 행정국가에로의 전환으로 정부조직이 대규모로 양적으로 확대되고 질적으로 전문기술화되고 복잡해짐에 따라 분화된 조직과 수많은 관료를 통합·조정하는 행정적 기술(administrative skill)의 중요성을 강조하게 하였다. 즉 현대 행정국가에서는 이러한 통합·조정 기능을 담당하는 일반행정가·통합자(generalist)로서의 행정관료의 존재가치가 강조된다는 것이다.

현대 행정국가의 행정관료는 실질적으로 정치화된 행정권의 담당자로서, 지난날 근대 입법국가 법치행정의 단순한 집행자로서의 지위에서 벗어나, 행정적 집행활동 이외에 준입법적·준사법적 활동까지 수행하는 바 되어 현대정치에 있어 불가피한 필연적 결과로 보고 있다(C. S. Hyneman, 1949:3).

이는 현대국가의 정치에 있어서는 행정을 완전히 정치에서 분리할 수 없는데 기인되고, 행정관료에 의한 책임있고 능력있는 정치적 활동(정책결정활동)을 시인하여야 함에 있다. 또한 정당관계에 있어서도 행정관료가 정책을 입안하기 때문에 행정과 정당의 통합이 실질적으로 요구되어지는 바, 현대행정국가에 있어서는 통치가 행정관료를 중심으로 일원화되어 전면으로 나타나는 것이 하나의 특징으로 지적된다(D. Waldo, The Administrative state, 1948:125).

이와 같이 현대 행정국가의 행정관료는 전통적으로 의회의 권한에 속했던 정책결정권의 주도권을 박탈 내지는 공유하고 있는 것이다.

이리하여 오늘날의 행정관료계급은 행정의 중추적 존재일 뿐만 아니라 통치과정에 있어 그들의 지위는 국가정책의 단순한 도구가 아니라 그것을 창조하는 기능을 수행한다.

이러한 행정관료들의 역할 내지 기능의 기술적 요청은 의회로 하여금 점차 행정관료에 크게 의존하지 않을 수 없게 하고 있다.

결국 현대 행정국가의 행정관료는 의회의 명령에 따라 수행하는 입법부의 우둔한 봉사자로 지칭되는 역할이나 지위에서 벗어나 실제 국가정책을 입안 결정하는 기능을 수행하고 있다. 이는 킹슬레이(J. D. Kingsley)도 1870년대 이후는 의회가 아니고 관료들의 집합체인 관료기구가 헌정(憲政)의 주요 기능(지위)를 차지하게 되었다고 지적한 점에서 잘 알 수 있다(J. D. Kingsley, 1944:5).

여기에 현대 행정국가의 행정관료는 편협한 특수분야의 경험 전문가(narrow specialist)가 아니라 그들은 사회, 복지, 정책, 경제, 정치문제에 대한 깊은 이해력을 갖고 이들을 통합하는 전문가(generalist)이므로, 독창력, 이해력, 이성적 판단력, 상상력, 민감한 감성 등의 뛰어난 자질이 요구되고 있는 것이다.

III. 정부관료제의 제문제

현대 행정국가를 이해함에 있어서, 정부관료제 연구는 반드시 필요한 주요 과제다. 특히 오늘날과 같은 정보관리 사회에서는 정보(information)의 집중, 관리(중추)기능의 집중 내지 독점화 등에 의해 사회기능이 집중화됨에 따라 관료제화(官僚制化)는 현대 사회의 공통된 주요 사실이 되고 있다.

이러한 관료제화는 국가에서만 나타나는 것은 아니지만 국가에 나타나는 관료제가 가장 전형적이라 할 수 있다. 즉 국가(정부)관료제는 사적 · 분파적(私的 · 分派的)이익의 대립을, 국가적 공익(public interest) 실현을 위한, 통합 매개의 가교(架橋)라는 존재의의가 인정되었다.

이와 같이 정부관료제가 대립되는 사적 이익을 통합하고 그 실현을 조정하는 것은 국민의 행정수요를 행정집행으로 구체화하거나 실현시키는 환류(feedback) 기구로서의 역할을 수행하는 것이다.[28)]

이와 같은 정부관료제의 조정·통합기능의 성패(成敗)는 정치체제를 안정화시키는 주요 관건이 된다.

이렇게 볼 때, 관료제의 주요 역할과 기능의 수행은 정치적 안정과 불안과의 밀접한 관련성이 있다고 볼 수 있다.

여기에 현대 행정국가에 있어서의 정부관료제의 역할에 대한 몇 가지 문제점의 파악과 함께, 다음 강(講)에서의 문제점 극복을 위한 관료제와 민주주의와 관계, 관료제의 민주적 통제, 관료제 쇄신, 개혁방법, 관료제의 미래 등에 대해서 차례로 살펴보고 그 대안을 모색하고자 한다.

1. 사회변동에 대한 정부관료제의 대응문제

관료제적 조직 구조는 일상화된(routine) 정책결정, 즉 프로그램화된 결정(programmed policy making)에는 바람직하지만은 프로그램화되지 아니한 정책결정에는 그다지 바람직스럽지 못하다는 점에서의 문제점 지적이다.

사이몬(H. A. Simon) 역시 프로그램화된 일상적 결정이 그렇지 못한 결정을 구축해 버리는 경향을 지적하고 있다(H. A. Simon, 1960:5-7).

이에 반해 정부는, 미래 발전에 대한 비젼을 가지고 사회변동에 대한 대응을 관료제를 통하여 수행할 수 밖에 없다.

여기에 프로그램화되지 않은 정책결정과 관련된 문제를 특별히 처리하기 위한 대안으로서 관료제 내부나 정부 레벨에 설치하는 특별보좌관 제도, 타스크 포스(task force)제의 활용등, 즉 임시조직, 특별조직(Ad-hocracy)의 구성에서 찾을 수 있다.

---

28) Michel Crozier, The Bureaucratic Phenomenon, 1967:251.

2. 관료제의 대표성문제(관료제의 책임성 및 민주화 문제)

킹슬레이(J. D. Kingsley)는 사회일반으로부터 독립된 관료제가 독자성(automomy)을 가지고 공공목적이 아닌, 특수화된, 분파적·사적 이익이나 목적을 추구하는 것을 방지하기 위한 대표적 관료제(representative bureaucracy)를 제안한 바 있다(J. D. Kingsley, 1944:185).

즉 킹슬레이는 민주주의 국가에 있어서 국가 정책에 대한 어떤 계층의 시민참여(citizen participation)도 배제할 수 없다는 점에서 대의정부의 강점이 있다는 전제에서 각 계층의 시민이 참여하는 민주적인 공무원제의 우월성을 강조한다. 이는 민주주의 국가의 공무원제 내지 관료제는 능력만으로는 충분하지 않고, 국가가 시민을 노예화하지 않고, 자유롭게 하기 위해 대표성까지 띠어야 한다는 것이다(J. D. Kingsley, 1944:273).

다시 말해, 관료제가 특정한 계층에 의해 독점되어서는 안 되며 관료가 보다 대표적이어야 함은 시민의 바람에 대응하고 공공목적에 대한 총체적인 책임을 지는 보장책으로서 바람직하다고 할 수 있다는 것이다.

그러나 관료제의 대표적 성격은 공공목적에 대한 전체적 책임을 진다는 의미에서의 책임관료제(責任官僚制)이어야 한다. 이러한 요청은 오늘날의 관료제가 사회에서 차지하는 중심적 지위에서 오는 당연한 귀결이라 할 수 있다. 이와 같은 대표적 관료제 이론은 어떠한 사회에서 보다 더 적극적인 의미를 가지는가? 여기에 대하여 라이퍼(V. Riper)는 대표적 관료제가 적어도 다원주의(pluralism), 실용주의(pragmatism), 그리고 타협(compromise)주의 세 가지가 적용되는 국가에 있어서만 타당하다고 하면서 그러하지 못한, 타당성이 없는 사회에서는 위험하고도 심각한 교조주의(explosive doctorinism)의 위험성이 있다고 경고한 바 있다(Van Riper, 1958:559).

이렇게 볼 때, 킹슬레이의 대표적 관료제 이론은 많은 단점과 한계가 있어 어느 사회에나 똑같이 적용가능하다고 할 수 없다.

여기에 현대 국가에 있어서 관료제 책임의 본질은 공무원의 공평성에서가 아니라 국가가 의도하는 목적에 대한 그들의 헌신도에서 찾아야한다는 전제하에서 현대 관료제는 그 대표성의 정도에 따라 책임있는 존재가 될 수 있다고 주장한다. 그래서 그는 영국에서 이와 같은 대표적인 성격 때문에 책임있는 관료제가 형성되고 있다고 단정하고 있다.

반면에 미국에서는 사회자체가 고도로 분화되고 다원화되어 사회가 매우 유동적이어서, 이에 따른 공무원의 사회적 배경 역시 매우 이질적(異質的)이기 때문에 대표관료제를 확립할 수 있는 가능성은 매우 희박하다고 보아서 대표관료제에 대한 부정적인 경향이 더 강하다(Norton E. Long, 1962:71-73).

즉 미국에서는 공무원 특히 고급공무원의 사회적 배경이 다양하다는 점이 바로 민주주의와 조화를 이루고 있다는 것이다.

이러한 점은 공무원들로 하여금 민주주의를 위협하는 전문직업적인 단일성(professional unity)을 확보할 수 없게 하고 있다고 한다(Reinhard Bendix, 1949, 김홍기, 1995:299).

이렇게 볼 때, 현대 관료제의 대표성문제는 그 나라의 정치적 체제, 사회·경제적 계층구성 정도, 공무원들의 출신 배경 등에 의해 그 가능성 내지 필요성이 결정된다고 볼 수 있다.

대표관료제의 필요성을 논할 때, 행정의 책임성 확보, 관료제의 민주화를 위해 우리나라와 같은 발전도상 국가에서 더욱 강조되어야 할 것으로 판단된다.

이는 사회 또는 권력의 분화가 뚜렷이 이루어지지 않아 관료제에 대한 외부통제(outside control)가 크게 제한 내지 억제되고 있는 측면이 있을 뿐만 아니라 정부관료제는 국가발전의 주체적인 세력으로서 그 권한이 급격히 강화되고 있기 때문이다. 이와 같은 정부관료제의 외부 역학관계나 권력의 집중화 측면은 정부관료제로 하여금 이른바 점차 지배자지향의 관료제(ruler-dominated bureaucracy), 군부지향의 관료제(military dominated bureaucracy) 또는 지배적 관료제(ruling bureaucracy)의 형태를 띠게 되는 경향이 있다(Merler Fainsod, 1963:234-237).

우리나라의 경우 고등교육의 확대와 관료의 충원과정에서의 성적제의 적용 및 기회균등의 원리 적용은 정부관료제의 대표성확보에 긍정적 효과를 가져오고 있다. 반면에 공무원 재직자의 신분보장과 정치적 중립이 상대적으로 미흡하고, 충분히 보장되고 있지 못한 가운데 집권층에 대한 충성이 강조되고 또한 중산층이 견실하게 형성되지 못하고 있는 측면 등이 정부관료제의 대표성 확보에 부정적 요인으로 작용하고 있는 것으로 평가되고 있다(김창준, 1985:137).

즉 이러한 사실들은 정부관료제의 관료로 하여금 국민전체의 이익보다 오히려 집권 권력자나 상위자의 지시 내지 정치적 이익을 우선하게 하는 경향을 띠게 한다는 것이다.

3. 행정행위 자유재량의 문제

이는 법적 판단의 기준 제시를 단념하고 무엇이 행정목적에 합치되며, 무엇이 공공이익인가에 대한 판단을 행정부의 자유로운 자유재량의 행정행위에 맡기고 있는 경우의 문제이다.

이 경우 법률은 재량적 행정행위 내지 의사결정의 한계를 설명할 수는 있어도 그것이 어떻게 하면 잘 행사되도록 할 수 있는가를 명령할 수는 없다. 이러한 관점에서 자유재량의 행정행위 통제문제는 단순히 법학적 관점이 아니라, 사회학적 · 심리학적 관점에서 검토되지 않으면 안 된다. 왜냐하면 현대 관료제하의 행정관료가 자유재량의 행정행위를 할 때 그들의 행위에 대한 인식과 판단이 중요한 문제라 하지 않을 수 없기 때문이다.

현재의 정부관료제는 막스 웨버의 세 가지 지배 유형 중 전통적 지배에 해당하는 ① 전통적 관료제(가산제:patrimonialism), ② 절대주의관료제(봉건제:feudalism)에서 정당의 발전과 함께 등장한 ③ 정당관료제(엽관주의 관료제:spoils system, 정실주의 관료제:patronage system)에로 발달하였다가 실적주의 관료제(merit system)로 발달하여 오늘에 이르게 되었다고 볼 수 있다. 이와 같은 관료제의 사적 전개과정에 대하여 본 강에서 간단히 요약 정리하고자 한다.

Ⅰ. 전통적 관료제

1. 전통적 관료제의 개념 및 성격

관료제의 원형이라고 할 수 있는 이념형 관료제(Ideal type)를 제시한 막스 웨버(Marx Weber)는 세 가지 지배유형 중 전통적 지배의 특성을 아래와 같이 적고 있다.

전통적 지배(traditional domination)의 정당성은 과거로부터 주어진 전통적인 통제 권력과 명령의 신성함(sanctity)에 있다. 전통적 지배체제 내에서 권위를 행사하는 자는 과거 전통에 의해 전수된 규칙(rules)에 따라 임명되고 또한 피지배자는 전통적인 지위를 가진 사람의 개인적 권위에 대하여 복종을 표시한다.

즉 권위의 행사자는 상급자(superior)가 아니라 개인적인 수장(chief:首長)이며, 그의 행정 참모는 관료(officals)라기 보다 개인적 지지자(retainer)라 할 수 있다. 이렇게 볼 때 권위 행사자(지도자)와 행정 참모와의 관계는 비인격적인 의무에 기초 하고 있지 않고 지도자에 대한 개인적 충성에 기초하고 있다. 그리고 이때의 복종은 법규화 된 규칙에 의해서가 아닌 전통적인 근거(관습, 세습, 인습 등)에 의해 지위를 획득한 전통적 권위자에 대해서 이루어진다.

전통적 관료제(전통적 지배체제)에서의 행정참모들은 대개 아래와 같은 2가지 기준에 의해 충원된다.

첫째, 전통적 권위자에 대한 전통적 유대를 이미 갖고 있는 사람 중에서 개인적 충성에 기초 하여 임용된다.

즉, 행정참모들은 친척·노예·집사·자유민·해방 노예 중에서 시종이나 출납담당, 말 담당 등으로 충원된다. 이를 일반적으로 가산적 충원(patrimonial recruitment)이라 부른다.

둘째, 총애를 받는 사람들 즉, 개인적 충성을 표출하는 사람들 중에서 충원된다. 그래서, 전통적 관료제의 주요직위가 보통 지도자 내지 지배자의 가족이나 씨족(clan)에 의해 채워진다. 이와 같은 충원을 가산외적(extra-patrimonial) 충원이라 할 수 있다.

이와 같은 전통적 관료제에는, 2가지 유형의 지배체제가 있다.

그 하나는 ① 가산제(patrimonial)이고, 다른 하나는 ② 봉건제(feudalism)이다. 하지만 이 양자는 모두 가부장제(patriarchalism)의 확대나 변형이라는 공통 속성을 띠고 있다.

1) 가산적 관료제

가산적 혹은 가부장적 관료제를 첫째, 경제적 입장에서 살펴볼 때 모든 가족이 노동에 참가하여 나온 소출과 수익을 가장에게 바치고, 가장의 분배기준에 따라 자기의 몫을 받는 혈연적인 자급자족 경제의 성격을 띤다.

둘째, 정치적 측면에서 볼 때 가장은 구성원들에게 자기의 지배방식에 복종하게 함으로써 가장의 절대적 권한에 의문을 제기하지 못하도록 명령을 내린다. 또한 구성원들도 가장의 권한은 전통적 신성함(sanctity)이 있어 침해할 수 없는 질서의 일부라는 신념에서 명령에 복종한다(김규정, 1987:78-79).

2) 절대주의 관료제(봉건적 관료제:feudalism)

가산적 관료제의 발전형태를 봉건제라 할 수 있는데 봉건제 하에서는 군주와 관료가 충성 의무를 조건으로 계약적 관계에 놓이게 된다. 여기에 군주는 영주에게 특정지역(영지)의 행정권과 조세권을 인정해주는 대신 영주는 군주에게 조세와 충성을 바쳐야 한다. 봉건 영주(관료)는 이러한 계약적 관계에 의해 특정 지역에 대한 자율적인 관할권을 갖게 되어, 영지(분할된 영토)내에서, 가부장적인 역할의 수행이 가능해진다.

2. 전통적 관료제의 특징

위에서 살펴본 전통적 관료제는 아래와 같은 다양한 특징이 지적되고 있다.

첫째, 전통적 관료제는 직무의 분업이 이루어지지 않고 정실에 의해 지배되기 때문에 관료에게 요구되는 지식은 전문 지식이 아니라, 일반 교양정도로 족하다.

둘째, 전통적 관료제의 관료직은 지배자의 개인적인 재산의 일부로 간주되기 때문에 지배자의 명령은 법과 행정을 초월한다는 점이다.

셋째, 전통적 관료제의 지배자와 관료와의 관계는 신분상 엄격한 충성과 복종의 수직적 · 차별적 관계라는 점이다.

넷째, 전통적 관료제의 관료는 지배자의 이익과 신성한 전통을 위배하지 않는 범위 내에서 백성에게 군주와 마찬가지로 자의적인 권력을 행사할 수 있다는 점이다.

하지만 지배자의 절대적 명령이 신성한 전통과 대립될 때, 전통적 관료제의 관료는 갈등을 겪게 된다.

다섯째, 전통적 관료제의 관료들의 책임과 권한은 엄격한 법규에 규정되어 있지 않을 뿐만 아니라, 업무를 안정적이고 체계적으로 추구할 수 있는 조직기구(관청:office)도 없다는 점이다.

여섯째, 전통적 관료제인 가산관료의 업무수행(공무)은 의무가 아니라, 임의적인 것이다. 즉, 이들은 특별한 수입이나 반대급부가 있을 때 업무를 수행하고, 수입이 있는 직책(職責)은 매매와 세습의 대상이 되기도 한다는 점 등이다.

Ⅱ. 정당관료제(엽관제와 정실제의 발달과 기능)

전통적 관료제는 이후 정당정치의 발전과 함께 미국 중심으로는 엽관주의 관료제 내지 엽관주의 공무원제도(spoils system)로 발전하였고, 영국을 중심으로는 정실주의 관료제 혹은 정실주의 공무원제(patronage system)도 발전하였다.

1. 엽관주의 관료제의 발달과 기능

엽관주의 제도는 근대 민주주의 국가의 등장과 함께 성립하였다고 할 수 있다. 또 근대 민주주의 국가는 상공업의 발달로 새로운 중산계급이 형성되고, 이들의 이익과 군주의 이해가 대립되는 것을 자각하고 중산계급(일반시민계급)이 의회를 중심으로 군주의 권력을 극복·제한하고자 함에서 성립되었던 것이다.

여기에 새로운 신흥계급중심의 의회가 군주의 세력을 제한하는데 있어서 가장 필요한 것은 군주와 특권적인 관료 기구와의 단절을 모색하여 관료기구를 관료제의 지배하에 두도록 개혁하는 일이었다.

이와 같은 관료기구의 개혁으로, 관료기구는 군주의 사용인 혹은 충성도구(royal service tool)로서의 특권적 지위에서, 의회 즉 국민의 사용인이라는 민주적 관료기구 즉 공무원제(civil service or public service)도로 전환되었다.

이러한 결과로 민주주의 국가의 정당정치의 성립과 함께 국민의 의사를 결집하고 구현하는, 의회의 다수당인 정권 담당자가 자유롭게 관료(공무원)을 경질하는 엽관주의 관료제(spoils system) 및 정실주의 관료제(patronage system)가 등장하게 되었다.

여기에서의 엽관(spoils)의 의미는 공무원직(공직·관직)은 선거전에서 승리한 승자에게 속한다(the spoils to the victor)는 말과 같이 전리품이라는 것이다. 따라서 엽관주의 관료제에 있어서의 관직의 임명·충원 기준은 "정치적 성분" 혹은 "정당에 대한 봉사"를 기준으로 결정되고 공직기간도 정권이 유지·지속 되는 기간으로 한정 되는 것이다.

여기에 선거결과 정권 담당자의 교체에 따라 관료를 대량으로 경질하는 엽관주의 제도는 정권담당정당(집권당, 여당)과 관료기구와의 동질성을 갖게 함으로써 정당이나 국민으로부터 초연한 고정화된 관료기구의 존재를 부정하는데 있었다.

이는 종래의 절대군주국가의 관료기구가 국민에서 초연한 권력적 지배기구였다는 점에서, 민주주의 국가에서 이와 같은 관료기구의 초연성을 부정하는 것은 당연하기 때문이다(L. D. White, 1948:315).

이런 점에서 엽관주의는 더더욱 근대 민주주의 정치제도의 일환으로 등장, 존재해 왔다는 것은 명백해진다(O. G. Stahl, 1956:17-18).

이러한 사실들은, 민주주의가 일찍 발달했던 영미 제국에서 엽관주의가 발달하고, 독일·프랑스 등의 대륙제국에 있어서는 이와 같은 관료기구의 민주화를 위한 제도의 전개를 볼 수 없었다는 사례(事例)에서 잘 입증 되고 있다.

1) 미국

① 초대 대통령인 죠지 워싱턴(George Washington, 1732~1799)은, 집권 초기에는 당파적인 관계를 고려하지 않고 적재적소 원칙을 인사행정 기준으로 선언하였다. 하지만 이후, 자신의 정책을 적극 지지하는 연방주의자(federalist)를 관직에 임명함으로써 점차 연방행정부는 당파적 색채를 펴게 되었다.

② 1801년, 12년간의 연방주의자들의 정권이 막을 내리고, 민주 공화당의 제3대 대통령인 제퍼슨(Jefferson, 1951~1836)이 취임하자 그도 대통령 임명 관직의 25%를 파면하여 민주 공화당원으로 임명하였을 뿐만 아니라 다른 관직도 전환시켰다(O. G. Stahl. 1956: 16).

이렇게 하여 미국은 정당에 대한 공헌의 정도가 관리 파면의 기준이 되는 엽관주의가 연방정부는 물론 주정부 시정부 까지 점차 확립을 보게 되었다.

③ 1820년 5대 대통령 몬로(Monroe, 1758~1831)시대에 관직의 임기를 4년으로 하는 4년법(four year laws)를 제정, 지방검사, 관세 징수관 이외의 많은 연방 관료의 임기를 대통령 임기와 같이 4년으로 함으로써 정당의 정권 교체에 따른 대량의 공무원 경질원칙(doctrine of rotation in office)이 법제화되는 계기가 되었다.

④ 정당에 의한 엽관주의적 인사행정이 본격적으로 시작된 것은 1829년 7대 대통령에 당선된 잭슨(Jackson, 1767~1845)시대 이었다. 즉, 이 때 엽관주의가 민주주의의 실천적인 정치원리로 처음 확립 되었다고 볼 수 있다.

잭슨은 대통령 연두교서에서 엽관주의가 민주주의에 있어서 불가결의 요소라는 것을 확실히 밝힌 바 있다(O. G. Stahl, 1956:17).

즉, 대통령 연두교서에서 잭슨 대통령은 공직의 내용은 이해력 있는 사람이면 누구나 담당할 수 있다고 전제하여 모든 공무원 관직을 국민에게 널리 개방할 것과 관직을 장기간 보유하도록 공무원의 지위를 보장해서는 안 된다고 주장했다.

이는, 공무원 관직을 특수계층에게만 개방하거나 종신토록 보장 할 경우 민주주의와는 상반된 권력적인 관료기구로 전락할 위험성이 있기 때문이라는 것이다.

한편, 이와 같은 잭슨 대통령의 엽관주의는 민주주의를 현실적으로 가능하게 하는 당시 미국의 객관적 환경 여건과의 연계 결과로 받아들여진다. 즉, 1830년대 미국은 더 넓은 서부의 개척에 힘을 쏟아 급격한 자본주의적 발전을 토대로 당시 미국 사회는 자율적인 조정이 가능한 안정된 균형화상태를 유지하고 있었기 때문에 전문화된 직업 관료기구의 필요성이 요청되지 않았던 것이다. 즉, 엽관주의는 이 당시 국가기능이 소극적인 치안질서유지나 안보기능에 국한됨으로써 특별한 전문 지식이 필요치 않았기 때문에 성립될 수 있었던 것이다. 여기에 정당에 의해서 임명되는 비전문가들로서 구성되는 정당관료제에 의해서도 이 당시 행정은 충분히 그 수행처리가 가능하였던 것이다.(D. Waldo, 1955:19) 이와 같이, 잭슨 대통령 시대에 엽관주의가 연방정부에 도입 된 것은 당시 미국의 정치적·환경적 여건에 많은 영향을 받았다고 볼 수 있다. 즉, 당시 미국의 ① 민주주의 발전도모와 ② 정당 정치의 발전도모 그리고 ③ 행정업무의 단순성이라는 요인이나 조건들이 엽관주의의 등장 및 확립 배경이 되었던 것이다. 이렇게 잭슨 대통령에 의하여 강화된 엽관주의는 1883년 국가공무원법(팬들톤법)이 등장하기 전까지 연방정부·주정부·시정부를 막론하고 크게 발전 하였지만 이후 엽관주의에 대한 폐단과 부조리, 역기능으로[29] 개혁운동이 전개되기 시작하였다.

2) 영국

영국은 미국과는 다른 특수한 환경적 조건 때문에 절대 군주 시대에도 유럽의 제 국가와 같은 제대로 된 공무원 제도가 없이, 국왕에 의한 소위 은혜

29) 엽관조의의 폐단으로 ① 자기정당의 무능력, 부 적격자의 관직임명 ② 행정비능률 ③ 직위(position)의 남설(濫設)과 예산낭비초래 ④ 행정의 무책임성 등이 지적되고 있다.

적 정실주의[30](patronage)가 존재해 왔다.

그러다가 이후 1688년 명예혁명으로 영국은 의회의 군주에 대한 우위성을 원칙으로 하는 의회민주주의의 확립을 보게 된다. 여기에 의회는 이러한 원칙을 확립하기 위해 국왕이 의원에 대하여 연금관직을 부여함으로써 의원을 매수한다든지, 국왕의 관료가 의원을 겸하게 하는 것을 금지하는 여러 법률을 제정 제도화 하였다[31].

그러다가, 1714년 죠지(George) 1세의 하노버 왕조의 출발을 계기로 책임내각제 정부 형태가 발달함에 따라 공무원에 대한 권한은 점차 국왕의 손에서 의회의 다수당의 손으로 옮겨 갔다.

여기에 의회의 유력한 정치가에 의한 정실주의(patronage)가 등장하게 되었다.

그런데 이러한 정실주의도 이미 지적한바 있는 명예혁명시대에는 지주·귀족 계급 및 신흥 상공 시민계급의 타협 위에 성립하였지만 의회의 권한은 지주·귀족계급이 장악하고 있었다. 그래서 지주·귀족 계급은 그들이 속하는 귀족가계에 속하는 자들에게 관직 및 연금 등을 부여하는 은혜를 베풀었다.

여기에 지주·귀족계급에 의한 은혜적 정실주의에 의하여 공무원직은 귀족의 원외구제기관 같은 성격을 갖게 되었다.

한편, 위와 같은 은혜적 정실주의 뿐만 아니라, 선거운동, 선거 자금 조달 등의 대가로 관직과 연금을 부여하는 정치적 정실주의(political patronage)도 동시에 발달하게 되었다.

이와 같이 19C 중엽까지는 이러한 두 가지의 정실주의가 혼재하여 공무원

30) 여기서의 국왕에 의한 은혜적 정실주의는 민주주의 하에서의 정치적 정실주의와는 그 성격이 다르다는 것은 명백하다.

31) ① 1964년의 인지세 수입관은 의원이 될 수 없다는 법률.
② 1701의 "Act of Settlement"에 의해 조세 징수관, 군주가 임명하는 공무원, 군주로부터 연금을 받는 자는 모두 의원이 될 수 없다는 법률 규정
③ 1709년의 "Succession to the Crown Act"를 제정. 의회에 좌석을 갖는 관리와 없는 공무원과 구별.
④ 1712년, 1728년 상급우정관리, 관제소비세, 인지세 관리들로부터 선거활동 및 선거권 박탈 법률 제정 등이 그러하다.

의 임용·보수·승진 등을 지배하였다고 볼 수 있다.

하지만 처음에는 은혜적 정실주의의 경향이 더 있었으나 복수정당 및 의회정치가 발달함에 따라 오히려 정치적 정실주의가 전면에 나타나게 되었다.

한편, 영국의 이와 같은 정실주의는 미국의 엽관주의와 달리 정당의 정권교체에 따른 대량의 관직의 경질이라는 현상은 야기되지 않았는데, 이는 아래와 같은 이유에 기인된다고 볼 수 있다.

① 영국에서는 정실주의가 정당중심보다 한 사람 한 사람의 정치인을 중심으로 개별적으로 행해졌다는 점이다.

② 정치적 정실주의가 은혜적 정실주의를 압도 할 수 있는 정도까지 발달하지 못했다는 점이다. 즉, 은혜적 정실주의는 관직 및 연금의 종신부여라는 성격을 갖기 때문에 미국과 같은 정권의 교체에 따른 공무원의 대량경질이 없었던 것이다.

③ 영국에서는 종신관직에 익숙해 있었고, 또한 사실 국왕으로부터 밑으로 다수의 고위직에 이르기까지 종신적인 직업 관리로 충원되고 있었다.

④ 기득권익을 존중하는 영국의 전통이 공무원의 빈번한 교체를 방해해 왔다는 것이다(A. L. Lowell, 1912:153-154; 김홍기, 1995:106).

(1) 은혜적 정실주의

당시의 국왕[튜더(Tudors)왕조, 스튜어트(Stuarts)왕조]은 개인적으로 가까운 총애하는 신하나 또는 의회를 조종하기 위하여 자기편이 될 의원에게 고위 관직이나 고액의 연금 등을 국왕의 특권으로 은혜적으로 부여 하였던 것이다. 그러나 1688년 명예혁명에 의해 의회의 국왕에 대한 우위성이 확립되어, 의회에서 국왕의 세력을 추방하고 관리를 정치적으로 약화시키려는 노력은 관리의 정치활동금지와 선거활동금지법의 제정으로 관리들로부터 선거권을 박탈하기에 이르게 되어 정치적 정실주의로 나아가게 되는 계기가 되었다.

(2) 정치적 정실주의

의회에 대한 국왕이 세력이 약화되었을 뿐만 아니라 의회의 의석을 가지면서 동시에 관직을 소유하는 정치적 행정 관료와 의회의 의석을 가질 수 없는 항구적 행정관료(이런 의미에서 점차적 중립성을 가짐)를 구별하는 계기가 마련되고, 이후 1714년 죠오지1세(George I)의 하노버 왕조 때, 실권을 쥔 몇몇의 지도자들이 내각을 구성함으로써 영국은 내각 책임제의 정부형태를 취하게 된다. 이때부터 관료에 대한 실권은 점차 의회의 다수당이 장악하게 되었던 것이다. 이는 국왕에 의한 은혜적 정실주의로부터 의회의 유력한 정치가들에 의한 정치적 정실주의에로의 탈바꿈이 이루어 졌다는 것을 의미한다. 즉 이들은 선거운동의 공로자들에게 관직과 연금을 부여함으로써 이른바 정치적 정실주의를 발달시켰던 것이다.

(3) 정실주의의 폐해

위와 같은 정실주의는, 첫째, 실질적인 직무가 거의 존재하지 않으면서 거액의 봉급이 지급되는 빈공직(空職)의 증대. 둘째, 해마다 증대 되는 연금수급자 문제. 셋째, 필요이상으로 방대한 공무원 수(數) 문제. 넷째, 행정능률의 저하와 재정의 궁핍현상. 다섯째, 무능한 공무원의 배출등의 폐해가 속출하여 이에 대한 개선이 촉구되기 시작하여 실적주의에로의 수립 과정이 전개되었던 것이다.

Ⅲ. 실적주의 관료제의 발달과 기능

엽관주의는(spoils system)살펴본 바와 같이, 특권적인 관료기구를 타파하여 민주주의 정치 확립에 큰 공헌을 하였다는 것은 명백하다.

하지만 민주주의 실천원리로 간주되던 엽관주의도 19C 후반부터 냉혹한 비판의 대상이 되었는데 그 원인은 크게 세 가지로 요약된다.

첫째, 관료제를 지배하여 온 정당이 19C말부터 변질하였다는 사실이다. 즉, 선거권의 확대에 따라 정당의 규모가 점차 커지게 되자 대규모화된 정당을 통제하기 위하여 정당은 엄격한 당규의 확립이 요청되었다. 또, 이러한 당규의 확립에 따라 소수간부에 의한 과두제(oligrachy)가 불가피하게 되었다(Robert K. Merton(ed,), 1952:88-92).

이렇게 되자 정당을 지배하는 정당간부는 전권을 갖고, 특수 이익과 야합하게 되어 정당은 부패하게 되었다. 즉, 정당은 금전적 이익의 제공에 대하여 관직을 특수이익에 제공하였다.

19C말, 이러한 정당의 변질에 따라 정당에 의한 관직 경질정책은 처음 가졌던 민주주의적 성격을 상실하고 금권정치(plutocracy)의 이용물 내지는 도구로 전락하였다.

이러한 행정부패 현상은 행정전반에 파급되어 관료제는 공공의 복지와 이익보다는 정당의 특수이익을 위하여 일하게 되어, 국민에의 봉사자라는 공무원제(civil service)라는 성격보다, 정당의 특수이익에만 봉사한다는 부정적 의미의 정당적 관료제(party bureaucracy)로서의 성격을 띠게 하였다.

여기에 금권 및 정당에서, 관료제를 해방하여 정치세력과는 무관한 공무원의 지위를 보장함으로써 관료제를 정화하려는 개혁운동이 일어났다[32](D. Waldo, 1948:28).

이렇게 볼 때, 당시의 관료제의 개혁방안이 관료제의 능률화 보다는 오히려 관료제의 정치적 정화(淨化)에 그 중점이 있었던 것으로 보여진다(D. Waldo(ed,), 1953:247, 김홍기, 1995:110).

둘째, 19C 말부터 국가기능이 확대·강화됨에 따라 전문적인 능력을 가진 관료제가 강력하게 요청되었다는 점이다.

이는, 근대적 자본주의의 담당자는 시민계급이었고 이 시민 계급이 절대군주의 권력을 극복함으로써 근대 민주주의 국가를 형성하였기 때문이다. 이런

32) 1881년의 전국공무원제도 개혁 연맹(National Civil Service Reform League)이 발족 한 것 역시 이러한 운동 등의 일환으로 볼 수 있다.

근대 민주주의 국가에서 자본주의가 고도로 발달함에 따라, 시민계급의 이해와 대립하는 새로운 정치세력으로서 노동계급의 등장이 있었다.

여기에 시민계급은 한편으로 보통선거를 실시하여, 노동계급에게도 정치에 참여할 수 있는 기회를 주지 않을 수 없었고, 다른 한편으로는 노동자에게도 광범위한 분야에서 다양한 사회적 복지서비스(social welfare service)를 제공하지 않을 수 없었다(H. J. Laski, 1937:21).

이러한 과정을 통하여 근대적 민주주의는 현대적 민주주의로 전환되었다고 볼 수 있다.

이와 같이 현대 민주복지국가 내지 현대행정국가에서는 여러가지의 사회복지 서비스를 제공하기 위해 정부가 보건위생, 구빈, 교육, 주택, 무역, 제조업, 환경 등의 제 분야에 개입·관여하지 않을 수 없기 때문에 정부의 기능이 양적으로(quantitative)확대되고 질적(qualita tive)으로 전문화·기술화 되게 되었다.

이와같은 사실현상이 국가기능의 확대·강화로 강조되는 것이다. 즉, 양적으로 확대되고 질적으로 고도의 전문성·기술성을 띤 정부의 기능을 수행하려면 전문적인 능력을 가진 능률적인 관료제가 불가피하게 요청 될 수 밖에 없다.

여기에 이와같은 관료제를 형성하는데 필요한 공무원의 임용 인사기준은 오직 실적(merit)과 능력·자격(capacity)이 될 수 밖에 없었다(L. D. White, 1955:310).

따라서, 그 결과 현대행정국가에 있어서는 관료 임용의 기준을 정당관계·정실관계에 두는 즉 "정치적 성분"에 두는 엽관주의 보다, 자격과 능력에 두는 실적주의 내지 실적주의 관료제가 등장하게 되었던 것이다.

셋째, 엽관주의가 끼친 행정상의 여러 가지 폐해와 결함 때문이다. 즉,

① 무능력·부적격자의 임명이다. 정치인에 의한 정당원으로 임명된 공무원 중에도 능력이 있는 행정가가 있었지만, 일반적으로 무능력자가 임명된 것이 사실이다(M. E. Dimock, 1948:297-298).

② 행정능률의 저하를 가져왔다는 점이다. 이는, 정권이 바뀔 때 마다 공무원, 관리가 경질되었기 때문에 어느 정도 행정업무에 숙달될 즈음 물러나게 되어 행정에 경험과 전문기술이 없는 새로운 사람이 임용되기 때문이다.

또한, 엽관주의에 있어서는 승진, 전임, 강등, 유급휴가 등의 제 인사기능이 관료의 능력 및 근무성적 보다도 권력자와의 친소관계에 의하여 결정되기 때문에 공무원은 행정에 전념하지 않아 행정의 비능률화가 초래된다.

③ 불필요한 관직의 증대와 예산의 낭비이다. 엽관주의 하에서는 관직이 없음에도 불구하고 특정인을 임용하기 위하여 새로운 자리(職位)를 만드는 경우가 많기 때문에 불필요한 관직의 수(數)가 확대 되어 예산이 쓸데없이 낭비되었던 것이다. 특히 영국의 정실주의의 경우, 살펴본 바와 같이 보통 직위 및 연금이 종신적으로 부여되기 때문에 이러한 경향은 더욱 현저한 것으로 나타났다.

④ 정권의 교체에 따라 대량의 공무원 교체가 있었기 때문에 행정체계의 기능을 마비시킨다는 점이다.

⑤ 행정의 무책임성이다. 즉 엽관주의에 있어서는 관료가 국민전체의 이익, 공공복지의 실현보다는 정당의 이익을 위하여 행동하기 때문에 행정의 국민에 대한 무책임성이 조장된다.

여기에 이와 같은 엽관주의의 제 결함을 시정하기 위하여 실적주의 관료제가 요청되었다.

이렇게 하여, 실적주의 관료제는 위와 같은 제 원인 · 결함을 계기로 엽관주의와 대립 · 투쟁하는 과정에서 19C 후반 성립되었다고 볼 수 있다.

실적주의의 의도나 목적이 충분히 실현되기 위해서는, 전문적 행정능률을 구비하는 공무원을 확보하고 그들에게 관직보유의 항상성을 보장하여 행정업무에 전념케 함으로써 행정의 능률성 확보와 현대사회가 요청하는 행정의 정치적 정화(淨化)가 이루어 질 수 있는 것이다.

이러한 실적주의의 수립과정과 그 본질적 내용에 대해서는 영국과 미국을 비교하여 아래에서 항(項)을 달리하여 설명하고자 한다.

1. 실적주의 수립과정 및 개념

실적주의(merit system)란 일반적으로 공직·관직에서의 임용을 정치적 성분·당파성이나 혈연, 지연, 기타 정실 등을 고려하지 않고 개인의 능력, 자격, 실적에 따라 행하는 인사제도라 할 수 있다.

즉 실적주의는 연고(nepotism), 정치적 성분, 금력 등의 정실주의나 엽관주의를 배제하고 누구든지 자격(qualification)과 능력을 갖춘 사람에게 공직 취임의 기회를 부여한다는 점에서 민주적이며, 능력위주의 인사행정원리이며, 또한 19C말 이래 정실주의, 엽관주의를 극복한 영·미국을 비롯한 현대국가 인사행정의 기본이념이 되었다.

이러한 실적주의제도의 의미는 제한적이기는 하나 중국과 그 영향을 받은 우리나라에서 이미 오래전에 과거제도의 형식으로 발전된 바 있다. 하지만 현대적 의미의 실적주의는 1870년 영국의 제2차 추밀원령과 1883년 미국의 팬들튼법(Pendleton Act)의 제정과 함께 전래되었다.

우리의 경우에 있어서도 1949년 국가 공무원법에서 인사행정 기본적 원칙이 실적주의에 있음을 밝힌 바 있다.

한편, 실적주의는 생애직으로서의 직업공무원제와 동일하지 않으나 직업공무원제의 확립을 위한 기반이 된다 할 수 있다.

2. 실적주의의 성립요인

1) 엽관주의의 폐해

이는 앞에서 살펴본 바와 같이, 정당정치의 변질 및 타락 현상이 나타나기 시작하면서 공직의 경질(교체임용주의)이 본래의 참다운 민주적 성격을 상실하게 되고, 행정능률의 저하, 예산의 낭비, 행정질서 및 기강의 문란, 행정의 무책임성 조장 등의 엽관주의 병폐가, 이를 극복하기 위한 실적주의에로의 전환이 불가피하게 하였던 것이다.

2) 행정국가의 대두

자본주의의 비약적인 발전과 사회 경제적 여건변동에 따라 현대국가는 조정자 내지 기획·통제자로서의 역할을 담당하게 되었으며 행정기능이 양적으로 증대되고 질적으로 변화되어 전문기술 능력을 갖춘 유능한 관료가 요구되었다. 특히 발전도상국에서는 국가안보, 조속한 경제발전, 국민통합 확보를 위한 국가의 선도적 역할이 요청되어 행정국가화의 추세가 촉진 강화되었다는 점이다.

3) 공무원제도 개혁운동과 행정능률화 요청

민주정치의식수준의 향상으로 정부에 대하여 능률적인 행정을 강력히 요구하게 되고, 이러한 배경하에 미국에서는 정부개혁운동, 행정조사운동이 벌어지고 실적주의 수립을 위한 공무원제도 개혁운동이 전개되었다.

3. 미국의 실적주의 수립과정

미국에 있어서는, 1883년의 팬들튼법(Pendleton Act), 내지 공무원법(Civil Service Law)에 의하여 실적주의 공무원제도가 확립되었다고 볼 수 있다.

그러므로, 1883년 이전에도 실적주의 확립을 위한 노력은 계속되어 왔다. 즉, ① 1853년과 1855년에 미 연방공무원의 채용시험 및 직위분류에 관한 법률이 제정되었는데, 이 법률은 첫째, 서기의 임명에 있어서 국장과 당해 부처장이 선임하는 사람들로 구성되는 위원회가 실시하는 시험에서 자격을 인정받아야 하고. 둘째, 서기직을 담당하는 직위를 중심으로 4계급으로 분류하여 여기에 준하는 급여를 지급하기로 한다는 내용이 있는데 이는 팬들톤 법에 의해 대치될 때 까지 유지되었던 것이다.

② 1868년 젠케스 하원의원(Jame. A. Jenkes)이 공무원제도 개혁에 관한 아래와 같은 법률안을 제출하였다.

즉 첫째, 인사기관을 설치하고 부통령이 이 인사 기관의 장(長)이 된다.

둘째, 공무원 임명에 있어서 정식 공무원으로 임용되기 전에 일정한 조건부 임용기간을 설정한다.(임용시보기간)

셋째, 공무원이 정기적으로 승진할 수 있는 기회를 부여한다.

넷째, 임용시험은 하급공무원 뿐만아니라 대통령 직속의 공무원에게도 실시할 것 등을 주장하였다.(Vin Raper, 1948:30)

③ 1871년에는 커티스(G. W. Curtis)와 슐츠(Carl Schulez)가 1868년 젠케스의 개혁안을 토대로 연방공무원의 모집과 채용을 통제하는 법안을 제출하였다[33].

④ 1877년에는 민간단체인 뉴욕 공무원제도 개혁협회(New York Civil Service Reform Association)가 처음 창립되었고, 1881년에는 전국 공무원제도 개혁연맹(National Civil Service Reform League)이 조직되어서 전국적인 규모의 운동으로 확대되었다.

⑤ 이러한 과정을 거쳐 의회는 결국 1883년 1월 현재 미 공무원법의 기초인 팬들튼법(Pendleton Act)을 통과 시켰는데 이 법 내용의 주요 요점은 아래와 같다.

첫째, 인사행정은 대통령에 의하여 임명되는 독립적이고 초당적인 인사위원회가 수행한다.

둘째, 채용은 시험내용이 실제적(practical)인 공개경쟁 채용시험에 의한다.

셋째, 채용과정의 일부분으로 일정한 조건부 임용기간을 설정한다.

---

33) 이 법안을 토대로 구성된 인사위원회는 그 후 1875년에 해체되고 말았지만 법안 자체는 연방 정부의 인사를 규제하는 주요법안으로 남아있다.

넷째, 제대군인은 그들에게 이미 부여되고 있는 특혜를 계속 향유한다.

다섯째, 공무원은 정치자금을 공여해서는 안 되며, 정치활동에 참여해서도 안 된다.

여섯째, 인사 위원회는 인사행정 개선을 위한 조사를 실시할 수 있는 권한을 가지며 여기에 대한 연차보고서를 대통령을 거쳐 의회에 제출해야 한다.

일곱째, 이 법은 워싱턴에 있는 각 부처와 50명 이상의 직원을 가진 세관·우체국에 적용된다. 그러나, 실적주의의 적용을 받는 분류직의 대상범위 결정은 대통령의 재량권에 속한다.

⑥ 1920년에는 퇴직법(Retirement Act), 1923년에는 분류법(Classification Act)이 제정되어, 퇴직법은 분류직에 속하는 모든 공무원들에게 연금제를 실시하되 퇴직기금은 봉급에서 일부를 적립하도록 강제규정을 두고, 정부가 일부 보조하도록 하였다. 이는 공무원들의 노후생계를 보장함으로써 공무원들의 직업화를 촉진하고자 하였다. 한편, 분류법은 공무원들의 직무종류와 중요도에 따라 전문 과학직, 준 전문직, 사무관리 및 회계직, 감수직, 기능직, 사무직 등으로 규정하여 이런 직종별로 공무원의 보수수준을 표준화 하려고 하였다. 이 분류법은 공무원들의 보수(reward) 체계를 직무급으로 합리화하고 여러가지 인사기능을 체계화 하는데 기여한 바 있다.

⑦ 1939년에는 해치법(Hatch Act)이 재정되어, 정책결정 지위에 있는 자를 제외한 연방 정부의 모든 공무원들에게 정치운동을 제한하도록 범위가 확대되었다.

이 법률은, 행정부의 공무원들에게 기부금을 강제하거나 권유할 수 없고, 공무원들이 선거에 관여하거나 선거결과에 영향을 미칠 목적으로 그 직위를 이용할 수 없도록 규정하고 있어 공무원의 정치적 중립성 확보와 공무원의 직업화에 크게 기여하였다.

⑧ 1936년 루즈벨트 대통령 시절 행정부의 전반적인 관리문제를 연구하기 위해, 브라운 로우(Louis Brownlow)를 위원장으로 하는 행정관리에 관한 대통령위원회(The Presidents Committee on Administrative Management)를 설치하였는데 동위원회는 보고서에 대통령의 막료기구를 강화해야 한다고 주장하면

서 기타 예산회계 제도 및 인사행정의 개혁을 건의하였다.

⑨ 1949년 후버를 위원장으로 하는 제1차 후버위원회(Commission on Organization of the Executive Branch of the Government)는 중앙인사행정기관을 합의제인 위원회로부터 단독제인 장관제로 전환 시킬 것을 건의하였다.

⑩ 1960년대 미국의 실적주의는 일대 전환기를 맞게 되는데 공무원들의 노동조합 구성을 토대로 집단협약(collective bargaining)이 요구되고, 적극적인 인사행정(positive public administration)의 필요성이 대두된 점이다.

4. 영국의 실적주의 수립과정

영국의 명예혁명은 지주귀족(地主貴族)과 신흥상공귀족계급의 타협 위에 성립하였고, 의회의 실권은 지주귀족에게 있었다. 그래서 결국 이들이 정실인사(은혜적 및 정치적 정실주의인사)를 하였지만 18C~19C초 산업혁명을 계기로 1832년 선거법이 개정되어 상공시민계급은 의회의 실권자가 되었다. 여기에 시민 계급의 승리로 그들의 정치적 발언권이 강화됨에 따라, 이들은 관료제 기구의 개혁에 적극적인 모습을 보이기 시작하였던 것이다(김홍기, 1995:115-117).

이들의 관료제 개혁방향 및 내용을 살펴보면 아래와 같다.

첫째, 이들 시민계급의 이념은 공리주의사상(utilitarianism)이었으며, 그들의 정부관은 값싼 정부이었다고 볼 수 있다. 그래서 그들은 정부재정의 절약을 위해, 정부 예산의 낭비와 재정팽창을 가져오는 정실주의를 개혁해야 한다고 하였다.

둘째, 상공시민계급은 그들이 경영에 성공한 원리를 관료제기구 개혁에 적용하고자 하였다. 즉, 사회적 지위나 정당, 신앙에 관계없이 사무에 능력 있는 자를 채용하고, 무능력자는 채용치 않는다는 경영조직 원리를 관료제 기구에 관철하고자 하였던 것이다.

그래서 19후반 공무원 제도의 전면적 개혁이 영국에서 시작되었다.

셋째, 시민계급에 의한 공무원 제도의 전면적 개혁은, 자본주의 발달에 따라 노동계급이 정치적으로 성장하여 시민계급에 집중적인 공격을 가하는 적대 계급으로 등장한 점 역시 크게 작용한 것으로 볼 수 있다는 점이다. 이는 1848년에 발생한 챠티스트 운동(Chartist Movement)의 예에서 잘 알 수 있다. 여기에 시민계급은 노동계급에 대해 광범위한 여러 시책을 강구하지 않을 수 없었던 것이다. 이러한 여러 시책의 실시는 결국, 정부관료제의 행정기능이 양적으로 확대되고 질적으로 분화 내지 전문성을 띠게 만들었던 것이다. 이렇게 확대되고 고도로 분화된 전문행정을 무능하고 비능률적이며 구태의연했던 당시의 정실주의관료기구로서는 감당할 수 없어서 이러한 제 요인에 의해 정실주의 관료제 기구의 개혁은 현실적으로 이루어지게 되었다.

이러한 영국 공무원제도 개혁의 단초는

① 1848년 재무대신 글래드스톤(Gladstone)지원 하에 트래빌리안(Sir Charles E. Trav elyan)과 노스코트(Sir Stafford Northcote)에 의하여 공무원제도 개혁을 위한 일반적 조사 위원회가 설립되었고, 이 위원회는 1853년 조사결과 「공무원제도 재편성에 관한 보고서」(Report on the Organization of the Perment Civil Service)를 제출하였다.

이 보고서는 조사결과, 공무원제도의 결점은 유능한 인재를 임용하지 못하고 있음을 지적하고 이의 개선을 위한 원칙과 방법을 아래와 같이 그 내용을 밝히고 있다.

㉠ 정실에 의한 임명은 폐지하고 일정한 연령에 달한 자를 공개경쟁 채용시험에 의하여 충원할 것

㉡ 관(官)의 사무를 지적사무(intellectual work)와 기계적 사무(mechanical work)로 분류하고 여기에 준한 두 종류의 채용시험을 실시할 것

㉢ 지적사무를 담당할 상급공무원의 채용시험은 작문, 역사, 그리이스어(Greek), 라틴어(Latin), 고전수학, 자연과학 등의 일반 교양과목에 중점을 두고 전문기술과학에 대한 시험은 실시하지 말 것

㉣ 상급공무원의 채용 연령은 19세에서 25세 까지로 하고, 기계적 사무를 담당할 하급 공무원의 연령은 17세에서 21세까지로 제한 할 것

㉤ 모든 시험은 각 부처의 독립된 중앙위원회가 실시할 것

ⓗ 공무원시험 합격자는 성적순에 따라 그가 지원하는 부처를 선택할 수 있게 할 것

ⓢ 공무원시험 합격자는 정식 공무원이 되기 전에 일정한 조건부 임용기간을 설정할 것

ⓞ 연봉과 연금제도를 설정 할 것 등이다.

이와 같은 내용의 보고서는

② 1855년의 제 1차 추밀원령(Order in Privy Council)에 의하여 부분적으로 법제화 되었다.(R. Moses, 1950:90)

그 개혁의 내용은 아래사항과 같다.

㉠ 각 부처에서 독립한 중앙시험기관으로서 인사위원회를 설치한다.

㉡ 인사위원회는, 각 부처의 지원자의 자격을 당해 부처가 규정하는 연령의 한계 내에서 육체적 결함이 없고, 훌륭한 품성과 직무수행에 필요한 지식과 재능을 갖고 있어야 한다고 규정하고 있다.

㉢ 인사위원회가 실시하는 시험의 표준은 인사위원회와 각 부처가 협의해서 결정하도록 하였으며, 지원자의 지명은 각 부처에 위임하였다.

인사위원회는 채용의 전제조건이라고 규정하면서도 여기에 대한 강제력은 규정하지 않았다. 여기에 제1차 추밀원령은 공개경쟁채용시험 제도를 전면적으로 채택한 것이 아니며 이것은 아직도 정실주의가 개입할 여지가 많은 극히 미온적인 개혁이었다.

③ 1870년의 제3차 추밀원령

1870년 당시 글래드스톤 수상의 결정으로 정실주의의 철저한 청산과 개혁을 목적으로 하는 제2차 추밀원령이 제정되었는데 그 주요 내용은 아래와 같다.

㉠ 공무원의 채용은 원칙적으로 공개경쟁채용시험에 의한다.

㉡ 서기직(clerical positions)을 상급과 하급의 두 계급으로 구분하고 상급 공무원은 영국에서 최고학부를 졸업한자로 채용하여 최고지위까지 승진을 허

용 한다[34].

ⓒ 재무부의 인사행정에 대한 통제권을 확대하였다. 즉 지원자의 연령, 건강, 성격, 지식, 재능에 대하여 인사위원회 및 각 부처가 제정 하는 규칙은 재무부의 동의를 얻어야 하며 시험 수수료의 결정도 재무부의 동의를 얻어야 한다. 또 시험일 및 시험으로 사람을 채용하는 관직의 결정은 재무부의 동의를 얻어야 한다는 점이다.

ⓔ 국왕에 의하여 직접 채용되는 경우와 인사위원회의 증명서를 가진 특수한 자격을 가진자와 재무부와 당해부처장의 추천에 의하여 임명되는 경우에는 공개경쟁채용시험을 적용하지 않는다. 이렇게 영국에서는 제1・2차 추밀원령에 의하여 철저한 실적주의를 수립하는 계기가 되었다. 특히 1870년의 제2차 추밀원령은 영국 공무원제도의 전환점(turning point)이자 현대적 공무원제도의 출발점이라는 것이 일반적 시각이다(H. J. Laski, 1937:303-3 10, 김홍기, 1995:117-118).

한편, 영국은 결과적으로 1870년 공무원제도(관료제도) 개혁을 계기로 과거 귀족이나 일부 특권계급 출신의 무능 공무원들이 부패 추락함과 동시에 옥스퍼드(Oxford), 캠브리지(Cambridge)등의 최고학부를 졸업한 시민계급의 자제들이 상급 공무원으로 진출 할 수 있는 길이 열리게 되었다. 그리고 최근 영국의 관계(官界) 고급공무원의 상당부분 역시 부유한 시민계급의 출신이 점하고 있다(W. J. M. Hackengies & J. W. Grove, 1957:63-73).

이렇게 볼 때 1870년 이후 영국의 실적주의 수립과정은 시민계급이 장악한 의회와 관료제 기구의 동질성을 확보하기 위한 것이었다고 볼 수 있다(J. D. Kingsley, 1953:135).

---

34) 이러한 상급과 하급공무원 계급으로 구분한 것은, 트래벨리안, 노스코트 보고서의 지적사무와 기계적사무와의 구분에 의한 공무원의 계급 분류를 실현한 것으로 볼 수 있다.

Ⅳ. 실적주의의 본질적 내용

위에서 살펴본 실적주의 수립과정을 통하여 형성된 실적주의(merit system)의 본질적 내용을 간단히 정리하면 아래와 같다.

1. 자격 능력주의와 공개경쟁 채용시험

모든 관료의 충원은 개인의 능력과 자격 등의 실적을 기준으로 이루어지며 정실이나 정치적 성분 및 당파성은 배제된다. 이러한 자격과 능력의 실적평가는 공개경쟁채용시험에 의한다.

2. 공직에의 기회균등

공직은 모든 국민에게 개방되며 성별, 종교, 사회적 신분, 출신지역, 학벌, 문벌에 의해 차별을 받지 않는다. 이는, 정치적 평등과 함께 사회적, 실질적 평등의 중요한 실현수단이 된다. 여기서 이러한 공직의 기회균등 원칙은 교육을 받을 수 있는 기회가 실질적으로 균등하게 보장되지 않는 한 의미가 없다. 하지만 자격과 능력의 차이(학력 · 연령)에 의한 차별은 이에 해당되지 않는다.

즉, 이것은 모든 국민에게 동일한 기회를 준다는 것을 의미하는 것이 아니라 동일한 자격 및 능력을 가진 사람들에게 동일한 기회를 주어야 한다는 것을 의미한다.

3. 정치적 중립성

공무원이 지켜야 하는 정치적 중립성은 어떤 정당이 집권하든 공무원은 당파성을 떠나 전민지식 및 기술, 경험에 의하여 공평하게 국민에게 봉사 하고, 특수 이익이나 분파적 이익이 아닌 일반이익 내지 공익(public interest)을 지향함을 의미한다. 여기에 공무원은 특정 정당이나 일 개인을 위한 정치활동이나 적극적인 충성 표시의 당파적 행동은 금지된다. 하지만, 관료가 정책결정에 깊이 개입하고 있는 현대 행정국가에 있어서 행정의 정치로부터의 단절을 의미하는 것은 결코 아니다.

4. 신분보장

공무원의 신분보장이란, 법령이 규정하는 바에 따라 업무를 수행하는 한 공무원으로서의 신분을 위협받지 아니하고 보장 된다는 것을 말한다. 이러한 공무원의 신분보장은 공무원의 직업 안정성 및 행정의 계속성 유지에 기여하며, 아울러 장기 근무에 의한 경험 및 기술을 소유한 전문기술 관료를 확보케 할 수 있다.

하지만, 강한 신분보장이 항상 바람직한 것으로만 볼 수 없다. 이는 공직이 전문직업화가 되어있지 않은 상태에서 신분보장만 강하게 하면 이들에 대한 통제가 어려워지질 뿐만 아니라, 보다 중요한 목표인 행정능률의 향상의 어려워지기 때문이다.(박동서, 1997:74)

V. 실적주의의 평가와 전망

현대 행정국가의 정부관료제의 기본이념으로 정착되어 온 실적주의에 대한 평가와 장래 `방향에 대한 전망을 간단히 살펴보면 아래와 같다.(오석홍, 1993:2631)

1. 평가

실적주의 관료제 내지 공무원제도로써 야기되는 장·단점은 아래와 같이 지적, 평가 될 수 있다.

1) 장점(공헌)

첫째, 앞에서 살펴본 바와 같이, 공직의 기회균등이 보장 될 수 있음에 있다. 즉, 개인의 성별, 종교, 학벌, 문벌, 출신지역 등에 의해 공직에의 취임기회가 제한·차별 받지 않는다. 이는 민주주의 평등 이념의 실현을 의미하는 것으로, 사회의 모든 구성원은 자신의 능력, 업적에 따라 자신의 몫을 받아야 하는 소위 분배적 정의에 의한 평등을 말한다(김홍기, 1995:61).

19C말에 등장한 실적주의 관료제도의 본질은 배분적 정의에 입각하여 사회구성원에게 공직취임의 기회를 제공하는 인사제도이다. 즉 혈연, 지연, 금력 내지 정치적 성분을 기준으로 사회구성원에게 공직을 부여하는 것이 아니라 자격과 능력 그리고 업적에 따른 공직부여를 제도적으로 보장하고 실제, 어느 정도 그것의 추구에 성공함으로써 관료제 및 인사행정의 민주화와 공정성을 확보하는데 공헌하였다고 본다.

둘째, 공직에의 임용기준을 자격·능력 및 업적에 두어 정치적 정실인사를 배제하였다. 이는 실적주의 관료제 인사행정의 기준이 당파성이나 정실에 있지 않고 개인의 능력과 자격 및 실적에 있음을 말한다. 이러한 정치적 정실인사의 배제는 정치로부터, 인사행정이 오렴되는 것을 막고 행정능률 향상과 공무원의 자질향상에 공헌한다.

셋째, 공무원의 정치적 중립성이 확보되어 공무원이 공익의 실현자로서의 역할을 수행하게 되었다. 현대 행정국가의 특성상 공무원들에게 정치와의 단절을 기대할 수는 없지만 당파성을 떠나 모든 국민에게 공평하고 성실하게 봉사하는 정치적 중립성의 확보가 용이하다.

이러한 정치적 중립성의 확보는 결국 행정에 대한 정치적 간섭을 배제함으로써 행정의 고유 영역과 독자성 및 기능적 합리성(functional rationality)을 발전시키는데 기여하게 되었다.

넷째, 공무원의 신분보장으로 행정의 계속성과 공무원직의 안정성을 확보할 수 있었고, 더더욱 행정의 전문화를 촉진시켜 직업공무원제도의 확립을 가져왔다.

2) 단점(문제점)

엽관주의 내지 정실주의에 대한 반발과 역기능으로 이를 극복하기 위하여 주장되었던 실적주의 관료제는 위와같은 장점에도 불구하고 아래와 같은 점에서 비판을 받고 있다.

첫째, 공무원에 대한 지나친 신분보장으로 관료의 특권화 및 보수화를 초래하게 되었고 업무수행에 있어서도 비능률적, 소극적이 되기 쉽다. 공무원이 국민의 공복(civil servants)으로서 업무수행을 적극적, 능동적으로 하지 않음에도 신분을 계속 보장 한다는 것은 부당하다고 볼 수 있다.

둘째, 현대행정국가하의 현대행정은 공무원이 발전정책이나 공공사업을 능동적으로 추진할 것이 요구되는데, 공무원의 정치적 중립을 정책에 대한 중립성으로 잘못 인식, 정책의 효과적인 형성이나 집행이 어려워지게 되었다.

셋째, 정치적 중립이나 객관적 기준만을 지나치게 주장함으로써 행정의 기본적 성격인 정치적 성격과 가치지향성을 무시하는 경향이 있다는 점이다.

넷째, 정실 혹은 인사상 자의성을 배제하기 위한 법규, 절차 기준에 대한 위반 여부를 주로 따지게 됨으로써, 목적보다 수단에 치중하여 형식화 내지 경직화를 초래하였을 뿐만 아니라, 정치적 개입 내지 엽관주의를 배제하는데 치우쳐 부적격자를 제거하는데 주력, 적극적 행정보다는 소극화를 가져왔다. 또한 중앙인사기관에 인사행정기능이 집권화되어, 각 부처 실정에 맞는 인사행정이 곤란 하였다는 점이다.

다섯째, 어떠한 관료제 내지 공무원제도를 운영하든간에 모든 관료를 소위 실적에 의해서만 충원한다는 것은 불합리한 결과를 낳을 수도 있다는 점이다. 고위 정책관료는 역시 정권담당자와 이념이 일치하고 서로 믿고 호흡이 맞는 친밀성이 요구된다. 여기에 고위관료직의 일정 직위는 실적주의를 기본으로 하되 엽관주의적 요소가 가미될 것이 요구된다는 점이다.

여섯째, 실적주의 관료제 내지 공무원제도는 전문성, 기술성 및 과학적 관리를 강조하여 직위분류제와 같은 기능적 합리화에 바탕을 둔 공직분류가 이루어지고 그에 따른 인사관리가 이루어지게 되자 행정의 과학화와 능률화를 촉진한 면이 있기는 하지만, 반면에 인간의 비인간화(impersonality)내지 소외(alienation)현상 등을 야기하는 요인으로 지적되기도 한다.

2. 실적주의의 방향과 전망

엽관주의 및 정실주의의 폐단을 극복하기 위하여 수립되었던 미국과 영국의 실적주의가 그 초기에는. 행정에의 정치적 간섭을 배제하고 행정의 정치적 중립성을 확보하는데 중점을 둔 반 엽관주의였다.

즉, 엽관주의 내지 정실주의의 폐해만 방지하겠다는 통제위주의 소극적 실적주의 성격을 띠었다. 이러한 반 엽관주의적, 소극적 실적주의는 관료제 내의 인사행정을 지나치게 형식화· 소극화, 집권화, 비인간화시켜 오히려 관료제의 궁극적 목적을 저해하는 결과를 가져왔다(J. M. Pffiner and R. V. Presthus, 1960:269). 여기에 보다 적극적이고 동태적인 적극적 인사행정이 주장되기 시작했다.

여기서의 적극적 인사행정이란, 결국 초기의 실적주의가 갖는 소극성, 비신축성, 집권성, 그리고 과도한 기계적, 과학적인 인사행정을 적극적, 신축적, 분권적인 성격의 인사행정으로 발전시켜 나가기 위해 실적주의 및 과학적 인사관리만을 고집하지 않고, 경우에 따라서는 엽관주의와 인간관계론적 인사관리를 신축성있게 수용하는 인사행정원칙을 말한다.

이와 같은 지나친 과학적 인사관리로 인한 공무원 비인간화를 배제하고 사회심리적 욕구를 충족시켜주는 인간관계적 인사관리는 아래와 같은 내용적 특성을 갖는다(오석홍, 1998:30-32).

① 유능한 인재를 적극적으로 모집하는 인사행정을 강구한다.

② 공무원의 능력발전에 관심을 갖고, 교육훈련, 승진, 전직, 근무성적 평점제도를 활용한다.

③ 고위 정책 관료직에 행정수반과 이념을 같이하는 자를 신축성 있게 정치적으로 임명할 수 있도록 한다.

④ 중앙 인사기관에 집중되었던 인사권 및 인사기능을 각부처에 분권화한다.

⑤ 과학적 인사관리의 실현을 위하여 발전시킨 직위분류제도(position classification system)등의 지나친 합리성을 완화시킨다.

⑥ 인간관계를 중요시한다. 즉, 공무원의 사기, 동기부여, 인사상담제도, 공무원단체의 인정, 제안제도의 장려, 하의 상달식, 의사소통의 촉진, 민주적 리더쉽을 통한 인간관계 개선 등이 중요시하게 된다는 점이다.

3. 우리나라의 실적주의의 과제

우리나라는 공식적, 제도적으로는 정부수립 이후 실적주의를 표방하였지만, 실제 제도운영은 과도한 형식주의를 초래, 본래의 실적주의 의도와는 현격한 괴리(discrepancy), 불일치 현상이 야기되었다(오석홍, 1993:32-34).

이와 같은, 형식주의는 우선 정실인사에서 나타났다. 즉 공식적인 인사원칙은 실적주의를 지향하였으나 실제로는 정실임용이 지배적으로 행하여졌다. 정실인사의 고려 요인도 정당의 특수이익에 한정된 것이 아니었으므로, 엽관주의적이라기 보다 정실주의적 색채가 농후하였다고 볼 수 있다.

여기에 결국 우리나라의 주요과제는, 한편으로 실적주의의 기반을 다져, 형식주의와 지방자치실시로 인한 행정체제의 정치화와 함께 엽관주의적 요청확대를 어떻게 불식시켜 그 오명을 벗어날 것인가 하는 과제요, 다른 한편으로는, 국가 발전을 위하여 적극적, 발전지향적 인사행정체제인 적극적 인사행정 방향으로 어떻게 나아갈 것인가 하는 과제와 함께 이중적 과제를 안고 있다고 할 것이다.

I. 관료제 개혁의 필요성

현대 정부관료제의 발전을 위해서는 관료제의 역기능 및 병리(ailment) 현상을 불식하는 노력인 개혁적 · 창의적 활동이 필요함에도 불구하고, 오랫동안 이 관료제 개혁문제를 등한시 해 왔다. 이는 관료제의 기본적인 보수성(cnoservatism)과 실제 당면문제의 해결의 강조라는 측면의 이유 때문이다.

하지만 현대 행정국가의 관료제는 국가발전의 중추적 역할을 수행하는 주체임으로 관료제 내부에 내재하는 보수성과 역기능적 · 병리현상을 극복하여 미래지향적 · 창의적 역할을 담당하는 조직에로의 개혁의 필요성은 두말할 필요가 없다.

여기서 개혁 · 쇄신(innovation)이란 기존의 사회목적을 새로운 방법에 의해 달성하거나, 전혀 새로운 사회목적을 달성하기 위한 방법을 강구하는 활동이다(R. T. Lapier, 1965:107).

즉, 전례가 없는 독특한 것을 새롭게 만드는 창작의 산물이라 할 수 있다.

이러한 개혁과정은 크게 2 단계로 나누어 볼 수 있다. 하나는 새로운 착상을 모색하는 단계요 다른 하나는 그 새로운 착상을 실천 내지 구체화 시키는 단계이다(E. Hagen, 1962:86-87).

한편 관료제 개혁이 성공적으로 이루어지기 위해서는 관료제 조직 내에 개혁적이고 쇄신적인 분위기(innovational atmosphere)가 먼저 조성될 필요가 있다.

이러한 관료제 개혁의 전제조건은 아래와 같다.

Ⅱ. 관료제 개혁의 전제조건

새로운 환경변화에 신축성 있게 적응하기 위한 기존 관료제의 개혁을 위해서는 첫째, 관료제 개혁을 주도하는 사람들 중심의 인간적 조건의 전제가 필요하다.

즉 ① 환경 변화를, 주창하고 주도하는 변화주창자, 주도자의 확보가 전제되어야 하고 ② 이러한 환경변화를 채택하고 수용하는 변화채택자 확보라는 조건이 또한 필요하다. ③ 마지막으로 이러한 변화 대응에 적응하기 위한 실천자의 확보가 전제 되어야 한다고 보고 있다.

둘째, 환경적 조건의 전제이다. 즉 ① 최소한의 고용의 안정성 확보와 함께 ② 관료의 업무수행에 대한 직업의식의 강조와 ③ 충성스러운 작업집단의 확립이 먼저 전제되어야 한다.

그리고 ④ 실제 업무수행집단 내지 작업집단과 관리집단 사이에 근본적인 갈등이 없어야 한다는 조건이 전제되어야 한다. ⑤ 아울러 관료제 조직상의 장애물을 제거하려는 개혁·개선 욕구의 확보가 필요할 것으로 판단된다.

Ⅲ. 관료제 개혁의 접근방법(approach method)

현대행정국가 정부관료제의 민주화·합리화와 책임성을 확보하기 위해서는, 행정부 권력에 대한 강력한 새로운 통제 제어장치의 설치가 바람직하므로 이들의 확보가 무엇보다 시급히 요청된다. 하지만, 신생국이나 발전도상국

수준에 놓여있는 나라들에서는 이러한 상황과는 거리가 많이 있고 관료제 개혁의 전제조건의 확보가 미진한 상태에 있다. 여기에 정부관료제의 개혁을 위하여 어떠한 접근방법이나 개혁전략을 선택하는 것이 바람직한지에 대해서 의견이 다양하다.

이러한 관료제 개혁의 접근방법을 비교 행정론자인 일치만(Warren F. Ilchman)과 헤디(Ferrel Heady)는 ① 행정 체제적 접근방법 ② 균형적 발전 접근방법 ③ 불균형적 발전 접근방법 ④ 정치상황적 접근방법 등으로 제시하고 있다(Warren F. Ilchman, 1970:464-47 1).

1. 행정체제적 접근방법(Administrative Systems Approach)

이러한 접근방법은 본질적으로 행정체제의 개혁은 정치적 입장이나 영향을 고려할 필요 없이 바람직한 것으로 보는 입장이다. 이는 행정개혁이나 개선은 가능한 한 신속히 이루어져야 하며 관료제는 정치체제(political system)의 성격과는 무관하게 능률성을 띠어야 한다는 전제에 입각하고 있기 때문이다.

이러한 행정체제적 접근방법도 두 가지 유형으로 대별할 수 있다. 그 하나는 부분적·단편적 행정개혁은 효과적이지 못하므로 강력한 추진력에 의한 행정체제 전반에 걸친 동시적·전면적인 개혁이 필요하다는 균형적 행정발전전략이다.

다른 하나는, 전면적이고 균형적인 행정발전 전략은 발전된 행정체제를 확립할 만한 기술과 자원을 소유하고 있지 못할 뿐만 아니라 행정능력이 현저하게 떨어지는 후진국이나 신생국에 있어서는 비현실적이므로, 오히려 행정능력 향상을 가져 올 수 있는 행정의 특정 어느 중요 분야를 먼저 발전시켜 모든 분야로 파급효과(push up effect)를 가져오게 하는 것이 현실적이라는 입장에서의 불균형적 행정발전 전략[35]이다(W. F. Ilchman, 1970:468-469, 김홍기,

---

35) 일치만(Ilchman)은 균형적 행정발전 전략을 지지하는 학자로 페인소드(Merle Fainsod), 에머리치(Herbent A. Emmerich), 카츠(S. M. lcatz)등을 지적하고, 불균형적 행정발전전략을

1995:433).

이와 같은 행정체제적 접근방법은 관료제의 개혁을 정치발전의 전제조건으로 생각하는 경향이 있으며 관료제의 개혁이 실현되면 신속한 정치·경제발전이 가능할 것으로 전망한다. 하지만 관료제의 개혁으로 관료제가 강화되면, 권력배분에 미칠 영향은 평가하지 않고 있으며 각국의 정치체제가 다르면 행정개혁 전략도 달라져야 한다는 측면도 고려하지 않고 있다는 비판이 제기된다.

2. 균형적 사회발전 접근방법 (Balanced Social Development Approach Method)

이 입장의 관료제 개혁 접근방법은 관료제를 특정사회의 발전단계와 관련하여 접근하고자 하는 것이다[36].

즉, 국가의 중요한 권력 중추 기구인 관료제는 다른 권력 중추기구와 적절한 관련성을 가져야 한다고 판단하는 입장의 개혁방법이다. 후진국이나 신생국의 정부관료제는 이미 지나치게 확대되고 비중이 높아 정치권력에 참여하는 다른 제도를 억압하고 있기 때문에 정부관료제의 의식적인 강화가 가져올 결과를 우려하고 있다(김홍기, 1995:433-434).

이는 관료제가 정치적 지도력·정보력·전문기술력을 독점하게 됨으로써 관료는 자신들의 관료집단 이익에 더 관심을 갖게 되어 민의에의 대응성이 떨어지고, 관료독재화할 위험성이 높아질 우려성이 존재하기 때문이다. 따라서 이러한 상황에서는 정부관료제의 강화는 중단 내지 회피하는 것이 바람직하다.

지지하는 학자로 웨스트콧(Jay B. Westcott)와 허슨(Albert Waterson) 핸손(A. H. Hanson)등을 들고 있다.

36) 일치만은 이러한 입장의 견해를 펴는 주요 학자로 리그스(F. W. Riggs), 구드노우(H. F. Goodnow), 아이젠스타트(S. M. Eisenstadt) 등을 들고 있다.

3. 불균형적 사회발전 접근법
(Unbalanced Social Development Approach Method)

이러한 관료제 개혁접근법은 앞에서 살펴본 행정체제 접근법상의 불균형적 행정발전 전략과 유사한 것처럼 보여지나 그 이론적 근거는 다르다. 즉 신생국이나 발전도상국의 정부관료제에 제기되는 다양한 요구는 시급하고 중요한 것 일 수 밖에 없으므로 가능한 한 신속하게 관료제의 능력 발전을 가져와야 한다는 입장이다[37].

이는 후진국이나 발전도상국가의 정치·행정과정상의 참여는 거의 기대할 수 없거나 제약 될 수 밖에 없으므로 이들의 정부관료제는 선진국에 비하여 지도성과 책임성, 능률성을 적극적으로 수행해야 하기 때문이다. 더더욱 사회변동이 급속히 진행되는 상황하에서 국가발전이 정부기능에 거의 의존하고 있는 후진국이나 발전도상국에서 강력한 정부관료제는 불가결한 것으로, 정부관료제의 권력을 제어하는 것보다 그 능력을 강화하는데 전략을 두어야 한다는 입장이다.

4. 정치 상황적 접근방법(Political Context Approach)

이러한 접근입장은 앞의 불균형적 사회발전전략과 유사한 것처럼 생각되나 정부관료제의 개혁은 구체적인 국가의 정치·경제적 상황에 따라 그 전략을 달리해야 한다고 주장하는 점에 차이가 있다[38].

즉, 이러한 접근입장은 결국 특정사회의 정치적 요인이 정부관료제의 개혁전략에 직접적인 영향을 미친다고 보고 정부관료제의 능력을 강화하는데 어

---

37) 이러한 입장의 대표적인 학자는 브라이밴티(Ralph Braibanti)와 에스만(Milton J. Esman)등이다.

38) 이러한 입장을 취하는 사람으로 와이드너(Edward W. Weidner)와 라팔롬바라(Joseph Lapalomvara)등이 있다.

떤 단일의 전략 방안만이 옳다고 보지 않는 입장이다.

그러므로 정치발전의 정도가 극히 낮은 나라에서는 정치적 균형 문제를 고려할 필요 없이 정부관료제를 포함한 어떠한 정치제도도 이를 강화하는 방향으로 개혁이 이루어져야 할 것이다.

하지만 어느 정도의 정치발전이 이루어진 나라에서는 관료제의 불균형적 발전을 억제하는 접근도 아울러 강구될 필요가 있다는 것이다.

따라서 각국의 정부관료제의 행정능력에 관한 개혁전략은 당해국의 상이한 환경적 요인을 고려한 전략이 사회변동과 관련하여 서구 선진제국의 경험을 그대로 받아들이는 전략보다 현실적 타당성을 갖는 것으로 생각된다는 입장에서의 정치상황적 접근방법이 제기된다[39].

39) 킹 슬레이(J. Donald koingley)는 아프리카의 다수국가가 식민지 시대 형성된 법질서 지향의 관료제에 의하여 국가통합 기능을 수행하게 할 수 있었다고 한다. 오히려, 성급하게 서구 선진국 출신의 관료를 임명·대치 시켜 관료제의 아프리카화를 모색하였던 나라들은 국가 통합 문제를 악화 시켰다고 지적하고 있다는 점이서 잘 알 수 있다(J. Lapalombara, 1970:301-317).

I. 행정국가와 정부관료제

자유민주주의 국가 내지 근대 입법국가 시대에는 국가의 기능이 소극적으로 제한되는 의회 중심주의 시대로서, 의회가 국가의 모든 문제를 협의 결정·처리 할 수 있을 뿐만 아니라 국민의 자유를 최대한 보장 및 신장시키기 위하여 행정부의 기능을 통제하는데 있어서도 충분히 그 역할을 수행할 수가 있었다.

하지만, 현대 행정국가에 있어서는 국가의 적극적인 기능(복지급부기능, 경제 성장촉진, 유도기능 등)을 국민들이 강력하게 요청하게 되고, 이의 구체적 실현을 위하여 불가피하게 행정권이 확대 강화 될 수 밖에 없었다(Claus offe, 1969:155-189). 따라서 의회는 상대적으로 그 실질적 기능 및 주도권이 점차 약화내지 박탈당하게 되었다. 이렇게 볼 때 현대 행정국가를 관료제국가라고 해도 과언이 아니다. 여기에 현대사회의 변화에 적응하기 위한 통치권력 구조의 변화가 불가피하게 되어 고전적인 3권 분립론이 신2권론의(新二權論) 현대 행정국가의 통치권력구조에로의 변화가 지적되는 것이다.

그런데, 이와 같은 현대행정국가의 문제는 앞에서 지적한 바와 같이 논자에 따라 그 개념이나 내용주장에 차이가 있고, 혹자는 극단적인 파시즘적인 독재국가를 합리화하기 위한 개념으로 정의하기도 하였다.

이는, 후진국이나 개발도상국에서 독재적인 권력행사에 의해 국민의 자유가 유린되는 경우가 허다하였다거나 절대주의적 관료지배에 의해 국민의 자유가 여지없이 짓밟히기도 하였다는 경험에서 더욱 강조되고 있기 때문이다.

따라서, 국민의 자유를 최대한 보장하고 신장시키기 위해서는 자유민주주의와 현대행정국가에의 접근문제가 중대한 문제로 부각될 수 밖에 없고 또한 자유민주주의국가로서의 고뇌가 있는 것이다(김홍기, 1995:443-444).

여기에 본 저자도 현대행정국가와 자유민주주의와의 연속적 연계관계를 모색하는 것이 무엇보다 중요하다고 판단하였기에 행정국가의 개념구성과 관련해서 정부관료제의 문제를 다루지 않을 수 없었던 것이다. 이와 같은 행정국가의 개념구성의 어려움은 독일의 기본법(fundamental law)이 규정하고 있는 헌법상의 규범과 행정국가적 사실과의 괴리(discrep ancy)를 지적하고 있다는 데서 잘 알 수 있다(Thomas Ellwein, 1965:448-470).

하지만 이는 이미 행정국가의 개념구성에서 살펴보았듯이, 독일헌법상의 행정국가논리는 규범적인 측면이 어떠하였든지 간에 과학적인 측면에서는 옳지 못하다고 판단하는 이유가 행정권의 확대·강화라는 현대 행정국가적 사실을 부정하기 때문이라는 점에 있다.

또한 칼 슈머트의 행정국가논리도, 행정국가적 사실을 인정한다는 측면에서 그 정당성은 인정된다고 볼 수 있을 찌라도 현대국가가 결국 전체주의(totalitarianism)화 한다고 주장함으로써 정치체제나 이념을 초월해서 독재주의를 정당화하고 근대 입법국가의 존립가치를 인정하지 않는다는 건 역시 비약으로 지적하지 않을 수 없는 것이다.

따라서 현대 행정국가는 근대 입법국가의 권력구조가 현대사회의 요구에 의해 변화해서 행정권이 고전적 자유민주주의 시대 보다 상대적으로 그 비중이 높아지고 강화되는데 있고, 그 개념구성도 이와 같은 입장에서 정립됨이 마땅하다고 보았던 것이다.

이와 같은 입장에서 볼 때, 입법권이나 사법권이 현대행정국가에서는 그 지위가 저하되는 것은 부정할 수 없다. 하지만 비록 입법권이나 사법권의 상대적 약화를 인정한다 하더라도 철폐나 무용론을 주장하는 것은 맞지 않다.

이는 입법권이나 사법권의 약화를 빌미로 철폐나 무용론을 전개한다면, 법규범론자들이 우려했던 행정의 독선화 혹은 전체주의나 독재주의화 에로의 출현을 부정하기가 어렵게 되고 국민의 자유와 민주주의는 존립하기가 어렵기 때문이다.

더더욱 현대행정국가에서의 권력분립의 변화는 권력분립상의 문제에 그치는 것이 아니라 즉, 권력문제에만 국한 되지 않고 입법권의 약화가 동시에 확대·강화된 행정권에 대한 민주적 통제 내지는 국민의 참여를 제한 한다는데 더 큰 문제가 있는 것이다.

여기에 현대행정국가에 있어서 시민들의 정치·행정적 참여를 위한 새로운 방법의 모색과 확대·강화된 행정권을 견제할 수 있는 새로운 견제·제동장치의 탐구가 제기되는 것이다.

현대행정국가에 있어서의 위와 같은 제 문제는 보통 정부관료제와 관련해서 제기되고 있다. 이는 확대·강화된 행정권의 구체적인 담당자가 정부관료제이기 때문이다.

II. 정부관료제와 민주주의와의 갈등관계

1. 관료제와 민주주의와의 갈등

막스베버(Marx weber)역시, 관료제하에서 어떻게 개인의 자유를 보호하느냐 하는 문제가 최대의 관심사였다. 즉 베버는 관료제가 끼치는 민주주의에의 폐해를 극복하기위하여 의회주의 및 민주화를 아래와 같이 주장하였다. 첫째, 의회주의에 의한 관료지배를 배제할 것. 둘째, 의회에서의 정치적 지도자를 선출할 것. 셋째, 정치지도자의 의회에 대한 책임을 주장했다.

베버가 얘기하는 여기서의 민주주의화란 전문 직업관료의 지배 권력의 극소화를 의미하는 것이다(김홍기, 1995:450-451). 또한 블라우(Peter M.Blau)도

관료제와 민주주의와의 갈등 관계에 대하여 아래와 같이 지적하고 있다(P. M. Blau, 1963:305-316).

즉 블라우는, 조직을 형성하는 데는 두 가지 이유와 목적이 있는데, 하나는 공동의 목표를 설정하는데 합의에 도달하기위해서 다른 하나는 합의에 도달한 목표나 결정을 실현하거나 수행하기 위해서라는 것이다. 여기서 공동목표를 설정하는데 합의에 도달하기 위해서는 민주적 조직(다수결의 원리, 소수의견존중, 반대의사 표현의 자유 등)이 필요한 반면, 합의에 도달한 공동목표를 효율적으로 수행하기위해서는 능률적 조직인 관료제조직이 필요하다는 것이다.

이렇게 볼 때, 민주주의와 관료제를 구별하는 기준은 조직의 목적이 공동목표설정에 있는가? 아니면 공동목표수행에 있는가? 혹은 의사결정이 다수결의 원리에 의존하는가? 아니면 능률의 원리에 의존하는 가에 있다. 이와 같이 많은 조직이 목표설정과 목표수행의 두 가지 기능이 모두 필요하므로 민주적 조직과 관료제 조직 모두가 필요하다. 그러므로 실제 이들 간에는 갈등이 존재할 수 밖에 없어 이의 해결이 주요한 문제로 불가피하게 대두하게 된다.

2. 관료제의 민주주의에 대한 폐해

관료제가 민주주의를 위협하고 폐해를 끼치고 있다는 주장은 관료제를 특정의 정치권력 집단으로 부정적으로 이해하는 라스키, 파이너 등의 주로 정치학자들에 의하여 주장되고 있다.

① 권력의 불평등·불균등 현상

관료제는 이를 점하고 있는 소수자에게 너무 많은 권력이 집중되어 관료의 기술적 독점(monopoly of skill), 권력의 독점(monopoly of power) 이라는 권력의 불평등·불균등 현상이 야기되고 있다. 이와 같은, 관료제의 권력의 불균등 현상은 일반국민의 이익보다는 관료들 자신의 이익을 위하여 권력을 행사할 위험성이 있어 모든 국민은 동등한 발언권을 가져야 한다는 민주주의 원칙에 폐해가 되고 있다(P. M. Blau, 1956:116, 김홍기, 1995: 451 -452).

② 비민주적 보수단체화

오늘날과 같은 대중사회(mass society)에 있어서는 대중의 생각을 정책에 반영시키기 위한 제도적 장치가 마련되어야 한다.

여기에 자기의 주장이나 의견을 관철할 목적으로 민주적 조직을 구성하거나 기 형성된 조직에 가입하여 처음에는 개혁적인 주장·의견을 중심으로 한 민주적 조직도 시간이 지날수록 보수화·관료제화 하여 과두지배의 철칙(The iron law of oligarchy)이 지배하게 됨에 따라 국민대중의 정책 반영력은 점차 약화됨으로써 민주주의에 폐해가 된다는 것이다(P. M. Blau, 1956:115-121).

③ 국민의 요구에 대한 부적응 현상

관료제를, 정치학자 파이너(Finer)는 특권 계층을 형성하고 있는 관료군(官僚群)이 자기가 형성한 원리에 의해서만 행동하고 국민을 지도하고 지배하려고만 하지 국민으로부터의 지도나 지배는 당하지 않으려고 하는 특수체제라고 하여 관료제의 독선을 비판하고 있다. 이와같이 관료제가 국민의 요구에 민감하게 반응하지 못함으로써 민주주의의 발전에 위협이 되고 있다는 것이다.

④ 행정부의 정책 결정권의 과대화 현상

정부관료제는, 지난날 입법부의 결정된 정책을 능률적으로 집행하기 위해서 존재하였지만, 오늘날에는 행정권의 확대·강화로 종래의 입법부의 권한이었던 정책결정권까지 수행하고 있다. 이러한 관료제의 정책결정권 과대화 현상을 클레어(G. S. Claire)는 관료제의 독선화(administocracy:독선관료제)라고 부르면서 국민 대중들의 자유가 위협될 수 있는 위험성을 강조하고 있다.(Guy. S. Claire, 1934:5)

이렇게 관료가 정책결정권을 장악하면서도 국민에 대하여는 하등의 직접적인 책임도지지 않고 다만 임명권자인 상관에 대해서만 책임을 짐으로써 국민에 의한 행정이 간접적으로 밖에 확보되지 않아 민주주의화에 폐해가 되고 있다는 것이다.

⑤ 권한의 집중 및 과두지배 현상

관료제는 계층제적 요소를 그 기본요건으로 함으로써 상하계층간의 수직적 지배·복종관계가 형성되어 계층제의 정상에 있는 소수인에게 권한의 집중현상이 나타난다. 그래서 미헬스(Robert Michels)가 얘기하는 소위 과두지배의 철칙(The iron law of oligarchy)이 적용된다. 여기에 어떤 조직이 관료제적 요소를 심화하면 할수록 그 조직을 구성원들의 의사와는 동떨어진 소수인에 의한 지배현상이 심화되어 민주주의의 위협이 초래되는 것이다(Robert Michels, 1958:425).

3. 관료제의 민주주의에 대한 공헌

관료제가 민주주의 발전에 저해되는 측면도 살펴본 바와 같이 많지만, 민주주의 발전에 공헌한 측면도 있음을 알아야 한다(Peter M. Blau, 1963:115).

① 법 앞의 평등 실현

관료제는 비합리적인 정실주의나 자의에 의한 개별주의를 배제하고 일반적인 법규범에 의한 보편주의(universalism)를 지향하기 때문에 민주주의의 가장 기본적인 원리의 하나인 법 앞의 평등을 이룩하는데 공헌한다.

② 공직에 대한 기회균등의 보장

관료제는 전문적 지식과 능력에 근거한 관료의 임용을 원칙으로 하기 때문에 공직에 대한 고용의 기회균등을 보장한다.

하지만 교육의 기회균등이 실현되지 못하는 여건하에서는 엄격한 의미의 공직의 기획균등을 포함한 고용의 기회균등을 보장하기는 어렵지만 이를 촉진하는 것만은 사실이다.

③ 민주적 목표수행

현대국가의 주요한 정책이나 사기업체의 의사결정 내용이나 운영방침 등의 민주적 목표(democratic goal)는 전문기술적 능률 및 우수성을 가진 관료제적 조직구조의 도움 없이는 실현을 기대하기 어렵다. 특히 오늘날 많은 발전도상국가들에 있어 정부관료제가 비약적인 국가 경제발전을 위해 주체적인 역할을 수행하고 있음을 목격할 수 있다. 이와 같은 민주적인 목표수행은 민주주의의 발전에 많은 유익을 끼쳤음을 알 수 있다.

4. 관료제와 민주주의와의 관계

지금까지 살펴본 바와 같이, 관료제와 민주주의는 형식적으로 이론적으로 볼 때는 상호 모순·대립관계에 있는 것처럼 보인다.

하지만 관료제는 여러 측면에서 민주주의를 위협하고 있는 측면도 있지만 동시에 민주사회에서 결코 무시할 수 없는 중요한 역할을 능률적으로 수행하고 있다. 이는 오늘날의 선진제국의 물질적인 풍요로움에 의한 고도의 생활수준을 정부관료제의 능률적인 관리 덕분 일 뿐 아니라 발전 도상국가들의 비약적인 발전 역시 관료제의 주동적인 역할에 기인된 것으로 볼 수밖에 없는 것에서 잘 알 수 있다 반면에 정부관료제는 민주주의를 위협하는 요소도 갖고 있기 때문에, 관료제를 국가발전목표 수행에 잘 활용 하려면 국민을 예속화 하지 못하도록 관료제를 민주적으로 통제할 수 있는 새로운 견제·통제장치를 모색해서 민주성 가치와 능률성 가치의 조화를 가능하게 하여야 할 것이다.

관료제 이후에 나타날 지배체제의 유형은 어떤 모습일지, 또한 관료제가 앞으로 어떻게 존속 유지될지, 폐지될지에 대한 즉, 관료제의 미래에 대해 많은 관련 연구자들의 견해가 다양하다.

이를 크게 대별해 보면 낙관론과 비관론으로 분류가 가능할 것으로 보여진다. 여기서 낙관론이란 관료제가 민주주의와의 관계에서, 민주발전에 저해된다는 관점에서 점차 관료제적 요소가 쇠퇴·소멸할 것이라는 측면에서의 낙관론이다. 비관론이란, 관료제적요소가 오히려 점차 확대·발전할 것이라는 측면에서 민주주의와의 관계에서의 비관론이다.

이와 같이, 기존의 관료제 이론에 도전하는 주장들과 관료제 이후의 지배체제 유형에 대하여 간략히 살펴보고자 한다.

I. 관료제에 대한 도전과 비판

관료제에 대해 처음으로 이론적 모형을 제시한 웨버(Marx Weber)의 관료제는 봉건주의 시대의 정실(nepotism)이나, 자의성(arbitrariness), 잔악성(cruelty) 등의 인간적·감성적 속성을 타파하려는 입장에서 볼 때 이는 실로 혁신적인 설계로 보여 진다.

즉 그는, 앞에서 살펴보았듯이 법규에 의한 행정, 문서주의, 수평적 분업체계에 의한 전문화, 수직적 분업체계의 계층제(hierarchy)적 구조형태를 통한 명령, 복종관계, 비인간화(impersonality)등을 핵심으로 하는 관료제 조직을 설계한 것이다.

또한 그는, 전통적 권위(traditional authority)에 의한 지배체제와 카리스마적 권위(charisma authority)에 의한 지배 체제(인간에 의한 지배)를 엄격한 의미에서는 관료제로 보기 어렵다면서 배제하고 합법적·합리적 권위에 근거한 지배체제(합법적 합리적 지배)를 현대 관료제로 설정하였다는 점 역시 주목 할 만 하다. 왜냐하면, 이러한 속성을 핵심으로 한 조직설계는 조직 목표달성을 가장 능률적으로 그 산출을 확보해 줄 수 있을 뿐만 아니라 조직목표수행의 평가측정을 가능하게 해주기 때문이다.

그러나 이러한 관료제 조직의 능률적·산출지향적 합리성의 강조와 추구는 오늘날, 다양한 입장에서 도전을 받아 논란의 대상이 되고 있다. 이러한 관료제의 도전과 비판 입장 측면을 간단히 정리하면 아래와 같다.

1. 조직발전론자 및 개방체제론자 입장

기존의 관료제적 조직은 오늘의 "소용돌이의 장(turbulent field)"이라고 불리는 급격한 환경변화와 복잡·다양하게 전개되는 사회문제에 신축성 있고, 기민성 있게 대응할 수 있는 조직이 되지 못한다는 입장에서의 비판과 도전이다. 이는 주로, 조직발전론자와 개방체제론자 들에 의해서 제기된 바 있다. 이들은, 급격한 환경변화에 대한 기존관료제의 부적응성을 실증적 조사를 통하여 확인하는 작업을 시도하였다. 특히 베니스(Bennis)는 관료제의 현대 환경에의 부적응성을 야기 시키는 4가지 요인을 첫째, 예측하지 못한 급속한 변화(rapid and unexpected change) 둘째, 규모의 성장(growth in size) 셋째, 기술의 복잡성·다양성 증가(increasing diversity of technology) 넷째, 관리행태의 변화(change in managerial behavior)로 제시하고 있다(W. Bennis & P. E. Slater, 1968:55-76).

즉, 이러한 관료제 조직의 내·외부의 변화·복잡성·다양성의 증가는 형식적인 법규에 의해 관리되는 관료제의 존재를 위협한다. 예를들어, 관료제는 정형적인 문제(routine problem)의 해결에는 법규와 규칙이라는 훌륭한 수단에 의해 가능 하지만 경험해 보지 못했던 1970년대의 오일쇼크(oil shock)와 같은 비정형적문제(non routine problem)를 해결하는데 한계가 있다.

즉, 이는 관료제의 엄격한 상·하 복종 명령관계, 책임추궁 계층제(hierarchy)에 의한 품의제 등의 요인은 급격한 환경변화에의 적응을 어렵게 하기 때문이다.

2. 급진적 인본주의(radical humanism)내지 신 인간관계론자 입장

이러한 입장은, 기존의 관료제가 강조하는 형식적인 법규, 비인간화(impersonality)등은 인간의 자율성 내지 자유를 억압함으로써 인간성의 좌절을 가져오게 했다는 점에서의 비판과 도전장이다. 이는 이러한 관점에서의 도전은 주로 급진적인 인본주의를 신봉하는 자들 내지 신 인간관계론을 주장하는 사람들에 의해 제기되고 있다. 이들의 주장은 독일의 관념론에서 그 기원을 찾을 수 있는데, 그 핵심은 우주의 궁극적 실체(ultimate entity)를 물질적인 것으로 인식하는 것이 아니라, 인간 정신의 자율적 행동 이라고 인식하여 이를 중시함에 있다. 이러한 급진적 인본주의자들의 패러다임을 기존의 조직이론과 대비해 볼 때, 이들의 주장은 기본적으로 현존하는 조직의 존재를 부정하는 반조직(antiorganization theory)이론에 해당한다고 볼 수 있다.

예를 들어, 이들은 관료제 조직이 인간의 창조성, 자발성 그리고 진정한 자유의사를 억압하고, 합리성·객관성·능률성의 추구라는 명분하에 인간을 도구화 시켰다는 것이다. 그래서 관료제는 인간이 만든 조직구조이지만, 결국 사물적합성(reification) 즉 물화(物化)되어, 조직이 인간을 지배 하게 되어 인간은 소외(aleination)되어 간다는 것이다.

3. 신행정론자 및 복지주의자(삶의 질 강조)

이러한 입장은, 기존의 관료제가 추구하는 능률성(efficiency), 효과성(effectiveness), 합리성(rationality)이라는 가치가 과연 누구를 위한 것이냐? 하는 의문의 제시측면에서의 비판 관점이다.

이는 주로 현상학을 그 기반으로 하는 신행정론자들과 삶의 질(QOL : quality of life)의 향상을 강조하는 후기산업사회 이후의 복지주의자들에 의해 제기되었다.

즉 신행정론자들은 1960년대 미국의 흑인폭동사건문제에 대해 당시의 행정학자들이 관심을 갖지 않고 오직 조직의 능률 향상을 위한 관리 연구에 매진하는데 회의를 느끼고, 기존의 관료제는 환경의 요구와는 관계없이 오직 능률 추구와 조직·자본의 확대, 환경의 지배만을 획책하는 조직이라고 비판하였다.

그래서 이들은 관료제가 환경의 요구를 무시하고서는 존재할 수 없다고 주장하면서 능률성 가치추구라는 관료제 목표가 사회적 형평(social equity)과 평등의 실현을 위한 실천(action)이라는 목표에로 그 수정이 불가피하다고 한다.

II. 관료제의 미래(어떤 지배체제가 나타날 것인가?)

1. 낙관론과 비관론의 혼재

베니스(W. G. Bennis)와 슬라터(P. E. Slater)는 자기들의 저서 「the temporary Society」에서 관료제는 향후 50년 내지 20년 동안에 점차 소멸하여 종언을 고하고 20C의 요청에 따라 잘 대응할 수 있는 아래와 같은 새로운 사회 조직 및 제도가 나타날 것으로 예측하고 있다(W. G. Bennis & P. E. Slater,

1968:55-76).

① 신속한 변화에 적응적인 임시체제(temporary system)
② 문제해결 중심 조직
③ 다양한 전문 기술을 가진 자들(strangers)의 조직
④ 다양한 프로젝트팀(project group)을 중재하고 조정할 수 있는 연결핀(linking pin) 조직
⑤ 기계적(machine) 조직 보다는 유기적(organic) 조직이 나타날 것으로 보고 있다.

이와 유사한 예측으로, 미래 학자인 앨빈 토플러(Alvin Toffler)의 Ad-hocracy라든가 신행정론자인 프레데릭션(Frederickson)의 메트릭스조직(Matrix organization), 프로젝트조직(project organization)이라고 하는 문제해결 중심적조직등은 베니스의 예측조직과 근본적으로 차이가 없다.

하지만 이러한 다양한 비판과, 예측에도 불구하고 상황은 조직발전론자, 반조직론자, 신행정론자, 현상학자들의 주장대로만 되지는 않을 것 같다.

왜냐하면, 현재의 추세로 사회가 나아간다면 기술은 더욱 복잡해지고 문제해결을 요하는 사회문제는 더욱 증대될 것이다.

이와 같은 결과로, 사회는 더욱 혼란스럽고 이의 해결을 위한 기술과 정보의 바램은 더 커질 것이다.

이렇게 사회가 아무리 변화한다 할지라도, 관료제는 아직 많은 문제를 해결할 수 있는 능력과 장점을 갖고 있다. 즉, 경험해 보지 못한 비정형적문제(unroutine problem)도 시간이 지나면 경험이 가능한 정형적문제(routine problem)로 되는 것이다. 여기에, 결론적으로 관료제 이후에 나타날 미래조직은 관료제조직과 문제해결중심의 일시적조직(temporary organization)이 당분간 같이 공존할 것으로 추측되지만 추세는 일시적 임시조직, Matrix조직, 프로젝트 조직 등이 지배적일 것으로 판단된다.

2. 조직동태화와 애드호크라시(Ad-hocracy)

조직의 동태화란 지난날 고정되고 경직화된 관료제 조직을 환경의 변화에 신축성 있게 적응하도록 쇄신과 창의성을 도입·활용 하는 과정을 의미한다.

왜냐하면 조직은 결국 영향을 주고받는 환경과 끊임없이 상호작용할 수 밖에 없는 개방체제(open system)이므로, 변동하는 환경에 적응하기 위하여 적응적 변화가 불가피 하기 때문이다.

전통적 관료제 조직이론은 안정되고 전문 분업화되고 계층화된 조직을 이상으로 하였지만, 현대 행정국가의 사회는 급격한 변동을 겪고 있으므로 전통적인 관료제 조직원리에 따르는 조직으로는 새로운 정책의 기민성 있는 결정이나 신속한 사회변동에 능동적으로 적응하기가 어렵게 되었다는 점은 지적한 바와 같다. 여기에 더하여 정부관료제 조직은 법적규제가 강하고 계층제가 엄격하여 의사소통이 경직화되기 때문에 다른 어떤 조직보다 신축성이 적어 경직적이다. 여기에 이러한 기존 관료제 조직의 경직성을 막고 환경변화에 신축성 있고, 기민성 있게 대응하여 끊임없이 제기되는 새로운 행정수요를 충족시킬 수 있도록 하기 위하여 조직동태화의 필요성은 증대된다.

1) 동태적 조직구조(애드호크러시)

먼저 애드호크러시(Ad hocracy)란 조직의 신축성, 자율성, 적응성을 확보하기 위하여 탈 계층제, 탈 관료제화 현상에서 나타난 일종의 평면조직형태로서의 임시적, 동태적 조직이다. 원래 애드호크러시라는 용어는 앨빈 토플러(Alvin Toffler)의 「미래의 충격」(Future Shock)에 나오는 것으로, 임시적·유기적·역동적 조직 형태를 말하고 있다(최창현, 이창원, 1997:508).

베니스(Bennis)에 의하면 애드호크러시를 “다양한 전문적 기술을 가진 비교적 낯선 사람들로 구성된 집단이며 해결해야 할 문제를 중심으로 조직된, 변화가 심하고 적응력이 강한 임시적인 하나의 체제"로 적고 있다.

이러한 조직유형으로, 매트릭스(matrix)조직, 프로젝트팀조직(project team), 타스크 포스(task force), 위원회 조직구조(committee structure), 네트워크조직구조(network structu re), 공동관리구조(colleguial structure)등을 들고 있다(윤우곤, 1978:468-476, 윤재풍, 1986:189-194).

한편, 애드호크러시는 그 특성상 전통적 관료제 조직구조에 비하여 상대적으로 수직적 분화·복잡성·공식화 정도가 낮고 분권적 의사결정구조를 가지며, 신축성 및 유기성이 높은 성질을 갖고 있다(Stephen P. Robbins, 1990: 290-300).

이러한 애드호크러시적 조직구조의 필요성이 공사 조직을 불문하고 증대되고 있는데 그 이유는 아래와 같다.

첫째, 오늘의 조직 환경은 급격히 변화하고 있는데 고전적인 관료제조직구조로는 이러한 "격동의장"(turbulent field)이라고 표현되는 환경변화에 잘 대응하지 못한다는데 있다.

둘째, 오늘날의 조직이 다루어야 할 과제는 고도의 전문성과 복합성을 요구함으로 전문가의 능력을 활용하는 조직구조설계를 탐구한다는 점이다.

이렇게 볼 때, 애드호크러시 조직은 신축성 있는 적응의 필요, 새로운 창조의 요구, 다양한 전문지식의 협력에 의한 문제해결, 비정형적 기술적 업무처리에는 매우 유용한 조직구조 형태로 보여 진다. 반면에 애드호크러시는 전통적 관료제 조직과 달리 상·하 계급자간의 관계가 명확하지 않고 권한과 책임의 한계가 애매하며 과업의 표준화와 공식화 정도가 낮기 때문에 구성원 간에 갈등과 마찰이 야기될 위험성이 있는 단점도 있다.

2) 동태적 조직의 유형

애드호크러시적인 동태적 조직구조 형태를 이용하는 조직유형으로, 프로젝트조직, 매트릭스조직, 타스크 포스조직에 대해 간단히 살펴보기로 하자.

(1) 프로젝트 팀 조직(project team)

프로젝트팀 조직은, 특정한 목적을 달성하거나 문제를 해결하기 위하여 기존 조직 내에서 일시적으로 일정한 인원을 차출하여 구성되는 일시적·평면조직을 말한다. 이런 조직은 단 시일내에 과업을 강력히 추진할 수 있는 문제해결에 적합하다.

요컨대, 프로젝트팀 조직이란 특수한 사업(project)이나 목표를 달성하기 위해 일정기간 업무를 수평적, 대각적으로 배열하고 막대한 양의 인적·물적 자원을 탄력적으로 이용하는 동태적 조직이다. 이는 처음 미국의 다국적 기업에서 외국기업과 계약을 체결할 때 그에 필요한 작업을 신속히 처리하기 위해 만든 감시적 조직에서 출발하였다고 한다.

정부에서 환경오염문제 해결을 위해 구성하는 프로젝트팀이나 민간분야에서의 신제품 개발을 위해 설치된 팀조직 같은 것이 여기에 해당한다고 볼 수 있다.

한편 이와 같은 프로젝트팀을 설치하는 목적은 기존의 계선조직이 지니는 경직성을 완화하고 신축성과 전문성을 보완하고자 함에 있다.

이는 새로운 연구개발과 쇄신적인 문제해결이 요구되는 분야의 일은 기존의 계선조직 보다는 새로운 조직형태를 설치함으로써 보다 효율적으로 목표를 수행할 수 있을 것으로 생각되기 때문이다.

프로젝트 팀의 구성원은 기존 조직의 각 관련 계선기관으로부터 파견되는 전문가로 구성되고, 그 임무(project)가 끝나면 원래 조직기관 소속으로 복귀하기 때문에 종적관계보다는 횡적관계가 실질적으로 중요하고 전문가로서의 자율성과 자발성에 따라 근무동기가 부여 되는 것을 중요시 한다는 점이 주요한 특징으로 간주된다.

또한, 의사소통의 채널은 개방적이고 예산에 신축성이 많으며 형식적인 관리업무에서 해방되어야 함을 원칙으로 강조한다.

하지만 이러한 프로젝트팀 조직이 다루는 문제의 상황은 불확실한 경우가 많고 그것을 다루는 과정에서 구성원 상호간의 긴장, 갈등 및 마찰이 발생하기 쉽다는 점이 문제점으로 지적된다.

(2) 매트릭스(matrix) 조직

이 조직은 일명 복합조직 혹은 행렬조직이라고 불리워지는 기능조직과 프로젝트팀 조직의 장점을 결합한 조직이라 할 수 있다. 즉, 환경이 변화에 신축성은 부족하지만 안정된 조직기능을 유지하는 기능조직과 유기적 신축성 및 자율성 조직으로서 전문성과 쇄신성을 도입 할 수 있는 프로젝트팀 조직의 장점을 결합하는데 목적이 있는 조직이다.

이 매트릭스 조직은 1960년대 미항공우주국(NASA)에서 시작 되었지만 현재는 은행·병원·대학·정부 기관 등에 많이 적용되고 있다. 따라서, 매트릭스 조직은 기능적 조직의 역할과 프로젝트팀 조직의 구조적 역할을 동시에 수행하는 이중 구조적 특성을 띤다. 여기에 매트릭스 조직이 잘 운영되기 위해서는 상설 기능조직과 최고관리자의 일관된 지지가 있어야 한다. 프로젝트 관리에 알맞은 사람이 배치되도록 해야 하며 예산배정은 신축성을 갖는 것이 필요하다.

그렇게 함으로써 매트릭스 조직은

① 인적자원을 적재적소에 활용할 수 있고

② 특정 사업의 추진이 용이하고

③ 자아실현 욕구를 충족시키며, 새로운 아이디어를 개발 할 수 있는 장점이 있다. 그러나 반면에

① 양 조직 구조 사이에 갈등이 유발 될 수 있고

② 조직관리에 있어서 객관적인 예측 가능성 확보가 어렵고

③ 전문가의 입장을 너무 지나치게 강조 고집하여 조정과 결정이 어렵고 지연되는 일면의 단점도 있다.

(3) 행정전문 기동팀(Task Force)

행정전문 기동팀 역시 특정한 임무를 수행하기 위하여 조직내외에서 그 분야의 전문가를 차출하여, 입체적으로 편성되는 임시적인 조직을 말한다. 이 용어는 본래 군대용어로써 기동 타격부대를 의미 하였다. 제2차 세계 대전 후 대규모 행정개혁 사업을 추진 하였던 후버(Hoover) 위원회의 24개 행

정전문 기동팀 조정 연구가 좋은 예로 들 수 있다.

(4) 우리의 정부관료제의 동태화

오늘의 우리나라는 급격한 사회변동을 겪고 있으므로, 보다 쇄신적·동태적 행정조직의 모색이 요청되고 있지만 전통적인 권위주의적·계층제 중심의 조직문화에서 크게 벗어나지 모하고 있다. 여기에 현대행정국가 행정업무의 양적 확대와 질적 전문화에 대응하는 정부관료제 조직의 동태화 문제는 더욱 절실한 과제로 대두된다.

이는, 급격한 사회변동과 이에 따른 행정수요와 욕구에 효율적인 대응을 하기 위해서는 이제, 저해요인으로 작용하고 있는 기존의 전통적이고 경직적인 정부조직을 동태적 조직으로 전환시키지 않으면 안되기 때문이다.

제 3 편

현대행정국가의 과제와 미래

제15강 현대 행정국가의 과제(I)

현대 행정국가의 주요과제는 이미 살펴본 바와 같이, 현대 행정국가화 현상으로 야기된 행정업무량의 양적 확대와 질적인 변화에 대응하여 행정을 수행하고 있는 정부관료제의 민주화와 책임성 확보를 어떻게 하느냐에 달려 있다. 애플비(Appleby) 역시 현대와 같이 거대하고 복잡한 사회 속에서 어떻게 민주주의를 유지 발전시킬 것인가 하는 문제가 중요하다고 지적한 것은, 같은 이유에 연유된 것 같다.

여기에 본서에서는 현대행정국가의 막강한 행정부 조직 즉 정부관료제 조직을 통제할 수 있는, 행정책임확보를 위한 기존의 행정부 통제방법 이었던, 외부적 통제로서의 입법부통제나 사법부통제, 국민여론에 의한 통제 그리고 내부적 통제방법으로서 행정수반에 의한 통제, 근무윤리 및 직무윤리강령에 의한 통제 등의 방법들은 그 의의를 상실 하였거나, 통제력의 약화로 그 역할을 기대 할 수 없게 되었다.

그래서 본서에서는 새로운 행정부통제, 견제장치로서 하드웨어적(hardware) 구조측면에서의 시민참여제도, NGO, 옴부즈만제도, 대표적 관료제와 소프트웨어적(software) 측면에서 개혁으로서의 정보공개제도, 행정PR제도에 대해서 간단히 살펴보고자 한다.

I. 옴부즈만(Ombudsman)제도

1. 옴부즈만제도의 개념

옴부즈만(Ombudsman)이란 그 어원상 스웨덴어 "Ombud"에서 유래된, 대리인·대변자의 뜻을 가지고 있으며 현대적 의미로 호민관(護民官) 즉, 백성을 보호하는 관리라 할 수 있다. 즉, 옴부즈만 제도는 행정이 합법적, 합목적적으로 수행되고 있는가를 직권 또는 권리침해를 당한 시민의 신청에 의해 조사하고 감찰하는 행정감찰제도이며 이러한 기능의 직책을 담당하는 사람을 옴부즈만이라고 한다. 다시 말해 옴부즈만제도는 공무원의 위법부당한 행위로 권리침해를 받은 시민이 제기하는 민원이나 불평을 조사하여 관계기관에 시정을 권고, 국민의 권리를 구제하고 행정부를 통제하는 제도이다.

2. 옴부즈만제도의 기능(function)

현대행정국가의 행정권의 확대강화 현상으로 야기될지 모르는 관료들의 횡포와 권력의 남용으로부터 국민의 보호와 민주주의의 유지에 강조점을 두고 있는 옴부즈만제도는 행정권의 남용이나 횡포에서 발생하는 국민의 불평, 불만을 조사하여 부당한 경우 이의 시정과 구제를 모색하는 기능을 수행 한다(김호진, 1979:147-148).

현대 행정국가하에서 옴부즈만제도가 특히 관심을 갖게 되는 이유는 기존의 여러 가지 행정통제 수단, 특히 의회나 법원에 의한 통제가 국민의 권익을 빠르고 저렴하게 구제할 수 없기 때문이다.

현대행정국가하의 현대행정은 그 자유재량 행정행위 영역이 넓어짐에 따라 국민의 권익침해의 가능성이 더욱 높으므로 국민의 권익보호와 행정의 독선화 방지 및 견제[1]라는 측면에서 옴부즈만제도가 주목을 받는 것이다.

---

1) 이러한 옴부즈만제도(Ombudsman)의 기능으로, 행정통제뿐만 아니라 그 구체적 행위로써

3. 옴부즈만제도의 특징

옴부즈만제도의 형태나 유형 그리고 그 기능에 있어서는 국가마다 다소의 차이는 있지만 옴부즈만 제도가 공통적으로 갖는 일반적 특징은 아래와 같이 유사하다.

① 입법부 소속 기관

옴부즈만은 입법부 소속기관이지 행정부 기관은 아니다. 즉 옴부즈만은 의회에서 초당적인 합의 아래 선출되어 입법부에 소속된다. 즉 스웨덴에서 처음 탄생시에는 국왕소속기관이었으나 의회의 권한이 강화되면서 입법부 기관이 되었던 것이다[2].

② 조사의 자발성과 공평성

옴부즈만은 일반시민의 고발에 의해서 활동을 하는 것이 일반적이나, 때로는 신문보도나 소문을 토대로 자기직권조사활동을 수행하기도 한다(오건세, 1987:85). 즉 옴부즈만은 자신의 발의에 의하여 법원이나 행정기관을 조사할 수 있는 권한이 있다. 특히 오부즈만은 국민이 공직자의 행동에 대해 불평을 제기하면 행정부로부터 완전히 독립된 제3자적 위치에서 공평하게 처리한다는 점이다.

③ 직무수행의 독립성

옴부즈만은 직무수행상 독립성이 보장된 조정관이며 의회로부터도 그의 업무에 대한 간섭을 받지 않는다는 점이다. 즉 옴부즈만은 헌법기관으로서 일단 사건에 대한 조사를 하게 되면 의회 의원도 이에 간섭할 수 없다.

행정감찰, 행정개선, 행정구제, 불평, 고충처리, 인간성옹호 등을 지적하기도 한다.(김인철, 1987:7)

2) 여기서 입법부소속기관이라는 의미는 의회가 옴부즈만의 활동을 지휘, 감독할 수 있다는 뜻이 아니라 의회가 옴부즈만을 임명할 권한을 가지고 있다는 것이다.

④ 통제의 간접성

옴부즈만은 법원이나 처분행정청과는 달리 행정작용을 직접 취소하거나 변경할 수 있는 권한을 갖지 않아, 법원이나 행정청에 대한 직접적인 통제권이 있는 것은 아니다. 이점이 옴부즈만의 권한에 대한 중대한 제약의 하나로서 옴부즈만을 "이빨 없는 집 지키는 개[3](Watchdog without teefw)"라고 지적하는 이유도 여기에 연유된다. 하지만 그의 주된 권한은 조사를 실시하여 사실을 밝혀내는데 있고, 관계기관이 필요한 조치를 취하지 않을 때는 의회에 보고하거나, 언론기관을 통하여 사실을 공표함으로써 행정통제에 간접적으로 적지 않은 영향을 끼치고 있는 것이다.

⑤ 접근의 신속성과 용이성

옴부즈만 제도는 업무처리 과정에 있어서, 공식적인 절차없이 행정작용에 관한 민원을 행정소송에 비해 극히 신속하게 처리할 수 있는 접근의 용이성이 있다. 즉, 일반적인 행정구제절차는 시간과 비용이 많이 드는데 비해, 옴부즈만의 민원처리는 간편한 절차에 의해 이루어지므로 국민의 부담 없이 옴부즈만에 쉽게 접근 할 수 있다는 점이다.

⑥ 관할 범위의 포괄성

옴부즈만의 관할대상이 되는 행위의 범위는 명백한 불법행위로부터, 부당행위, 비능률, 부정행위, 신청에 대한 불응답, 답변의 지연, 결정의 편파성 등 사실행위에 대한 문제까지 포함한다. 즉, 옴부즈만은 행정행위의 합법성뿐만 아니라, 합목적성의 문제에 대해서도 국민의 불평을 조사하고 처리할 수 있다는 점에서 옴부즈만은 모든 행정기관, 사법기관까지도 그 관할대상 범위[4]가 된다.

---

3) 이상규, 행정구제로서의 옴부즈만 제도, 새 법정 1972년 4월호, p.17

4) 덴마크와 노르웨이에서는 장관도 옴부즈만의 조사 대상이 되고 있고, 스웨덴, 핀란드 에서는 사법관도 조사대상에 포함시키고 있다.

⑦ 비용의 저렴성과 연차보고서 제출

옴부즈만은 행정에 대한 국민의 민원을 비공식적 절차에 의하여 신속하고 저렴하게 조사·처리함으로써 비용부담능력이 없는 서민들에게는 심리적 안정감을 줄 수 있는 제도라는 점이다. 뿐만 아니라 옴부즈만은 연간 활동을 중심으로 연차보고서를 작성해서 매년 의회에 제출하는 특징을 갖는다.

4. 옴부즈만의 평가

옴부즈만제도는, 행정 책임성확보를 위한 행정부통제에 있어서 기존의 입법통제가 본래의 기능을 발휘하지 못함에 따라 이에 대한 보완기능으로서의 의의가 있다.

현대 행정국가에서, 입법부가 국민의 대표기관으로서 수행하는 행정부에 대한 통제기능이 약화되고 있으므로 이러한 의회의 통제권을 보완하는 방편으로 옴부즈만이 고려될 수 있다는 것이다. 그러나 옴부즈만 제도가 "이 빠진 개"로 비유 되듯이 "짖기만 하고 물지 못하는"제도상의 문제가 지적되고 있다.

즉 행정이나 재판에 관한 시정권은 없고 공개권만 있어서 그 실효성에 문제가 있다는 것이다.

그럼에도 불구하고 옴부즈만 제도는 아래와 같은 장점이 있다. 즉 ① 다른 행정구제방법보다 국민들의 접근이 용이하여 행정의 민주화에 기여할 수 있다는 점.

② 저렴한 비용으로 신속하게 시민의 고충을 해결할 수 있다는 점.

③ 제도의 수립에 있어서 고도의 융통성과 적응성을 갖고 있다는 점.

④ 공평한 활동과 공개적인 비판과 건의를 할 수 있다는 점. 그리고

⑤ 민원 행정업무량과 인구가 적은 지역에서 큰 효용을 보일 수 있다는 점 등의 장점이 있다.

반면에, 옴부즈만 제도는

① 그 기능에 있어서 의회에 의한 행정 통제를 임무로 하는 국회의원의

직무와 중복된다는 점.

② 기존의 행정부 내의 민원 행정기관, 자율적 통제기관 등의 기능 중복으로 옥상옥이라는 비판이 있다는 점.

③ 행정기관의 책임성을 약화시키고, 그 명예를 손상시켜 정당한 행정처분을 하는데 침해가 된다는 점.

④ 행정처분이나 재판에 대해 시정권을 갖고 있지 않다는 점 등이 그 약점으로 지적되고 있다.

5. 옴부즈만 제도의 도입 및 방향

현재, 우리나라에는 순수한 옴부즈만 제도는 존재하지 않지만, 그 기능면에서 유사한 제도를 먼저 살펴보면 아래와 같다.

1) 옴부즈만제도와 우리나라의 유사제도

첫째, 감사원의 직무 감찰제도와 심사청구제도이다.

감사원이라는 기관은 보통 세입세출예산에 대한 결산·회계감사, 직무감찰을 위하여 행정부에 설치된 대통령 직속기관이라 할 수 있다. 이러한 감사원의 주된 기능은 공무원의 비리를 시정, 방지하고 행정개선을 위한 직무감찰과, 감사를 받은 자의 직무에 관하여 이해관계인으로부터 심사청구가 있을 때, 이를 심사하여 그 결정을 관계기관의 장에게 통지하는 등의 기능을 갖고 있다. 이렇게 볼 때, 감사원은 행정통제를 담당한다는 점에서 옴부즈만과 유사하게 보여 지지만, 그 소속 기관이나 기능면에서, 국민의 권리구제와 민원처리를 일차적 기능으로 하지 않는 점에서 순수한 옴부즈만과는 다르다.

둘째, 행정상담제도이다. 정부합동민원실을 비롯한 각 민원상담실과, 행정상담위원제도 등은 국민의 실질적인 권리 침해구제는 기대하기는 어려우나,

행정민원처리에 많은 기여와 공헌을 하고 있음은 틀림없다. 정부합동민원실은 행정자치부장관 소속기관으로서, 민원에 대한 상담과 처리, 사실조사, 위법, 부당하게 처리된 민원의 시정, 민원 업무의 알선과 조정, 각급행정기관의 민원실 지도 등의 기능을 담당한다는 점에서 옴부즈만제도와의 유사성이 지적되지만, 소속기관이 다르고, 독립성 및 법적 권한 면에서 옴부즈만제도보다, 약한 점 등에서 그 차이가 있다.

셋째, 국민고충처리위원회이다. 이 위원회는 1993년 행정쇄신위원회의 제안에 의하여 국무총리소속의 신설된 기관이다.

국민의 고충사안을 제3자적 입장에서 공정하고 신속, 용이하게 처리하기 위한 민원 옴부즈만의 성격을 띠고 있다. 즉 이 위원회는 조사로 나타난 고충민원의 위법부당한 행정처분이나 행정행위에 대하여 시정조치를 권고할 수 있고, 각종 제도나 법률상의 개선에 대하여 필요한 의견을 표명할 수 있다. 하지만, 직권에 의한 조사를 할 수 없고, 국회가 아닌 행정부에 설치되어 독립성이 약하며, 대통령이 아닌 국무총리 직속으로 되어 있어서 그 위상이나 비중이 약하다.

넷째, 이 외에도 대통령의 참모기관으로서 민원과 직무감찰을 통해 민원을 해결하고 행정을 통제하는데 강한 영향력을 행사하는 대통령 민정비서실이나, 국회나 지방의회의 청원제도를 통하여 행정민원이 처리되고 있으나 이들 역시 소속되는 기관과 조직성격면에서 순수한 옴부즈만제도와는 차이가 있고, 그 성과 역시 미약한 편이다.

2) 도입의 필요성과 문제점 및 방향

옴부즈만제도는 현대 행정국가 내지 복지국가의 등장에 따른 행정권의 남용이나 행정통제 또는 민원구제의 실효성을 보완하기 위한 제도적 장치로서 오늘날, 세계적인 현상이 되었을 정도로 많은 국가에서 도입 채택되고 있다[5].

우리나라도 최근 옴부즈만제도의 도입에 대해 많은 논의가 이루어지고 있으나 아직 실제적인 도입은 되지 못하고 있는 실정이다. 물론, 앞에서 살펴본 몇 가지 유사제도로써도 국민의 불평과 행정부의 권리침해를 구제할 수 없는 것은 아니나, 이들 제도는 정치후진국에서 그러하듯이 우리나라에서도 국민의 권리보호자로서의 기능보다, 관(官)의 옹호자로서 활동하는 경우가 많아, 실효성 확보여부에 문제가 많은 것으로 지적되고 있다(김규정, 1998:323).

지금까지 우리나라는 대통령을 정점으로 하는 일원적 권력구조하에 있었으므로, 행정부의 권력강화, 우월화 현상이 심각하며 따라서 행정부에 대한 입법부 통제권은 미약하기 그지없다. 지난날의 국가발전 특히 경제발전을 위해, 신속과 능률의 논리가 지배하던 권위주의시대에는 개인의 자유나 권리가 무시되는 경우가 허다하였다.

행정부 통제뿐만 아니라, 국민의 권리구제측면에서 볼 때도 우리나라의 각종 민원제도는 시간이나 경비 및 지식이라는 측면에서의 제약이 많다.

즉 경제적 능력이나, 복잡한 서류를 갖출 수 있는 능력이 부족한 일반서민의 권익보호를 위하여 비용부담 없이 간편하고 신속하게 권리를 구제해주는 기관설치의 필요성이 있다.

이렇게 볼 때, 우리의 행정문화와 현실은 새로운 보완, 견제 장치를 요구하고 있으므로, 행정통제와 민원구제를 위한 새로운 방법으로 긍정적 평가를 받고 있는 옴부즈만제도를 적극적으로 수용, 도입할 필요성은 충분하다. 왜냐하면, 옴부즈만제도를 수용, 도입함으로써 관료들의 독선적 자세에 대해 견제역할을 어느 정도 기대할 수 있고, 또한 행정에 대한 국민의 피해의식을 줄이고 국민의 참여의식을 높일 수 있을 뿐만 아니라(백완기,1998:214-216) 행정의 민주화와 인간화를 실현하고, 행정의 개선이나 개혁의 계기를 마련할 수 있기 때문이다(김현철,1980:94).

---

5) 현재, 옴부즈만제도를 채택하고 있는 나라로 스웨덴, 핀란드, 노르웨이 등의 북구유럽제국과 뉴질랜드, 영국, 프랑스, 탄자니아, 북아일랜드, 이스라엘, 피지, 케냐 등에서 볼 수 있다.

Ⅱ. 시민의 행정참여제도(Citizen Participation)

1. 행정참여의 의의

현대행정국가에 있어서 시민의 행정에의 참여에 대한 의미라든지, 그 본질에 대해 논자에 따라 서로 다른, 다의(多義)적인 개념으로 정의되고 있다.

오늘날, 정책결정에 대한 시민의 참여는 폭발적인 증가 일로에 있으며, 정당·이익단체, 의회 및 선출된 관료(정무관)등은 시민참여를 돕는 중요한 중개적 집단(intermediary body)으로 간주되고 있다(유종해, 1982:177).

이와 같은, 시민의 행정참여란 행정과정에 시민이 참여(citizen participation)하는 것을 의미한다.

즉, 행정에 있어서의 정책결정과정이나 집행과정에 시민 내지 주민이 개별적 또는 집단적으로, 직접 또는 간접적인 참여로 영향을 미치기 위한 일련의 행위를 말한다.

알포드(R. R. Alford)는 참여를 "의사결정 과정에 미치는 영향의 정도(an affect on the decision making)"라고 정의하였고(Robert R. Alford, 1969:21), 스미드(D. Smith)와 로스(V. Ross) 참여를 "의사결정에의 관여(share)"로 정의하고 있다(David Smith & V. Ross, 1973:2-3). 또 버바(S. Verba)는 참여를 "공식적인 결정권을 가지지 않는 사람이 결정권을 가지고 있는 사람의 행동에 영향을 미치려는 의도적 행위"로 보고 있다.

이러한 제(諸) 견해를 종합해 볼 때, 행정에의 시민참여는 아래와 같이 정의 될 수 있다.

행정에의 시민참여란 「정부(행정)관료조직들의 정책결정과 집행에 그 정책과 이해관련이 있는 시민들 즉, 그 정책으로 인해 영향을 받게 될 시민들이 정책결정과 집행과정에 개입, 참여하는 것을 말하는데 이 제도를 시민참여제도라고 한다[6].」

6) 시민참여는, Citizen Participation 이 외에 Clientele Participation, Clientele Involvement, Public

전통적 의미의 시민의 행정참여는 지난날 주로 청문회, 각종(자문)위원회, 공보(publicity), 특수연구단체 등의 방법에 의해서 행하여졌다. 이런 전통적인 시민참여는, 앞으로 살펴볼 새로운 시민참여와는 달리 의무적인 것도, 실질적인 것도 아니다. 다만 시민대중이 참여했다는 정통성을 확보하기 위해, 정부기관들은 대부분 특수이해관계자들로 구성 되는 다양한 시민자문위원회들을 자발적으로 설립한다. 이들은 일단 설립되기만 하면 정부기관들과 긴밀한 공생관계로 발전되기 마련이었다(강형기, 1979:17).

그러나 반면에 새로운 시민참여는, 전행정과정을 제도화함으로써 행정기관들이 시민들의 행정참여를 자기들 마음대로 없애지 못하도록 한다는 데 있다. 즉, 새로운 시민참여는 사회형평(social equity)의 원칙에 입각하여, 보다 적은 자원을 갖고 있는 하급서민계층, 소수인종계층, 행정행위에 의해 직접 영향을 받는 시민들을 포함하는 광범위한 대표적인 구성을 그 바탕으로 한다(임성환, 1978:355, 김홍기, 1995:456). 이는 현대 행정국가의 현대사회가 참여적 민주주의를 강조하는 참여사회이며 참여는 민주주의의 가장 기본적인 속성으로 이해되기 때문이다. 즉, 민주주의와 참여는 동전의 앞뒷면과 같이 밀접불가분 관계에 있어 참여민주주의(participatory democracy)의 실현은 현대 행정국가의 중요한 과제가 되기 때문이다. 무릇, 이와 같은 시민참여는 점차 제도화 함으로써 현대 행정국가하의 현대행정에 보다 효과적인 통제를 가할 수 있게 된다. 한편, 반면에 제도화된 시민참여는 시민자신의 참여라는 성격을 상실하여 소위 "단순한 행정적 포섭"으로 전화될 위험성 또한 내포하고 있다(P. Selznick, 1988:187, 신두범, 1996:714).

Participation, Neighborhood Democracy 등의 여러 가지로 표현되고 있다. 하지만 자발성, 적극성을 띤 행정참여와 달리 시민이 행정기관의 필요에 따른 요구로 정치행정과정에 피동적으로 협력하는 시민관여(Citizen Involvement)는 시민참여와 구별되어야 한다고 주장되기도 한다. 또한, 참여는 공동의사결정이라는 성격을 내표 하고 있어 협동과는 구별할 필요가 있다는 주장이 있다. 즉, 협동은 주로 집행 과정에 관련되어, 의사 결정과는 관련이 없다는데 있다. 즉, 관련이 있다하더라도, 협동은 단순히 민의(民意)를 고려한다는 의미만 가질 뿐 의사결정과 직접적인 관련성은 없다는 입장이다. 이렇게 볼 때, 참여는 단순한 협동이나 조작이 아닌, 시민도 능동적으로 조직을 움직이는 자율적 주체로서의 지위로 나아가게 되는 것으로 보는 것이다.(최창호, 1995:645)

여기에 시민참여는 끊임없는 운동에 의해 뒷받침될 필요가 있을 뿐만 아니라 무엇보다도 시민의 정치·행정에 대한 관심과 참여의식이 고조되어야 할 것이 요청된다.

이렇게 볼 때, 결국 현대 행정국가하의 행정과정에서의 시민참여는 현대행정의 특질과 민주행정의 실현과의 관계에서 나타나는 합법적이고 제도적인 것이라 할 것이다.

2. 시민참여의 필요성

현대 행정국가에서 왜 시민의 행정에의 직접적인 참여가 중요한 문제로 대두하게 되었는가?

이는 무엇보다 첫째, 행정이 전문기술화하고 행정권이 확대·강화됨으로써 기존의 입법부·사법부에 의한 행정통제가 곤란해져서 시민참여의 필요성 내지 중요성이 상대적으로 강조되었다는데 있다.

둘째, 현대 행정국가에서 국회는 국민에 대한 공약의 실현을 전문 관료집단인, 정부관료제에 의존할 수 밖에 없는데 정부관료제는 시민의 요구를 적극적으로 반영한다기 보다는, 능률성을 강조하여 기계적인 행정을 수행, 관료제의 역기능 내지 병리를 야기시키는 경우가 허다하다. 여기에 이러한 정부관료제의 역기능 내지 병리를 극복하기 위해서도 시민참여의 필요성은 강조된다.

셋째, 현대 행정국가에서는 시민의 투표권행사를 통한 정책변동은 거의 불가능하기 때문에 시민참여의 필요성 또한 강조된다.

넷째, 직접민주주의의 정신은 행정기관(정부관료제)과 시민간의 원활한 상호협력을 통하여 실현된다고 할 수 있으므로, 당연히 행정에의 시민참여는 중요하다.

다섯째, 정부의 주요 정책이나 사업을 시민의 요구에 부합시키기 위해서는 정책결정과 집행과정에서 시민의 발언권이 강화되어야 한다는 점에서 또한 시민참여의 필요성이 강조된다고 할 것이다.

여섯째, 현대 행정국가하에서의 현대행정의 목적이 사회적 형평성을 실현하고 인간의 소외감을 없애고 인간의 존엄성 회복에 있다고 볼 때 시민참여는 이러한 목적실현을 위하고 이에 부응하기 위해서도 필요한 것이다(김홍기, 1995:464-465).

이외에도, 시민참여의 필요성 강조에 원론적인 입장에서 여러 가지 이유가 제기되고 있다. 즉, ① 시민참여는 정치체제가 정치적 도전을 받아들이게 하는 교정적 과정이기 때문이라는 점과 ② 정책결정을 하는데 있어서 소수 엘리트(elite)보다 시민이 더 대중을 위한 정책결정을 할 수 있다는 사실에 기인된다는 점 ③ 시민참여는 시민에게 정치에 대한 관심을 높여주고 참여를 통해 좋은 경험을 하게끔 할 수 있다는 점 등이다. 즉 참여가 참으로 정치적, 교육적 가치가 있다는 점에서의 필요성 강조이다.

3. 시민참여의 발전과정

카우프만(H. Kaufman)은 미국에서의 시민참여 발전과정을 아래와 같이 설명하고 있다(Herbert Kaufman, 1969:3-11). 미국행정의 역사는 대표성(representativeness), 정치적 중립적 능률성(politically neutral competence), 행정지도성(executive leadership)이라는 세 가지의 주된 특성의 순환으로 이루어졌다고 적고 있다. 즉, 카우프만은 미국행정사의 전개 과정에 있어서 행정과 시민과의 역학관계를 다음과 같은 세 가지 시대로 구분하여 설명하고 있는 것이다.

① 대표성

미 건국 초에서부터 실적주의가 대두된 1880년대까지의 시기에는 행정의 대표성 확보를 위해 행정을 정치에 예속시킨 정당관료제의 시기로써, 절대군주국가시대의 절대관료제에 대한 반발 때문에 행정권이 어느 시대보다 억압되었던 때이다. 이 시기의 행정과 시민의 관계는 의회제도를 매개로 한 간접적 관계였으며 주도권은 시민측에 있었다고 볼 수 있다.

② 정치적 중립적 능률성

1880년대에서부터 1930년대까지 뉴딜정책과 능률성이 강조되던 시기로써, 행정의 정치적 중립성이 보장된 가운데 행정의 과학화, 능률화가 추진되어 행정의 내적 충실화가 이루어졌고 시민권이 계속 확대된 시민사회의 발전기이다. 이 시기의 행정과 시민의 관계는 역시 대의제를 통한 간접관계이었고 그 역학관계는 행정과 시민이 균형(equilibrium)을 유지하면서 상호 내적 충실을 도모하였다. 또한 이 시기는 자본주의와 산업사회의 성숙기로써 산업화, 도시화로 인한 수많은 사회문제가 제기되었고 이에 대응하기 위한 행정기능의 확대와 강화가 시작되는 시기였다고 볼 수 있다.

③ 행정지도성

1940년대에서부터 1960년대까지의 시기로써, 이후 행정의 대표성 확보를 위해 시민참여가 활발히 전개되는 때이다. 즉, 1932년 뉴딜정책 이후 정치·행정일원론이 대두되고 행정의 정책결정기능이 확대되었으며, 기획기능의 비약적인 발전은 사회변동 관리기능을 더욱 강화시켜 행정국가화 현상이 계속 심화되던 시기이다. 이 시기의 행정과 시민의 관계는 행정의 영향력이 큰 가운데 대중사회의 시민이 압도되는 행정우위의 관계이었다. 이와 같은 시민사회에 대한 행정의 영향력의 확대와 강화, 인간자주성의 회복과 생활보장을 위한 시민의 직접적인 행정참여가 불가피한 시기였으며, 행정의 공정성, 대표성 보장을 위한 새로운 장치의 모색을 요청하게끔 되었던 것이다. 이는 곧 행정과 시민과의 역학관계에서 새로운 질서를 바라는 입장이다. 즉, 시민이 행정과의 직접적인 관계 속에서 행정의 사회관리기능을 인정하고 행정의 민주성 확보를 강조한 때이다. 한편 발전도상국의 시민참여는, 대부분 정치적 근대화의 수준이 낮아 전근대적 의존 및 피동성이 잔존하고 있는 입장이었다. 즉 제2차 세계대전 이후 독립이 이루어지고 민주주의 제도가 도입되어 형식적이나마 시민들의 정치참여가 이루어지고 시민의 자주성을 회복하는 듯 하였으나 민주주의 자체가 그들의 시민사회의 기초에서 생성된 것이 아닌 외국제도의 단순한 모방이었으므로 시민참여의 형식화는 어쩔 수 없었다

(김홍기, 1995:459-460).

독립 후 혼란기를 겪으면서 발전도상국 행정은 국가발전 선도자로서의 역할을 담당하게 되어, 행정권이 크게 강화될 수 밖에 없었다.

발전도상국은 보통 ① 절대군주국가체제에서 ② 식민지체제로 ③ 현대 행정국가체제의 순서로 역사적 변화를 겪어왔다고 볼 수 있다. 이러한 변화과정을 통해 행정은 시민사회를 강력히 지배하여왔고, 시민사회는 강력한 행정력에 의해 억압되어 왔음이 지적된다. 하지만 발전도상국가에서 산업화가 어느 정도 이루어짐에 따라 피동적이고 수동적인 사회의 개조가 불가피하게 되었으며 여기에 행정지도를 통한 시민참여운동이 대두하게 되었다(김상영, 1981:300-301).

특히, 우리나라의 정부관료제는 1980년대에 들어와서 급격한 정치변화와 함께 민주화, 국가복지, 사회정의 실현 등이 주요한 과제로 등장하고 이의 실현을 요구하는 시민과 행정의 협동의 중요성이 강조되었던 것이다(김규정, 1984:85).

4. 시민참여의 현대적 경향

지난날의 고대부족국가나 절대군주국가에 있어서는 시민을 의식하고 시민을 위한, 공공서비스를 제공한다는 시민 민주주의의 개념이 당연히 있을 수 없었기 때문에 시민을 한낮 절대군주의 꿈을 실현하기 위한 대상으로만 생각하였다.

행정이 시민을 의식하고, 시민을 위한 시민에 의한 시민의 행정을 위하여 노력하기 시작한 것은 시민혁명, 즉 프랑스 대혁명 이후부터라 할 수 있다. 즉, 이때부터 시민참여의 문제가 행정의 중심문제로 비로소 나타나기 시작하였다고 볼 수 있다. 하지만 이때에도 국가행정의 시민생활에 대한 간섭, 통제는 최대한 억제된 채, 행정은 사회치안 질서유지기능만을 담당하는 것으로 족하였기 때문에 시민참여는 그다지 중요한 문제로 거론되지 못하였다.

그러다가 산업화의 진전, 자본주의의 발달로 인해 다양한 사회문제의 등장, 노사대립, 도시화현상으로 야기된 각종 도시문제 등으로, 이러한 제(諸) 사회문제를 신축적이고 기민성있게 처리하고자 시민민주주의가 대중민주주의로 전환되고 행정부기능은 적극화되고 행정이 정책결정을 실질적으로 좌우하게 되었다. 여기에, 이러한 시대적 상황의 변화는 행정의 전문화, 기술화를 촉진시켜, 신중앙집권화 현상(neo-centralization)을 가져왔고, 직업공무원제의 발달을 가속화시킨 반면 입법부나 사법부에 의한 전통적인 행정부통제는, 전문기술화되고 강력해진 행정부를 통제하는 것이 논리적으로도 맞지 않고 그 기능을 상실하였던 것이다.

결론적으로 현대 행정국가에서 시민참여가 요청되고 그 중요성이 강조되는 것은 바로 위와 같은 현대행정의 질적변화와 그에 따른 의회제도의 위기 내지 대의정치의 퇴색 등에서 민주주의를 유지, 발전시키기 위한 절대적인 요청에 부응한 것이라 할 것이다[7](오세덕 · 박연호, 1982:437)

5. 시민참여의 기능과 한계

1) 시민참여의 순기능(eu-function)

시민의 행정에의 참여를 통하여 아래와 같은 바람직한 기능을 기대할 수 있다.

첫째, 행정의 전문화 및 강화에 따른 대의제의 결함을 보완하고 시민에 의한 행정부 통제를 실현할 수 있다.

둘째, 소외되어온 일반시민을 정책결정, 집행과정에 참여시키고 성숙한 시민의식을 고양시켜 진정한 주민차치의 실현에 기여한다.

---

7) 레드포드(Redford)나 애플비(H. Appleby)가 그들의 저서 "Democracy in Administrative State"와 "Big Dimocracy"에서 현대 행정국가의 위기는 복잡한 현대사회에서 어떻게 민주주의를 유지, 발전시킬 수 있는가? 하는 것이 우리가 해결해야 하는 주요한 과제로 인식하여 책제명도 위와 같이 작명한 것으로 사료된다.

셋째, 시민참여는 선거의 미비점을 보완하여준다. 국민이 국정에 대해서 자기의사를 표현할 수 있는 길은 선거시의 투표행위 밖에 없으나 선거기간은 너무 길고, 또 투표행위는 대표자의 선정에 불과하며 구체적인 의사표시 행위는 아니다. 또한 내가 투표한 사람이 꼭 대표자로 선정된다는 보장도 없다. 뿐만 아니라, 혹 내가 투표한 사람이 선출된다 하더라도 자기의사를 대변하여 준다는 보장도 없는 취약점이 있다. 이러한 선거의 미비점을 보완하여 주는 것이 시민참여라 할 수 있다.

넷째, 주민간의 이해관계를 조정하고 완화시켜, 행정서비스의 개선과 주민과 행정기관간의 협조를 기할 수 있다.

다섯째, 시민의 정책순응을 확보하게 하며, 공공서비스의 공급과 관련되는 시민의 생산적 역할인 시민공동생산을 촉진한다(김병준, 1994:448-449).

여섯째, 시민참여는 아이디어를 개발하는 기능을 한다. 행정고객으로서의 시민은 행정엘리트들보다 대중이 바라는 공적 욕구(public needs)에 더욱 민감할 수 있으므로 그들의 의사나 주장은 정책결정에 중요한 자료가 되고 정책결정상황의 문제점을 명확히 파악, 이해하는데 도움이 될 수 있다.

일곱째, 시민참여는 거대하고 몰인격적인(impersonality) 관료제를 민주화하는데 기여한다.

여덟째, 시민참여는 시민을 훈련시키고 교육시키는 효과를 가지고 있을 뿐만 아니라, 사회구성원으로서의 일체감과 공동체 의식 등 심리적 안정감을 부여한다(박연호 · 오세덕, 1997:653-660).

즉 시민의 행정참여는 참여활동 경험을 통해 주민의식의 성숙을 가져와 사회적, 정치적 능력을 신장시키며 이익에 눈뜨게 하는 교육장으로써 주민의 자주성과 공공의식을 높여 주민의 자치능력수준을 향상시켜준다.

2) 시민참여의 역기능(dys-function)

한편, 시민참여에는 아래와 같은 역기능도 존재하고 있다(정세욱, 1984: 258-259).

첫째, 시민참여는 많은 시간과 노력을 요하므로 이로 인해 정책집행이 지연을 초래할 우려가 있다는 점이다. 특히 시민참여는 민주적 훈련이 부족한 사람들이 참여할 때 더욱 문제를 악화시킬 가능성이 있다.

둘째, 시민들의 전문성의 결여로 행정과 정책집행의 비능률을 초래하게 된다는 점이다. 대개 시민참여에 동원되는 사람들은 비전문가들로서 장기적인 안목에서 먼 앞날의 이익을 분별하기가 어렵고 각계각층의 많은 시민들이 한데 모이면 자기입장만 주장하여 갈등이 심화되어, 비능률적 논의가 될 수 밖에 없다.

셋째, 행정에 참여하는 시민이 과연 시민전체를 대표하고 공정성을 확보할 수 있는가의 문제이다. 보통 시민참여는 지방적이고 부분적, 분파적 이익 때문에 국가전체이익이나 전반적인 이익을 도외시할 가능성이 크다는 점이다.

넷째, 시민참여는 이론상 협동 또는 권력에 대한 저항이라는 양면성을 갖는데, 시민이 행정권력에 흡수, 포섭됨으로서 시민참여의 의의를 상실하거나 허구화되어 행정기관에 의해 조작적 참여로 전락할 위험성이 있다.

즉 행정부가 입안한 정책이나 사업에 반발하는 주민들을 무마시키기 위해 시민참여가 전략적으로 역이용되어 시민참여는 행정책임을 회피, 전가시키는 수단으로 악이용될 수 있다는 것이다.

3) 시민참여의 한계

시민참여는 위에서 살펴본 바와 같이 순기능과 그 필요성에도 불구하고 아래와 같은 한계가 지적되고 있다.

첫째, 시민참여는 일반적으로 반대나 저항 등의 부정적 입장에 그치고 적극적으로 정책대안을 제시하지 못하는 경향이 있다.

둘째, 시민참여의 확대가 요구되지만 실제 집단의 소수구성원만이 참여할 수 있고 참여능력을 가지고 있지 못하다는 점이다.

셋째, 시민참여는 정부관료제 조직의 전문 기술적 성격을 과소평가하여 기존 정책 결정구조의 변동을 초래함으로 행정조직내부로부터 저항을 일으키게 된다는 점이다.

넷째, 시민참여는 권력의 재배분을 위한 수단이 될 수 있으므로, 이로 인해 불리한 입장에 있는 계층은 시민참여에 저항, 반발하게 된다.

다섯째, 대부분의 시민들은 공공정책의 형성과정에 적극적으로 참여하는 것을 원하지 않는다는 점 등이다(Jame A. Riedet, 1972:212-213, 김규정, 1998:864-865).

6. 시민참여의 이론

시민참여는 정부관료제의 정책결정과 집행과정에 그 정책에 의하여 영향을 받는 이해관련 당사자들이 합법적으로 직접 개입하거나 관여하여 미치는 영향력이라고 볼 수 있다.

이러한 시민참여는 최근 사회과학에 있어서 가장 많이 회자하는 용어중의 하나로써, 많은 사회과학자들에 의하여 이론화되고 논의의 대상이 되고 있다. 여기에 현대사회를, 시민참여가 중시되는 참여 민주주의 사회 혹은 참여 민주주의 시대라고 하고 있다.

이러한 시민참여에 대한 몇몇 학자들의 이론을 간단히 살펴보면 아래와 같다.

1) 카우프만(Kaufman)의 이론

카우프만은 최근의 시민참여제도를 역사적 관점에서 분석 그 요청근거를 이론적으로 제시하고 있다.

즉 그는 미국 행정부의 역사는 아래와 같은 세 가지 가치 내지 특성이 순서대로 순환되는 순환의 역사라고 지적한다.

① 대표성(representativeness) ② 정치적 중립성(politically neutral competence) ③ 집행부의 지도성(executive leadership)이 바로 그것이다.

초기 미국 식민지 시대에 있었던 강력한 행정지배의 반작용으로 미국의 대의적 정치기구들의 국민 대표성이 강조되었다고 볼 수 있다.

그러나 19C 중엽에 와서는, 입법적인 엽관주의 등이 정당정치의 환멸을 초래하여 정부 관료에 대한 정당의 구속을 벗어나기 위해 성적제도(실적주의)를 도입함으로써 행정을 정치로부터 독립시키고자 하였다. 그러나 그 결과는 행정의 능률성과 대의성을 동시에 감소시키게 되었다. 여기에 다시 정치 · 행정의 통합이 요구되고, 이로 인해 선출된 행정관들의 비중이 증대되고 20세기는 이들의 권력이 급격히 성장한 것으로 특징 지워진다.

이렇게 재등장한 행정지배로 인해 다시 대표성이 요청된다고 보고 카우프만은 최근 시민참여제도의 요청 근거를 바로 여기서 구하고 있는 것이다(Herbert Kaufman, 1972:381- 382, 김홍기, 1995:468-469).

즉, 카우프만은 시민참여제도가 주로 행정기관에 초점을 두게 되는 이유를 첫째, 행정기관들이 그 규모나 기능이나 권력 면에서 크게 성장했기 때문이라는 점과 둘째, 대통령, 국회, 사법부는 대개 전반적인 정책을 결정하는 반면 개개의 시민들에게 직접 영향을 미치는 훨씬 많은 결정들은 행정기관이 하고 있기 때문이라고 한다.

또한 카우프만은 시민참여제도가 등장, 강조되지 않을 수 없는 실질적 이유를 일부 시민계층의 불만에서 찾고 있다. 즉 일부시민계층은 기존의 정치, 경제 사회적인 제(諸)제도와 정책들이 자기들에게 공평한 이득과 보상을 하지 않고 있다고 믿고 있을 뿐만 아니라 현존 제도하에서는 이러한 공평한 배분을 받지 못할 것으로 생각하고 있음에 있다는 것이다(Her bert Kaufman, 1972:383).

2) 레드포드(Redford), 메길(Megill)의 이론

레드포드는, 시민대중들은 그들이 선출한 관리에 대해 선거라는 과정을 통해 통제가 가능하나 관료에 대해서는 그 통제를 그들이 선출한 관리들에게 맡겨둘 수 밖에 없다고 한다. 또한 그는 최근 근대 민주주의가 점차 행정국가화 함에 따라 이들 선출된 관리들이 계속 관료를 통제할 수 있는 능력을 가지고 있지 못하다는 사실이 나타나고 있다고 지적하고 있다(E. S. Redford, 1969:87, 김홍기, 1995:469). 여기에 새로운 행정통제 방법으로서의 시민참여의 요청은 불가피하다는 것이다.

레드포드와 유사한 관점이긴 하지만 메길(Megill)은 보다 정연한 논리를 전개하고 있다(Kenneth A. Megill, 1969:87).

메길은 「The New Democratic Theory」이라는 자기 저서에서 전통적인 민주주의 이론들은 그 이론적 근거를 상실하고 있고 대의제는 이제 그 제도적 근거를 잃고 있다고 적고 있다. 즉, 메길은 이제 대의제하의 국회의원들은 독자적으로 정책을 결정할 수도 없고 관료도 적극적으로 통제할 수 있는 힘을 상실한 상황에 놓여있다고 한다. 이는 겉으로 보기와는 달리, 현대 행정국가하에서 실제로는 관료가 정책결정을 행하기 때문이라는 것이다.[8)]

이러한 정책결정상의 결정권을 가진 관료를 통제하는 데는 메길은 두 가지 원칙이 있다고 한다(김홍기, 1995:469-470). 하나는 가능한 한 직접민주주의를 실시하는 것이고 다른 하나는 정책결정에 의해서 영향을 받는 사람들에 의해서 통제를 하는 것이라고 한다. 다만 여기서 메길은 모든 정책이 다 이해관련 당사자에 의해서 형성될 수는 없기 때문에 정책결정을 이해관련 당사자의 통제하에 두는 것이 보다 더 바람직하다고 하면서 후자의 통제에 중점을 두고 있는 것으로 보여진다.

3) 밀러(Miller)와 리엔(Rien)의 이론

밀러와 레인은 시민참여제도를 지지하는 지지집단(support group)을 세 종류로 분류하여 이들 집단이 각기 주장하는 지지이유를 시민참여제도의 요청 근거논리로 제시하고 있다(S. M. Miller & Martin Rien, 1971:353-354, 임성한, 1978:367-374).

---

8) 메길(Megill)은 이와 같은 상황이 일어나는 것은 노동자가 작업과정상의 정책결정에 참여치 못하는 반면 관료가 모든 과정에서 결정을 다해버리기 때문이라고 표현한다.

① 첫째 집단은 사회치료(sociotherapy)적 관점에서 시민참여제도를 지지하고 있다. 즉 빈자층은 현재의 제사회제도와 시스템 속에서 소외되고 있기 때문에 이들은 기존제도와 시스템에 불신감을 갖고 있다. 이와 같이 이들은 소외되고 불신감을 갖고 있을 뿐만 아니라 자신의 문제를 해결할 수 있는 능력도 갖추지 못하고 있다. 여기에 이들의 불신감을 없애고 스스로의 문제에 대한 해결능력을 키워주기 위해서는 이들을 현사회제도내로 유인하여 포함시키고 참여시키는 방법밖에 없다는 점에서의 시민참여 요청근거의 주장이다.

② 둘째 집단 역시 시민참여제도가 빈곤층에게 직업을 제공해주는 가장 중요한 방법이라는 관점에서의 지지입장을 시민참여의 요청근거로 제시하고 있다. 즉 빈곤퇴치계획은 중산층 내지 빈자층 전문인들의 직장을 증가시킬 수 있고 또 그 지역에 거주하는 미숙련된, 저교육수준의 시민들에게도 고용의 기회를 제공할 수 있다는 것이다. 이와 같이 빈자층을 위해 서비스를 제공하고 가난을 극복하기 위한 직업제공의 기회를 위해 시민참여제도가 매우 중요하다는 것이다.

③ 세 번째 집단은, 시민참여제도가 위와 같은 빈곤퇴치계획을 정당화해주기 때문에 지지한다는 입장이다. 위에서 지적된 바와 같이 빈자층은 여러 사회제도와 시스템에서 소외되고 있어 빈곤퇴치계획에 대해서도 기분 나쁘게 생각하고 있다. 이는 이들 집단이 빈곤퇴치계획에 직접 참여하여 이 프로그램이 자기들에게 유익하다는 것을 느껴보지 않고서는 이 프로그램이 효과적으로 활용될 수 없기 때문에, 기인된다고 할 수 있다.

7. 시민참여의 조건

시민참여가 성공하고 제도적으로 정착하기 위해서는 참여주체가 기본적으로 갖추어야 할 조건과 함께, 누가 참여할 것이며, 어떻게, 언제, 어떤 방법으로 참여할 것인가 등의 문제에 대한 일반적 조건의 구비, 그리고 참여자의 대표성과 합법성 문제, 참여의 실질적 효과문제, 제도적 장치문제 등의 제도적 조건의 보장이 요구된다고 할 것이다. 여기에 대해 간단히 살펴보고자 한다.

1) 기본적 조건

카레이(L. J. Carey)는 시민참여의 활성화와 약화현상을 좌우하는 요인 내지 이유에 대해 세 가지 조건을 들어 설명하고 있다(L. J. Carey, 1970:146).

시민이 행정에 효과적인 참여를 하기 위해서는, 무엇보다도 먼저 ① 문제점의 소재(所在)와 그것의 우선순위(priority)가 무엇인가에 대해 판단할 수 있는 기초지식과 종합적인 배경에 대한 이해력을 구비해야 한다.

② 스스로의 행동결정능력을 구비해야 한다. ③ 이해력과 행동결정능력과 함께 이를 실제 실천할 수 있는 행동력을 구비해야 한다.

이와 같은 세 가지의 기본적 요건은 시민참여의 행태를 분석하는 전제가 될 수 있을 뿐만 아니라, 정부와 시민의 상호작용을 통해 개선될 수 있는 것이다.

즉, 정부가 시민에게 충분한 정보 제공없이 시민들을 지역문제에 대해 교육을 시킬 수 가 없는 반면에 정부의 대 시민에 대한 자세를 성실하게 하고 시민참여가 단순한 요식행위가 아닌 진실된 참여가 되도록 유도해주는 태도가 있다면 위와 같은 전제 요건 내지 조건은 개선될 수 있을 것이다.[9)]

2) 일반적 조건

시민들이 행정과정에 참여하기 이전에 먼저 확실히 인식하지 않으면 안될

9) 벨러스와 한스네트(J. Bellus & M. Hansknecht)는 시민의 심리적 일체감, 응집력 등이 시민참여의 기본적 동기가 된다고 보는 점에서도 이해될 수 있다. 벨러스와 한스네트는 시민참여의 요건으로 아래와 같은 다섯가지 단계를 설명한 바 있다. ① 조직력의 구비 ② 시민들의 자세 ③ 지도력(leadership) ④ 이슈에 대한 전반적인 지식 ⑤ 사태파악과 인지의 정도가 그것이다(Jewel Bellus & Murray Hansknecht, 1967:279-284).

요건이 있는데 이를 일반적 조건이라 할 수 있다. 즉, 이는 곧 누가 참여할 것이며 어떤 목적을 가지고 참여하며 또한 언제 참여할 것인가의 문제이다. 이러한 조건은 주로 시민들에게 요구되어지는 것으로 국가의 국민의식수준과도 상당한 관계가 있다고 할 수 있다(김홍기, 1995:474-47 6).

① 참여주체(who)

행정과정에 누가 참여할 것인가? 하는 문제를 제기할 때 우리는 크게는 두 가지 형태의 참여자를 생각해 볼 수 있다. 하지만 대표적으로 통합할 시 최소한 세 가지 형태의 참여자를 생각해 볼 수 있다(J. B. Rosenner, 1978:458-462).

행정과정에의 참여자는 첫째 공식적 참여자와 둘째 비공식적 참여자이다. 공식적 참여자 즉 법상 정책결정과정에의 참여가 보장되는 사람들에는 대통령, 국회의원과 고급관료(public administrator), 사법부가 포함된다.

한편 비공식적 참여자에는 ① 일반시민 ② 전문가, 학자 ③ 언론 ④ 정치권 ⑤ 이익집단(NGO) 등이 그것이다.

로젠느가 얘기하는 최소한의 세 가지 형태의 참여자는 ① 선거에 의하여 선출된 공직자들(elected officials) ② 관료들 ③ 시민집단이다. 여기서 이들 각 참여자 및 단체들은 각기 상이한 인격과 조직, 상이한 환경의 영향 속에서 작용을 할 뿐만 아니라, 상이한 가치관, 기대, 목표를 가지고 서로 간에 의견의 대립이 존재하기 때문에 참여의 효과를 높이기 위해서는 누가 참여할 것인가를 명확히 할 필요가 있다.

② 참여동기(why)

행정에 참여하는 시민이 무엇보다도 먼저 참여하는 궁극적인 목표가 무엇인지 명확히 인식하지 못한다면, 참여의 의미는 형식에 불과하게 된다. 즉, 이는 시민참여의 목표(goal)와 연계되는 것으로, 예를 들어 참여목표가 정책변경을 위한 것인지, 행정제도개선에 있는 것인지, 시민의 권한신장에 목적이 있는 것인지에 대한 판단이다.

③ 참여방법(how)

이는 시민참여를 어떤 방법과 절차로 참여하여 결과를 어떻게 적용할 것인지의 조건이다. 즉 시민참여는 그 참여 복잡성, 존속기간, 범위, 강도 등이 문제사례마다 다르기 때문에 참여를 위하여 필요한 조건도 각기 다르다.

④ 참여대상(where, in what)

시민이 참여를 행정과정의 어느 단계에 할 것인가 하는 문제이다. 즉 정책형성과정에 참여할 것인가? 집행과정에 참여할 것인가? 정책평가 및 종결과정에 참여할 것인가의 결정이다. 이는 시민들의 이해관계가 각 정책과정 내지 단계에 따라 관련성이 크고 적을 수 있기 때문에 중요하다.

3) 제도적 조건

시민참여는 여러 가지의 유용성과 효과가 주장되고 있지만 제도적 장치의 확립없이는 오히려 시민참여의 악이용 및 역기능의 위험성을 배제할 수 없다. 따라서 행정관료와 시민들은 공동의 노력으로 시민참여의 제도적 장치보장을 강구하여야 한다. 그리고 제도적 장치 보장과 함께 이를 잘 운영하지 못하면 이 또한 시민참여의 목적을 달성할 수 없으므로 아래와 같은 내용들에 대한 확보가 필요할 것으로 보여진다(김홍기, 1995:476-477).

① 대표성과 합법성(representation and legality)

행정관료들이 시민 및 이익집단과 대화할 때 부딪히는 문제 중의 하나가 이들 집단들의 대표성과 합법성에 관한 의문이다. 이는 누가 이익집단을 대변하며 어떤 방법으로 지역시민들의 의견을 정확히 반영하고 있는가하는 의구심에서 비롯된다. 보통 시민이나 이익집단들은 자신들의 집단만이 일부의 이익을 대표하는 것이 아니라 공익(public interest)을 대표한다고 주장한다. 그리고 공익의 실현에 있어서도 시민의 이익을 위한다는 집단들이 가끔 특정 분파의 이익에만 봉사하는 경우가 많이 있다. 여기에 행정 관료들은 전문기술적인 판단력을 갖고 행정기관과 시민참여를 창조적으로 조화시킬 수 있어야 한다.

② 참여의 실질적 효과

시민 단체들은 때때로 자신들의 이기적인 목적을 충족하기 위해서 정당하지 못한 다양한 방법을 동원하는 경우가 있다.

즉 이익집단들이 그들의 정치적 영향력과 권한을 동원하여 자신들의 이익을 주장함으로써 행정집행과정에 과도한 시간적 낭비를 가져와 때로는 행정활동 자체를 무기력하게 한다. 이는 많은 이익집단들이 대립된 자신들의 견해와 이익을 조정하려고 하지는 않고 자신들의 의사를 정책에 반영시킬 수 있는 어떤 수단의 확보에만 집착하기 때문이다.

여기에 행정 관료들은 행정이 효과적으로 기능할 수 있는 적절한 시기를 놓치지 말아야 함과 동시에 이익집단의 참여를 통한 이해관계도 고려하는 정책을 형성, 시민참여의 실질적 효과를 가져올 수 있도록 노력하여야 한다.

③ 비용 · 편익분석과 행정 관료

시민참여에 있어서 참여에 부수되는 비용과 편익(cost and benefit)에 대한 정확한 분석을, 이익집단들은 보통 하지 않으려할 뿐만 아니라, 행정 관료들에게 협조를 하지 않는 경우가 많이 있다. 여기에 행정관료는 비용편익분석(cost-benefit analysis)을 현실적으로 기대할 수 있는 제도화를 위하여 노력하여야 한다.

8. 시민참여의 유형과 역할

1) 시민참여의 유형(typology)

행정에의 시민참여의 유형은 아래와 같은 기준에 의하여 흔히 분류된다.

(1) 제도화 정도에 의한 분류

시민참여는 그 제도화 정도에 따라 운동, 교섭, 협찬(기관, 기획참여), 자치(자주관리) 등으로 나눌 수 있다. 즉, 운동과 교섭은 비제도적 참여인데 반하여 협찬과 자치는 제도적 참여이다(정세욱 · 최창호, 1997:672-673).

① 비제도적 시민참여

비제도적 시민참여에는 운동과 교섭이 있다. 여기서 운동은 어디까지나 비정형적인데 반해 교섭은 쌍방의 대립이라는 정형성을 띤다는 점에서 다르다. 또한 운동의 경우 상대방이 주장하는 가치와 관계없이 일방적으로 자기의 요구를 주장하는 것이라면 교섭은 상대방이 제시하는 가치를 협상(bargaining)을 통하여 교환, 거래하는 계산적 사고를 전제로 한다는 점에서 다르다. 운동은 대개 저항운동으로부터 출발해서 점차 참여운동으로 발전하며 이 참여운동은 더욱 발전하여 교섭의 단계에 이르게 된다(정세욱 · 최창호, 1997:667).

② 제도적 시민참여

제도화된 시민참여에는 협찬과 자치가 있다. 여기서 협찬은 정책결정과정에의 협조적 참여를 말하고 자치는 시민에 의한 행정통제적 참여를 의미한다. 한편 아른스타인(S. R. Arnstein)은 시민이 정책결정에 참여하는 정도에 따라서 시민참여를 8단계로 나누고 있다(Sherry R. Arnstein, 1969:216-224).

<표 Ⅲ-1> 시민참여의 8단계

<table>
<tr><td>8단계</td><td>자주관리(citizen control)</td><td rowspan="3">시민권력단계
(실질적 참여 단계)
(degree citizen power)</td></tr>
<tr><td>7단계</td><td>권한위임(delegated power)</td></tr>
<tr><td>6단계</td><td>쌍방협동(partnership)</td></tr>
<tr><td>5단계</td><td>유화(placation)</td><td rowspan="3">형식적 참여 단계
(degree of tokenism)</td></tr>
<tr><td>4단계</td><td>상담(consultation)</td></tr>
<tr><td>3단계</td><td>정보제공(informing)</td></tr>
<tr><td>2단계</td><td>치료(theraphy)</td><td rowspan="2">비참여 단계
(non participation)</td></tr>
<tr><td>1단계</td><td>조작(manipulation)</td></tr>
</table>

<표 III-1>의 8단계 중에서 제1단계의 참여의 형식을 흉내 낸 조작과 제2단계의 책임회피를 위한 조치로서의 치료는, 시민을 실질적으로는 전혀 참여시키지 않는 경우로 비참여 단계의 범주에 속한다고 할 수 있다. 그리고 제3단계의 정보제공과 제4단계의 상담 및 제5단계의 유화에 있어서 시민은 정보를 제공받고 상담을 받으며 또 위원회 등에 출석하여 정책 등을 권고하는 것이 인정되지만 시민의 영향력이 너무 미약하므로 형식적 참여의 범주에 속한다. 그리고 6단계의 쌍방협동은 말 그대로 회합식(會合式)이며 7단계의 권한위임은 정책결정에 시민이 우월한 권력을 가지고 참여하는 경우이고 8단계의 자주관리는 시민이 위원회(commitee) 등을 지배하는 경우로, 이 3단계에서는 권력이 시민에게 위임되어있는 경우를 의미함으로 시민권력의 단계 내지 실질적 참여 단계에 속한다고 할 수 있다.

(2) 주도권 소재에 의한 분류

주도권(主導權:initiative power) 소재에 의한 시민참여는 행정주도형, 시민주도형, 수평형, 균형형으로 분류할 수 있다.

① 행정주도형은 전통적인 유형으로서 행정권자가 주도권을 쥐고 시민과는 수직적인 관계에 있는 형이다.

② 주민주도형은 시민민주주의 시대에 단순한 행정과제를 처리하던 야경국가 내지 보안국가 시대의 대표적인 유형으로서 주민이 주도권을 쥐고 행정이 피동적인 입장에 서는 형이다.

③ 수평형은 시민민주주의로부터 현대 행정국가에로 전환하는 과정에 있는 타협형으로 행정과 시민이 수평적 관계에서 의사소통이 가장 이상적으로 이루어지는 형이라고 볼 수 있다.

④ 균형형은 주민과 시민 이외에 제3자가 개입되어 균형을 이루는 행정참여유형을 말한다.

(3) 참여방법에 의한 분류

행정에의 시민참여는 또한 참여 방법에 따라 ① 직접참여와 간접참여 ②

개별적참여와 집단참여로 나눌 수 있다.

먼저 시민이 직접참여(direct participation)하는 방법은 지역적으로 하위단위나 또는 소규모의 농촌마을(rural village)에 있어서만 가능한 방법이다[10](H. F. Koufman, 1962: 81- 90).

간접참여방법은, 대개 시민의 대표자를 선출하여 참여하는 방법으로, 지방의회, 각종 위원회 등의 참여이다. 이는 지역단위가 크고 시민의 개인, 직접참여가 불가능할 때 많이 활용된다.

또한 행정과정에 시민은 개별적으로 참여할 수도 있고 단체를 구성하여 참여할 수도 있는데, 개별적참여에는 도시계획에 대한 건의(의견), 항의(진정), 연구발표, 지상발표, 열람, 분양신청, 상담, 여론조사에 응하는 것 등이 속한다.

한편 단체적참여에는

① 지역 단위 단체형성으로 반상회, 동이사회, 통회, 보존지역시민회의, 재개발지역시민회의 등이 있고

② 특별 목적 단체형성으로, 도시미화위원회, 도시녹화위원회, 소음방지협의회, 공해방지협의회 등이 있다. 그리고

③ 시정단체의 형성으로 시정자문위원회, 시민계획위원회, 공청회 등이 있다.

지금까지의 논의는 정책결정에 있어서 시민의 영향력을 중심으로 한 분석으로서 시민참여의 제도화를 측정하는 지표로서는 아주 유용한 유형분류라고 할 수 있다.

이러한 분석이외에 행정계획과정에 있어 어느 과정에 참여하는가에 따라,

---

10) 이러한 직접참여방법은 아래와 같은 장점이 있다.

① 시민모두가 쉽게 문제점에 접근할 수 있다.

② 간접참여방법보다 행동에 옮기는 것이 빠르고 쉽다.

③ 시민 전체 이슈로 유도할 수 있는 교육, 고용, 복지, 위락 등이 시민의 일상생활과 직결되고 이해관계가 깊은 점에서 참여가 가능하다는 점이다.

④ 직접참여방법은 개개인의 역할이 또한 중요한 장점이 된다. 하지만 직접참여방법의 단점은 지역 단위규모가 대개 1000명이상일 경우 비능률적이라 도시규모에는 적용될 수가 없다는 점이다.

① 기본정책방향설정에의 참여 ② 기획수립에의 참여 ③ 예산편성에의 참여 ④ 집행방법의 결정에 대한 참여 ⑤ 집행과정에의 참여 등으로 분류할 수 있다든지 사업대상 종류에 의한 분류에 따라 ① 장기계획결정에의 참여 ② 도시계획사업 참여 ③ 특정 프로젝트사업 참여 등으로 분류가 가능하다.

2) 시민참여의 새로운 역할

행정에의 시민참여는, 결국 민주주의의 기본이념이라는 입장에서 볼 때, 시민의 뜻이 정책에 반영되지 않거나, 반영되지 않을 우려가 있는 경우 시민들이 직접참여라는 방법을 통하여 그들의 요구를 달성하려는 수단이다. 그러나 현대행정국가에 들어와서 위와 같은 본래의 기능 및 역할이외에 새로운 다음과 같은 역할도 하게 되었다.

① 시민참여가 저항세력의 회유 및 통제방법으로 사용되는 경우의 참여로 어떤 정책문제에 대해 저항하는 집단을 회유(pacification)하는 수단으로 시민참여가 이용되고 있다는 점이다.

② 시민참여가 포섭 수단으로 사용되는 경우의 참여 역할이다. 어떤 대표자회의를 구성하여 반대세력의 중심인물을 이 회의의 구성위원으로 포섭함으로써[11) 동회의의 이익을 위한 정책형성에 영향을 미칠 수 있고 반대세력을 포섭함으로써 강력한 집행권을 지방행정기관에 줄 수 있는 근거를 마련할 수 있다는 것이다(김재기, 2001:773).

③ 시민참여가 행정고객으로서의 참여역할이다. 즉 특정시민에게 직접이익을 주는 정부계획인 빈곤퇴치사업계획이나 취락구조 개선 사업계획 등에 관련된 해당시민들을 행정의 고객으로서 참여케하는 방법이다.

---

11) 셀즈니크(Philp Selznick)는 포섭을 정책기구의 위협을 방지하고 안정을 얻기 위하여 지도층에 새로운 요소를 흡수하는 과정으로 보고있다(Philp Selznick, 1949:31).

9. 시민참여의 실제적 제(諸)수단

① 정책자문위원회

오늘날 시민참여를 위한 제도 중 가장 보편적인 수단으로 자치단체수준에서의 정책자문위원회제도를 들 수 있다.[12] 이 정책자문위원회는 도지사나 시장, 군수 등의 자치단체장의 자문에 응하고 당해 지역의 발전에 대해 자치단체장에게 건의하며 혹은 자치단체장의 요청에 응하여 해당지역사업의 촉진을 위한 계몽 및 권장의 기능을 하는 것으로 되어있다.

하지만, 이 정책자문위원회의 대표성을 높이고 그 기능을 국가정책의 홍보(publicity)나 자문에 그치지 않고, 좀 더 적극적으로 시민을 참여시킬 수 있는 방안을 모색하여야 할 것이다.

② 공개청문회(public meeting)

이러한 공청회는 시민들이 직접참여하는 대표적 방법으로 볼 수 있다. 여기서 시민들은 알고자 하는 지역문제에 대하여 조사한 결과의 해답을 들을 수 있는 공공조사, 탐구(public inquiry)의 기능도 수행한다(김번웅, 1980).

공청회는 많은 정보를 확보할 수 있을 뿐만 아니라, 슬라이드, 영화, video tape, 지도, 도표, 강의, 프린트물 등 다양한 매체(media)를 이용할 수 있다는 점, 그리고 전시효과와 신뢰도가 크다는 장점이 있는 반면, 회의진행이 곤란하고 많은 시간의 소비, 효과적인 의사표시나 비밀보장이 기대되거나 어렵다는 단점을 갖고 있다.

③ 반상회

반상회는 시민 스스로가 참여하여 공동관심사를 찾아 협의하는 제도로서 시민의 중지를 모아 결정하고, 결정된 사항을 실천하거나 실천을 위한 노력

---

12) 자문위원회제도는 1961년 5.16 군사혁명이후 지방자치단체의 기능이 정지됨에 따라 이에 대체하여 1962년 지방자치단체의 조례로서 각 행정자문위원회를 설치, 운영하다가 1981년 대통령령 제10181호 제14조의 규정에 의거 정책자문위원회로 대체되게 되었다.

을 기울이는 역할을 한다(박문옥, 1982:75).

그러나 오늘날의 반상회에서 시민이 행정에 반영하고자 하는 사항이 지역적, 공공적 성격의 내용보다, 시혜호소적, 개인생활중심적 성격을 띤 고충의 차원에 머무르고 있으므로, 정책적 차원까지는 이르지 못하고 있는 실정이다. 또한 시민들의 무리한 요구 때문에 시민의사를 행정과정에 반영하기가 어려운 실정에 있다. 여기에 현재의 반상회는 행정의사의 침투기능만이 주된 기능으로 되는 경향이 있다(강영기, 1982:59-60).

따라서 시민 속에서 반상회를 앞으로 더욱 발전시켜 나가기 위해서는 새로운 정보를 공개하여야 하며, 시민의 참여를 확대하는 정부의 의지와 기술을 성숙시켜 나가야 한다. 또한 반상회를 지역중심체제로부터 직장중심, 직능중심체제로 전환시키고 직장간, 집단간의 의사소통 통로를 넓히는 작업이 필요한 것으로 판단된다(박문옥, 1982:75-76).

④ 행정상담위원제도

행정상담위원제도는 직접적인 참여는 아니나 시민들이 그들의 의사를 정보통로를 통해서 행정기관에 표현하고 그들의 요구와 건의사항을 제출하는 시민참여방법의 한 수단이다.

이렇게 볼 때, 행정상담위원제도는 정부민원상담실, 민원통제관제도 등과 더불어 국민의 대행정부민원을 처리하는 제도이다. 하지만 이는 민원통제관제도와는 달이 주민들의 의사를 좀 더 적극적인 입장에서 행정과정에 도입하는 제도[13]라 하겠다.

이 제도의 상담위원들은 각 지역의 시장, 군수가 추천하여 행정자치부장관이 임명하는 자들로서 이들은 각 지역에 거주하면서 문서, 방문전화 등을 통하여 민원을 접수하여 그들이 현지에서 처리할 수 있는 것은 직접 처리하지

13) 행정상담위원제도는 1974년 국무총리령 제119호로 공포된 행정상담위원규정에 근거하여 설치된 것으로 ① 시민의 행정에 대한 고충전달 ② 행정시책의 계도 ③ 행정개선에 관한 의견건의 ④ 여론의 파악, 제출 ⑤ 제반민원사무에 대한 상담과 지도를 목적으로 하고 있다.

만 그렇지 못한 것은 중앙정부에 이첩하여 처리하고 있다.

그러나 행정상담위원이 처리한 민원의 유형은 진정과 건의 및 질의, 안내가 대부분을 차지하고 있어, 제도자체의 일방통행성을 불식할 수 없는 제도가 되고 있다(김홍기, 1995:49 3)

⑤ 기관장과의 정례 대화

시장, 군수, 구청장 등은 다양한 계층의 시민들(농어민, 상인, 도시근로자, 대학생, 각종사회단체, 새마을지도자, 통·반장)과 격의 없는 대화를 함으로써 시민참여의식을 고양시키며 행정과의 공감대를 형성한다.

⑥ 사랑방순회 간담회

시장, 군수, 구청장 및 읍·동장은 주1회 이상 영세민 집단 거주지 낙후지, 주민집단분규지, 서해안도서, 안보취약지, 기타 행정상 필요가 있는 지역을 찾아 시민과 직접대화를 가짐으로써 간접적으로 시민들의 의사를 행정에 반영시킨다.

⑦ 전시회

시민들에게 정보를 제공하고 그들의 반응을 널리 듣는(廣聽) 또 하나의 오래된 시민참여방법은 전시회를 통한 방법이다. 하지만 이 방법으로 시민참여 효과를 가져오려면 전시물의 내용이 간단하고 이해하기가 용이하여야 할 뿐만 아니라 전시장의 위치도 시민의 통행이 빈번한 곳에 설치되어야 한다.

그렇게 함으로써 시민과의 소통(communication)의 길을 트는 효과와 함께 시민들의 관심을 불러일으킬 수 있다.

⑧ 설문조사방법

이 방법은 시민들의 태도, 문제점, 인식도, 선호도, 만족도 등에 대하여 광범위한 여론을 수집하는데 널리 이용되어온 참여이다. 이 설문조사방법은 자료를 분류, 분석하기가 용이하고 다수인의 의견을 모을 수 있고, 넓은 지역의 의견을 수집할 수 있는 장점을 지니고 있다. 그러나 응답대상자의 신중하고 가치있는 답변을 기대하기가 곤란하고, 설문서 작성이나 표본추출 등에서 편견(bias)이 내포되고 또한 형식적 조사에 그칠 수 있다는 한계[14]가 있다.

⑨ 매스미디어(mass media)

매스미디어를 통하여 정부의 정책을 홍보(publicity)함으로써 시민들의 관심과 호의(goodwill)를 획득하려는 방법은 최근에 와서 보편화되고 있다고 볼 수 있다. 이는 시민의 지적 수준과 시민의 의식향상과 소득수준이 높아짐에 따라 신문, 라디오, TV의 보급이 확대되어 이들 미디어를 통한 시민과 정부와의 대화가 활발해질 수 있었기 때문이다.

최근 신문, 라디오를 이용하는 빈도는 감소하는 반면 TV의 효과가 크게 증가되는 추세의 시민참여 효과를 보이고 있다.

이는 TV가 최근 공공성을 띠면서 시민들 측의 견해와 문제를 실감있게 보도함으로써 정부에서 홍보하는 것보다 시민들이 문제점이 무엇인가를 인식하는데 더 좋은 수단이 되고 있기 때문이다. 특히 시민들의 직접이해관계가 되고 있는 환경오염문제, 도심재개발문제, 공원위락시설설치문제 등에서 TV를 통해 공개토론을 실시함으로써 정부안보다 오히려 시민들이 더 유익한 대안을 제시되기도 하기 때문이다(D. W. Ducsik, 1981:154-164).

⑩ 시민운동

정부정책에 대한 시민의 의사소통(communication)을 위한 제도가 없다거나, 현 상태에 대한 제도적 대응을 할 수 없을 경우 대개 시민운동이 발생한다(박문옥, 1982:75, 김홍기, 1995:496).

이러한 시민운동은 최근 NGO[15]를 중심으로, 환경오염, 핵폐기물입지선정,

---

14) 설문조사방법이라는 시민참여의 가장 큰 한계점은 이들 설문이 시정에 대한 시민의 적극적인 참여를 유도하거나 시정의 기본적인 방향에 대한 의견의 제시를 요구하기보다는, 지엽적인 대민업무의 잘잘못을 질문하거나 자치단체의 업적을 선전하는데 그치고 있다는데 있다(강영기, 1982:63).

15) 현대 행정국가의 강력한 행정부 권한을 통제, 제어할 수 있는 하드웨어적(hardware)인 새

기업입지반대운동, 고속도로건설 및 댐건설의 수몰지구 철거반대, 쓰레기매립장건설 등의 시민환경의 생활방위성격을 가지는 사업에서 많이 발생하고 있다.

현 우리의 실정은 더더욱 충동적, 과격한 시민운동으로 행정관료가 조정타협하는데, 매우 어려운 참여방법으로 보고 있다. 이러한 시민운동은 시민들의 지역적 이기주의(egoism)에서 발생하기도 하지만 그 기초와 핵심은 건전한 시민의식 또는 자치, 참여의식에 있다고 할 것이다.

⑪ 기타 수단

위에서 살펴본 실제적 제수단 이외의 시민참여방법으로는 아이디어 창안(idea competit ions), 시민투표(referenda), 편지보내기 등이 있다. 시민들로부터 새로운 아이디어 개발을 받아들이는 방법을 최근 우리나라에서 거리 및 교량의 이름 공모라든지 쓰레기 총량 줄이는 아이디어 모집 내지 실생활의 제 문제를 간편히 해결하는 아이디어 모집 등에서 많이 활용되고 있는데 이 경우 당선자에게 적절한 현상금과 감사편지로 격려하여 시민들의 시정의 참여의식 고취의 자극제의 효과를 가져오고 있다.

한편 시민투표는 일종의 시민여론을 측정하는 방법의 하나로써 정부가 제안한 정책에 대한 찬반을 결정하기 위해 이 방법을 쓴다.

최근의 지역통합방안에 대한 주민투표가 바로 그것이다(행정자치부장관, 2009.11.9, 주민투표결과의 여론조사로 지역통합을 6곳으로 발표).

이외에 행정관계법령에서 시민참여에 의한 처리절차를 의무화하여 삽입하고, 행정예고제를 실시함으로써 시민의 권리의무와 관련된 제도시행을 사전에 반드시 고지하도록 하는 방법 등도 간접참여방법의 수단이라 할 것이다.

로운 통제방법의 하나로서의 비정부조직기구(NGO)의 정책과정의 영향력에 대해서는 항(項)을 달리하여 좀 더 자세히 살펴보고자 한다.

10. 우리의 시민참여 실태 및 문제점

1) 시민참여의 실태

우리나라는 민주주의의 성립과정에 있어서 직접민주주의나 절대주의 붕괴과정에 의한 시민민주주의에로의 발전과정이 없이 외부세력에 의해 민주주의가 성립되었다.

그리하여 시민참여 역시 이같은 역사적 과정을 그대로 반영하였다고 볼 수 있다. 즉 우리는 전통적으로 근대적인 시민계급의 형성이 제대로 이루어지지 않았고 따라서 정치·행정에의 시민참여가 발전되지 못하였다.

왕과 소수관료에게 모든 권력이 집중되었던 가산제적 관료제의 오랜 전통, 일제식민지하의 절대 관료제적 정치행정의 역사적 배경, 그리고 발전행정하의 관료적 권위주의 체제가 아직도 남아있다. 또한 시민참여의 시작이자 귀결이라 할 수 있는 지방자치가 아직 형식적 초보단계에 있으며 행정주도적 정책결정 참여제도의 취약 환경으로 즉, 아른스타인(Arnstein)의 명목적 참여수준에 머물러 있다고 볼 수 있다(김재기, 2001:774).

2) 시민참여의 문제점

관존민비(官尊民卑)의 역사적 유산으로 민중이 피지배자로서의 위치에 놓여왔던 우리나라에서 행정에 대한 시민의 태도는 부정적, 저항적 내지 방관자적 성격을 많이 띠어 시민의 주권자적 의식이 결여되어 있었다고 할 수 있다.

이렇게 볼 때, 우리나라 시민참여의 문제점은 첫째, 시민운동이 참여적 운동보다는 저항적 운동이 대부분이라는 점이다. 이 저항적 운동도 예방투쟁적 저항운동보다는 대증요법적 저항운동이 대부분이라는 점이다.

둘째, 시민참여의 제도화도 자치와 협찬의 수준에 이르지 못하고 있다는 점이다. 또한 협찬도 실질적 협찬보다는 명목적 협찬에 불과한 경우가 많다는 점이다.

셋째, 시민참여 과정에서는 정책이나 의사결정과정보다도 집행과정에의 포섭이나 회유로서의 시민참여가 대부분이었고 시민이 주도권을 쥔 참여라기보다 행정주도형 시민참여였다.

넷째, 시민참여에 있어 시민의 이익과 관련된 정보가 널리 공개되고[16] 교류되는 행정풍토가 조성되어 있지 못하다는 점이다.

다섯째, 시민의 생활에 큰 영향을 미치는 주요 정책이 비밀리에 입안되고 집행되는 이른바 비밀행정이 자행되어온 잔재로 정보의 봉쇄와 함께 시민참여의 기반조성이 되지 못하고 있다는 점 등이다. 하지만 최근 시민의 권리를 보호하기 위한 제도적 법정 장치는 거의 마련되고 있음을 볼 수 있다. 이러한 법적, 제도적 장치들이 제기능을 발휘하도록 행정부에 대한 시민통제의 필요성이 더욱 강조됨으로 더욱 적극적인 시민참여가 요청된다 할 것이다.

III. 비정부조직기구(NGO)

1. 개념

비정부조직 혹은 비정부단체(NGO:non-govermental organization)는 비영리단체로서 시민들의 자발적, 능동적 참여로 구성되어 공익(public interest)을 추구하는 민간조직기구라 할 수 있다.

16) 우리나라의 정보공개제도는 1992년 청주시를 비롯한 여러 지방자치단체에서 행정정보공개조례를 제정함으로써 시작되었다고 볼 수 있다. 중앙정부에서는 1994년 '행정정보공개운영지침'을 국무총리훈령에 따라 정보공개를 실시키로 되었다. 이어 1996년 12월 '공공기관의 정보공개에 관한 법률'이 국회에서 의결을 보아 정보공개제도를 채택실시하게 되었다. 현대 행정국가 행정부통제의 새로운 소프트웨어(software)적인 방법으로서의 이러한 정보공개제도와 행정PR제도에 대해서는 항(項)을 달리하여 좀 더 구체적으로 살펴보고자 한다.

이렇게 볼 때, NGO는 정부의 간섭을 받지 않고 자주성을 가지고 회원의 가입이 개방되어 있으며 다른 비영리단체에 비해서 공공성이 강하여 정부 특히 행정부를 통제, 견제하는 역할이 아주 크다(박상필, 2002:87)는 점에서 현대 행정국가의 새로운 통제, 견제 장치의 한 방법으로 논의되어질 수 밖에 없다.

오늘날의 NGO는 "국책사업의 거부집단"으로 까지 인식되고 있는데 이와 같이 현대사회에서 NGO의 역할이 증대되는 이유는 ① 시민참여의식의 증대 ② 정부에 대한 신뢰약화 및 불신 ③ NGO 리더의 정책선도자적 역할 확대 등에서 찾을 수 있다. 이중에서 NGO의 등장 배경은 시장실패나 정부실패와 같은 정부에 대한 불신이 특히 강조된다(백승기, 2005:93).

2. 정책과정상의 NGO의 기능

① 먼저 정책의제설정과정(policy agenda building process)에서 NGO는 기존의 정책주체들이 고려하지 못한 사회적 이슈에 대한 문제제기를 통해 정책에 대한 다양한 계층의 시민들의 참여를 확대 조장하는 역할과 기능을 하고 있다. 즉 NGO는 그들이 제기한 사회적 이슈(social issue)가 정책의제로 받아들여지도록 아래와 같은 두 가지 방법을 이용하고 있다.

첫째, NGO는 사회적 이슈에 대한 정부 정책결정주체들의 관심과 시민의 지지를 확보하기 위해 제도적 방법과 비제도적 방법을 병행하여 사용하고 있다.

둘째, NGO는 다른 NGO들과의 전략적 연대를 통해 확보한 정치적 자원을 공유함과 동시에 정치적 지지기반을 확대하고 있다는 점에서의 방법의 활용이다.

② 정책결정과정에서의 NGO의 영향력은 직접적이라기보다 간접적이다. 그리고 제도권에 대한 접근이 공개적이라기보다는 폐쇄적이라 할 수 있다. 이는 정책결정과정이 공식적인 입법부의 다수결, 행정부 책임자들의 합의 그

리고 법원의 결정에 의해 주로 채택되는 과정이기 때문이다. 그럼에도 불구하고 NGO는 자신들의 주장이나 추구하는 가치 및 이념이 정책에 반영될 수 있도록 여론의 환기와 정보의 제공, 전화나 이메일 등에 의한 정책결정주체들에 대한 압력 행사 등을 통해 영향력을 행사하고 있다. 최근의 한 실증조사에 따르면 공무원 집단은 정책결정시 NGO에 대한 압력을 상당히 느끼고 있는 것으로 보고되고 있다[17](김상구 · 최병대, 2003:138).

③ 정책집행 및 평가과정에서의 NGO의 역할 및 기능은 아래와 같다. 먼저 정책집행과정에서의 주요역할은 크게 두 가지로 구분되는데 하나는 정책집행에 대한 감시와 비판기능의 수행이다. 결정된 정책이 그 집행과정에서 많은 문제가 야기될 경우 정책집행의 중단이나 정책내용의 변경을 요구함으로써 집행에 영향을 미친다. 다른 하나는 정부의 정책집행 파트너로서 직 · 간접적으로 정책집행활동에 참여하는 것이다. 대개 정부에서 예산을 지원하고 NGO는 서비스를 공급하는 이원화된 협조체제 속에서 이루어진다.

하지만 이러한 정부가 NGO와의 협조적 관계는 NGO의 자율성 침해와 관변단체화의 위험성이 지적되는 문제를 갖는다.

이와 같은 정책과정상의 NGO의 기능과 역할을 간단히 살펴보았는데 각 정책과정에서 미치는 NGO의 영향력의 정도는 정책의제 설정과정에서의 영향력이 다른 정책과정에서의 영향력보다 더 크게 미친다는 것을 알 수 있다(박상필, 2002:166).

3. NGO의 한계 및 문제점

NGO는 위에서와 같은 정책과정에서의 강력한 영향력으로, 정부의 권한행

17) 예를 들어 부산시 명지대교 건설 계획안을 문화재 관리청이 통과시키자 부산녹색연합 등의 환경단체 NGO는 환경분쟁조정신청제기와 함께 제8차 담사회에 참석, 낙동강 습지의 현실과 보전대책을 국제적으로 이슈화하여 건설을 저지함으로써 공무원에게 상당한 부담과 압력으로 작용했다는 것이다.

사를 상당히 견제·통제할 수 있는 기능이 있음에도 불구하고 아래와 같은 이유에서 그 한계와 문제점이 지적되고 있다.

첫째, NGO의 재정 취약성 및 리더자의 직업이 없는 경향성 등으로, 정부와의 관계에서 수동적 입장에 놓이게 될 위험성이 있다는 점이다. 즉, 기업의 기부금이나 정부지원금에 대한 의존성이 높을 경우 본래 의도한 사회의 공공선(public good)을 추구하기보다는, 지원자나 기부자들의 요구에 순응하기 쉽고, 더더욱 단순히 NGO단체유지 내지 사무국의 비대화나 관료화, 부패, 부조리를 초래하기 쉽다(김영래·이정희외, 2004:86).

둘째, NGO는 정부의 유권자나 기업에서의 주주와 비교될만한 책임대상이 명확하지 않다는 점에서 그 한계가 지적되고 있다. 이러한 한계의 주요 요인을 주인과 대리인간의 느슨한 연계로 인한 책임성의 부재에서 찾고 있다(김준기·신정헌, 2003:130).

IV. 대표관료제(Representative Bureaucracy)

1. 대표관료제의 개념 및 의의

대표관료제란 보통 인종, 종교, 성별, 신분, 계층, 직업, 지역 등 다양한 기준에 의한 모든 사회집단들이, 전체 인구 속에서 차지하는 수적비율에 맞게 관료조직의 직위들을 구성해야 한다는 원리가 적용되는 관료제로 인식되고 있다.

이 개념은 원래 킹슬레이(J. D. Kingsley)가 독자성(autonomy)을 가지며 사회일반으로부터 고립된 관료제가 사회전체의 공공목적이 아닌 특수화된 사적목적을 추구하는 것을 방지하기 위한 대책에서 대표관료제를 제안한데서 출발된다.

즉, 대표관료제는 서구의 민주주의 정치철학과 이론에 바탕을 둔 것으로 인적구성면이나 정부지향면에서 사회전체의 축도(cross-section)를 포용한다고 할 수 있다. 다시 말해, 사회세력 전체의 축소판과 같은 정부관료제가 바로 대표관료제인 것이다.[18]

이렇게 볼 때, 대표관료제는 국가전체의 부문별 인력을 고루 흡수하는 인적대표성을 띤다. 그리고 이러한 대표성은 관료제 내에서 특정한 집단이 차지하는 인력규모는 그 출신집단이 전체 인구에서 점하는 규모에 비례하는 비례적인 것이어야 한다(proportional representation).

한편 이러한 대표관료제는 한 나라의 사회경제적 인구구성의 특징을 그대로 관료제의 구성에 반영한다는 의미의 소극적 대표관료제(passive representation)와 사회경제적 인구구성을 반영할 뿐만 아니라 관료들이 자신들의 출신집단이나 계층을 대변하고 정책을 결정하며 책임을 지는 행위까지 하는 의미의 적극적 대표관료제(active representative)로 분류하기로 한다.

하지만 이러한 두 가지 의미의 대표관료제는 서로 대립적이라기보다는 다른 측면의 표현일 뿐이라고 할 수 있다.

즉, 소극적 의미의 대표관료제는 얼핏 형식적으로 보이지기도 하지만 그 나름의 구성가치가 있으며 적극적 의미의 대표관료제는 실질적 기능을 수행하는 것처럼 보여지나 현실에서 동떨어진 이상적인 상태의 관료제일 수도 있다. 여기에, 대표관료제는 현실적으로 소극적 의미의 대표관료제 위에 적극적 의미의 대표관료제의 가능성을 모색하고 있는 연구진행 중인 개념이라 할 수 있다.

2. 대표관료제의 기능

대표관료제는 민주적 가치를 정부관료제에 접목시켜 국민의 정치적 대표성을 확보하고, 비수혜계층의 고용기회확대를 위해서 모색된 것으로, 주로

18) 대표관료제는 대개 kingsley의 저서에서 그 출발점을 찾는데 그는 대표관료제를 "사회내의 중요한 세력들을 반영하는 관료제"라고 정의하였다(J. Donald Kingsley, Representative Bureaucracy, 1944)

다인종으로 구성되고 있는 미국에서 가장 활발히 논의되고 있는데 이러한 대표관료제의 기능을 간략히 살펴보면 아래와 같다.

① 정부관료제의 대표성 강화

대표관료제는 정부관료제를 정치적 대표과정에 끌어들여 그 대표성을 높이기 위해서 필요하다. 즉 대표관료제를 채택함으로써 사회집단의 정책에 대한 요구와 바램이 대표관료들을 통해서 표현, 지지되어 반영될 수 있다. 이렇게 볼 때 대표관료제는 결국 민주적 가치인 대표성을 확보하기 위한 수단인 것이다.

대표관료제의 인적구성이 사회 각계계층을 비례적으로 대표한다는 것 자체가 민주적인 가치에 부합되는 충분한 의미를 띠고 있다.

여기에 더하여 대표관료제의 인적구성요소가 능동적인 대표작용을 한다면 광범한 토대위의 균형잡힌 견해가 정부관료제 내에서 형성될 수 있다. 따라서 정책결정과 집행과정에서 상이하거나 상충되는 이익이 하나로 균형있게 고려될 수 있다(오석홍, 1993:37, 김재기, 2001:487).

② 기회균등의 보장

대표관료제는 사회 모든 집단의 기회균등을 실질적, 적극적으로 보장하는데 기여하고 있다. 특히 최저수혜계층의 불의한 소수집단들에게 기회균등을 적극적으로 보장할 뿐만 아니라, 그들의 승진 및 임용을 돕는다. 이는 곧 고용의 평등가치와 사회정의 구현에 이바지하게 된다.

저수혜계층 및 집단에 대한 공공부문에서의 고용기회 확대는, 이들의 경제적 불만을 해소하는 중요한 통로가 될 뿐만 아니라 정치적 힘과 참여능력을 향상시키고, 소외감을 줄인다. 또한 대표관료제는 저수혜계층 및 집단을 포함한 모든 사회집단의 구성원을 포용함으로써, 이들의 정부에 대한 충성을 강화할 수 있게 한다. 이러한 대표관료제의 일련의 효과는 정부의 정당성(legitimacy)을 높이고, 사회적 통합에 기여한다(오석홍, 1993:38).

③ 내부통제의 강화

오늘날 기존의 외부통제 방법만으로는 증대하는 현대 행정국가의 관료제를 효과적으로 통제할 수 없어 행정책임성의 확보와 국민요구에의 대응성이 약화될 수 밖에 없다. 여기에 외부통제 방법 이외에 강력한 내부통제방법을 모색하는 것이 요구되는데 그 효과적인 방법이 바로 관료들의 대표성 확보를 위한 대표관료제의 도입인 것이다. 즉 관료들은 자기 출신 집단의 가치와 이익에 대한 책임을 지려하기 때문에 상호견제, 타협하여 통제를 강화하고 책임성 확보를 위해 노력하게 될 것이다(Nigro & Nigro, 1980:182).

④ 실적주의의 폐해 시정

능률성과 합리성을 지향하는 실적주의 관료제(merit system)는 개인의 자격과 능력에 초점을 두고 가장 우수한 적격자를 정치사회적 여건의 고려없이, 선발임용한다. 여기에 실적주의 관료제는, 형식적인 공직취임의 기회균등을 추구함으로써, 실질적으로는 저수혜자 계층 및 집단에 대해서는 여러 가치 차별을 낳는 결과를 초래하였다. 이러한 실적주의 관료제하의 인사행정이 차별을 빚는 측면은 여러 곳에서 찾아볼 수 있다.

무엇보다 실적주의 원리에 입각한 임용시험이 차별을 가져오는 결과를 낳았다. 이는, 임용시험들이 평가 대상으로 삼는 지식, 기술 등을 배울 수 있는 기회가 사회제집단간에 불평등하게 배분되어 있기 때문이다. 여기에 반해 대표관료제는 제사회집단들의 요구에 역점을 두고 이들을 통합할 수 있다. 그러므로 실적주의 관료제의 모든 차별효과를 극복하기 위해서도 대표관료제는 필요한 것이다.

3. 대표관료제의 구현을 위한 정책

정부관료제의 대표성을 확보하기 위한 방안에는 여러 가지가 있을 수 있으나 본서에서는 주로 임용과 발전의 기회균등을 보장하려는 인사행정상의 조치와 관련된, 고용평등조치, 차별철폐조치, 임용할당제에 관해 간략히 살펴보고자 한다.

① 고용평등조치(equal employment opportunity)

고용평등조치는 인종, 피부색, 성별, 종교, 연령, 국적 또는 합법적인 임용기준으로 할 수 없는 요인을, 기준으로 개인을 불리하게 취급하거나 임용기회를 박탈하는 것을 방지하기 위한 일련의 인사상의 절차 운영방법을 지칭하는 것이다.

이러한 고용평등조치의 목적은, 차별이 없는 임용체제를 구축하는데 있고, 고용평등조치의 대상과 방법은 공공부문(public sector) 뿐만 아니라, 민간부문(private sector)의 임용구조에도 여러 가지 통제 기준을 제시함으로써[19] 광범위하다고 할 수 있다.

② 차별철폐조치(Affirmative Action)

차별철폐조치는 인사상의 인종, 성별 등에 의한 차별을 제거하려는 목적하에 비혜택집단의 구성원들을 적극적으로 채용, 승진시키도록 하는 구체적 노력이다.

이러한 차별철폐조치는 그 원리에 있어서 공직취임을 위한 경쟁사회의 평등을 확보하기보다는 공직취임을 위한 경쟁의 결과에 있어서의 평등을 확보하는 것이므로, 전통적인 기회균등개념과는 다소 이탈된 것으로 인식된다.

③ 임용할당제(Employment Quota System)

임용할당제는 정부관료제 내의 모든 계층과 직업분야에 대한 임용의 비례대표성을 강제하는 것이라 할 수 있다. 이 방법은 매우 극단적이고 강한 성격을 내포하고 있으므로 실적주의와의 마찰가능성이 매우 높은 제도라 판단

---

19) 공공부문에서의 고용평등을 촉진하기 위한 미연방정부의 노력을 1883년의 Pendleton Act까지 거슬러 올라가 그 뿌리를 찾는 사람도 있지만 차별금지조치가 본격적으로 시행된 것은, 1964년의 Civil Right Act와 1972년의 Equal Employment Opportunity Act가 제정된 때로부터라고 할 수 있다(오석홍, 1993:41).

되지만 정부관료제의 대표성을 높일 수 있는 가장 확실하고 분명한 방법이라 할 수 있다.

4. 대표관료제의 대표성 이론과 비판

1) 관료제의 대표성 이론

대표관료제는, 정부관료제의 관료들이 사회의 제계층으로부터 널리 채용됨으로써 사회의 대표성 확보라는 정치적 풍조에의 대응을 기대할 수 있는 관료제라 할 수 있다.

정부공직(관료, 공무원직)이 특정한 계층에 의해 결코 독점되어서는 안 되며, 보다 대표성을 띠어야 함은 시민들의 요구에 대응하고, 공공목적에 대해 책임을 지는 하나의 보장 수단으로 되는 것이 바람직하기 때문이다(Samuel Krislov, 1944:16).

하지만 이러한 대표관료제의 대표성 이론이나 견해는 어디까지나 정부가 사회의 요구에 대응하는 책임을 확보하기 위한 하나의 수단이어야할 뿐이다.

이러한 의미에서 대표관료제의 대표성의 성격은 공공목적에 대해 전체적 책임을 진다는 의미에서의 책임관료제가 되어야 할 것이다. 이러한 요청이나 주장은 현대 행정국가의 정부와 관료가 사회에서 차지하는 중심적 지위에서 오는 당연한 논리적 귀결이라 할 것이다.

이와 같은 대표적 관료제 이론은 어떤 사회나 국가에서 보다 적극적인 의미를 가지는가? 라는 질문에 라이퍼(V. Riper)는, 대표적 관료제가 다원주의(pluralism), 실용주의(프라그마티즘:pragmatism), 그리고 타협, 절충주의(compromise)의 세 가지가 변용되는 국가나 사회에서만 타당하다고 하고 타당성이 없는 사회에서는 폭발적 교조(explosive doctorine)주의가 될 위험성이 있음을 경고하고 있다(Van Riper, 1958:559).

이렇게 볼 때, 킹슬레이의 대표적 관료제 이론은 그 한계성과 유효성 및 결함이 있어서 어느 사회에 있어서도 다같이 적용된다고 할 수 없다.

오늘의 현대 행정국가하에서는 정부관료제가 정치적인 것으로 되어, 정책결정에서 관료의 대표성이라는 성격을 결코 무시할 수는 없는 실정이다.[20] 이와 같이 관료제의 대표성 문제는 빈부격차가 심한 사회에서는 그 의미가 있다고 하겠지만 이익이 다원화된 사회에서는 큰 차이가 없는 것으로 볼 수 있다.

이러한 대표적 관료제의 대표성에 대한 견해에 있어서 킹슬레이는 민주주의 국가의 공무원제도는 능력만으로는 결코 충분하지 못하고 국가가 시민을 노예화하지 않고 자유롭게 하기 위해 대표성을 띠어야 한다고 하면서, 고급관료와 일반공무원들이 동일한 사회적 배경과 사회적 관점을 가질 때 대표적인 것이 된다고 말한 바 있다(J. Donnald Kingsley, 1944: 273).

또한 그는 영국의 공무원제도개혁이 귀족의 정부지배로부터 새로운 시민계급의 지배로 전환시켰고 행정 관료계급은 그 후 계속 이들 중산층을 대표하고 하위직은 노동계급출신이 되고 있다고 한다. 즉, 공무원제도상의 각 계층은 놀랄만치 사회계급과 일치하고 공무원제도의 계층제는 상당히 정확하게 사회, 경제적 계층제를 반영하고 있다고 한다.

한편, 킹슬레이는 현대 행정국가의 정부관료제의 본질은 공무원의 가상된 공평성(fairness)이 아닌 국가가 의도하는 목적에 대한 공무원들의 헌신도에서 찾아야 한다는 전제 아래 정부관료제는 그 대표성의 정도에 따라 책임있는 존재가 될 수 있다고 주장하고 영국에서는 이와 같은 성격(representative characher) 때문에 책임있는 관료제가 형성되고 있다고 단정하고 있다.

하지만 미국에서는 사회자체가 고도로 분화, 다원화되고 사회적 배경이 매우 유동적(mobile)이고 이에 따라 공무원의 사회적 배경이 매우 이질적이기 때문에 대표관료제를 확립할 수 있는 가능성은 매우 희박하다고 볼 수 있어 대표관료제에 대한 부정적인 입장이 더 강하다(Norton E. Long, 1962:71,73).

하지만 노톤 롱(N. E. Long)에 의하면 미국의 연방정부 관료제는 그 구성

---

20) 최근 주요 정책결정을 하는 고급 공무원의 사회적 배경에 대한 조사연구가 빈번히 이루어지고 있는 것은 이러한 점에서의 착안으로 의미가 부여된다고 할 것이다.

에 있어 의회보다 더 대표성을 띠고 있다고 보고 있다. 이는 공무원들의 출신배경이나 경제수준 때문만이 아니라 광범위한 전문분야와 보다 다양한 가치관 때문이라고 하고 있다. 그래서 그는 미국 정부관료제의 대표성이 극히 불충분하다는 것을 인정하면서도 의회에서 대표되지 않거나 잘못 대표된 중요한 이익이 대표적인 경로를 통해 보다 효과적이고 책임있게 대표되고 있다고 믿고 있다(Norton E. Long, 1952:808-818).

이렇게 볼 때, 관료제의 대표성은 단순히 기회균등에 대한 법적인 보장만으로 확보되기 어렵고 구체적인 정책결정에 있어서, 보다 적극적이고 기능적인 집단의 참여가 보장되어야 한다고 할 수 있다. 또한 이러한 참여는 반드시 공무원제의 구성 뿐만 아니라, 행정과정에의 참여, 자문기관에의 참여를 통해서 강화되어져야만 한다. 즉 지금까지의 평등에 대한 정의는 보통 차별하지 않는 것(no discrimination)으로 이해되어 왔지만 오늘날의 현대 행정국가하에서의 평등은 공평한 참여(fairness shares)를 의미한다고 할 수 있다(Samuel Krislov, 1974:129, 132, 김홍기, 1995:299-300).

결국 이러한 대표적 관료제의 국민대표성 문제는 각 나라의 정치체계, 사회경제적 계층의 구성, 공무원들의 출신 배경 등에 의해 그 가능성과 필요성이 결정될 것으로 판단된다.

하지만 현대 행정국가하의 공무원이 정책 또는 정부의 가치결정에 깊이 참여하고 있다는 점에서 정부관료제의 대표성이 행정부의 책임성 확보 및 민주화와 매우 밀접한 관계를 갖는다는 점은 결코 부인할 수 없다.

여기에 행정부의 책임성 확보와 민주화를 위한 대표적 관료제의 필요성은 어떤 의미에서는 우리나라와 같은 발전도상국가에서 더욱 강조되어야 할 것으로 판단된다. 이는 우리나라가 사회 또는 권력의 분화가 이루어지지 않음으로써 정부관료제에 대한 외부통제가 크게 억제되고 있을 뿐만 아니라, 정부관료제는 국가발전 및 근대화의 주체세력으로서 그 권한이 급격히 팽창되어 왔기 때문이다(신두범, 1984:818).

2) 대표관료제의 비판

대표관료제에 대한 반대론자들은 아래와 같이 다양한 관점에서, 그 한계와 문제점을 비판하고 있다(오석홍, 1993:42-44).

① 실적주의 원리의 손상

대표관료제는 결국 한 나라의 인구구성비의 특징을 정부관료제 구성에 그대로 반영하려고 함으로써, 실적주의(merit system)의 기본원리를 손상시킬 수 있다.

즉 인사행정의 실제에서 대표관료제의 원리에 따라 우대받는 사람이 있어, 보다 우수한 실적평가를 받은 임용후보자가 탈락되는 경우 실적주의와 대표관료제가 상충되는 결과가 초래된다.

② 행정의 전문화와 능률화의 저해

대표관료제는 행정의 전문적인 능력과 자격이 없거나 미흡한 인사들이 공무원이 될 수 있으므로, 이로 인해 행정의 전문화와 능률화를 저해할 가능성이 있다는 점이다.

③ 가치관 및 태도의 변화

대표관료제는 공무원의 태도가 공직에 임용되기 전에 형성되어 정책결정시 재직 중 변하지 않는다는 것을 전제로 하고 있다. 하지만 공무원은 공직에 들어온 후에도 태도가 변할 수 있으며, 또한 조직 내의 사회화과정, 조직 내의 준거집단의 영향, 새로운 직장에의 적응 등에 의하여 당초 공무원의 행태는 변화될 수 없다.

④ 책임성 확보의 불명확

보통 대표관료제의 모색으로 행정부의 책임성이 확보될 수 있다는 가정과 논리의 보장이 경험적으로 입증되지 않았다는 점이다. 오히려 폐쇄적인 귀속

집단의 이익을 위해서 관료들이 활동하는 경우 행정의 전체적인 책임의 확보가 어렵게 되며 이러한 정부관료제의 통제를 위해서 대표 관료들의 권한을 강화시키는 모순을 초래할 수도 있다.

⑤ 역차별 문제

할당제는 역차별(reverse discrimination)의 문제를 야기시킬 수 있다. 즉, 할당제로 인해 좀 더 우수한 능력의 소유자가 그가 종래에 혜택을 받았던 집단출신이라는 이유하나만으로[21] 신규채용이나 승진에서 불이익을 받는 경우가 발생하게 된다는 것이다.

이러한 현상은 결국 역차별이라는 비판을 면할 수 없다. 이점에 대해 대표관료제를 주장하는 자들은, 이러한 역차별 현상은 오랜 세월에 걸쳐 사회적으로 구조화된 차별을 시정하기 위해 어쩔 수 없는 불가피한 현상이라고 주장한다.

여기에 대표관료제론자들은, 소외집단의 구성원들이 지배집단의 구성원들과 대등하게 경쟁할 수 있는 능력과 영향력을 갖출 때 까지만 허용되면 이후에는 저절로 해소될 수 있는 한시적 현상이라는 것이다.

⑥ 집단 구성원 판정 및 인구비 산정곤란

공무원 수의 구성에 있어 인구비의 정태적 균형을 유지하는 것은 기술적으로 매우 어렵다. 정부관료제 조직은 동태적이어서, 구성원이 계속 나가고 들어오는 내부순환이동을 하기 때문이다. 또한 사회제집단별 인구구조는 일정치 않기 때문에 사회집단별 공무원 할당수를 통계학적으로 산정하는데 오류가 개입될 여지가 많다. 여기에 더하여 어떤 사람이 어떤 사회집단의 소속 구성원인가를 판단 결정하는 것도 결코 쉬운 일이 아니다.

이러한 제 논의의 결과, 대표관료제가 비록 적극적인 대표기능까지는 수행하지 않는다고 하더라도 특정집단에 의해 통제되는 정부관료제보다는 민주

---

21) 출신집단이 전체인구에서 차지하는 구성비보다 정부관료제 내에 과다하게 임용되어 있다는 이유만으로 불이익을 받는 경우는 분명히 기회균등의 원칙에 위배된다.

적인 이념에 더욱 충실할 수 있다는 사실이 많은 연구에 의해 입증되고 있다. 그리고 대표관료제는 실질적, 상징적 효용성을 지니고 있고 특히 심각한 인정적, 민족적, 문화적 갈등을 겪고 있는 나라에서 보다 유용한 것으로 인식되고 있다. 하지만 대표관료제는 갈등이 존재하지 않는 경우 뿐만 아니라 개발도상국과 같이 민주화 정통성(legitimaey)의 위기를 겪고 있는 경우에도 유용하게 적용될 수 있어 우리나라에도 적용이 가능할 것으로 보여진다(안병만, 1989:166).

여기에 우리나라도 정부관료제의 대표성을 향상시키기 위한 보다 적극적인 노력이 요구된다(강성철외, 2004:68).

앞의 강(講)에서는 현대 행정국가의 행정권 강화 현상으로 야기된, 행정부의 강력한 권한의 새로운 견제, 통제 장치의 모색없이는, 클레어(C. S. Claire)가 얘기하는 행정부의 독선화 내지 행정부 독재체제(administracy)의 위험성을 부인할 수 없으므로, 하드웨어적 측면에서 새로운 장치의 모색으로, 시민참여제도, NGO, 대표적 관료제, 옴부즈만 제도 등을 살펴보았다.

본 강에서는 소프트웨어적 측면에서 행정부의 권한을 통제할 수 방안으로서의 행정정보공개제도, 행정PR제도를 간략히 살펴보고, 앞으로의 현대 행정국가의 전망을 간단히 요약하고자 한다.

I. 행정정보 공개제도

1. 행정정보공개의 의의 및 필요성

행정정보공개란, 광의로 보면 "행정처리의 내용과 과정을 일반시민에게 공개함을 의미한다" 즉, 행정정보공개는 일반적으로 행정기관과 행정공무원이 행정에 관하여 보유하고 있는 사실과 정보를 원칙적으로는 외부인(국민)에게 알리고 제공해야 한다는 것을 의미한다.

그러나 좀 더 엄밀하게 말하면 이른바 행정정보공개는 "행정기관이 보유하고 있는 각종의 정보를 국민의 청구에 의하여 적극적으로 공개하도록 하는 것을 원칙으로 하는 것을 말한다" 이같은 행정정보공개는 행정부 자신이 선택한 것이 아니라 국민이 선택한 행정기관의 정보를 행정부의 기능 수행과 양립할 수 있는 한 최대로 공개하도록 하는 것이다(平安毅, 1983:4, 김홍기, 1995:513).

이러한 행정정보공개와 각종 법령에 의한 정부의 일방적인 공표행위, 그리고 행정기관 스스로의 결정에 의한 자발적 정보공개 등을 모두 포괄하는 개념이다. 이미 선진제국들은 고객지향적인 행정부에로의 변화를 위한 행정개혁을 추진하는 과정에서 행정정보공개제도를 제도화한 바 있다. 우리나라에서 행정정보공개제도가 이루어지게 된 배경에는 1990년대 문민정부가 들어서면서 민주화와 정보화에로의 이행으로, 국민의 국정에 대한 관심과 참여욕구가 증대됨에 따라 행정정보공개에 수요가 점증되었을 뿐만 아니라, 행정부의 정보독점으로 인한 권한 견제의 새로운 방안으로서의 필요성 등으로 정부가 이에 부응하고자 행정정보공개제도를 입법화하게 되었다.[22]

2. 행정정보공개제도의 필요성

행정정보공개제도는, 행정부 정보에 국민의 자유로운 접속을 보장하고, 이를 이용하여 국민의 권리 및 이익을 보호하고자 할 뿐만 아니라 행정부의 감시, 비판, 통제 및 참여를 촉진시켜, 민주주의의 유지, 존립을 위한 필수적인 제도인 것이다.

또한 행정(부)의 비밀주의를 지양하고 부정부패를 방지하여 행정의 책임성

22) 1996년 11월 30일 "공공기관의 정보공개에 관한 법률"이 국회에서 의결되고 법률 제5442호로 공포(1996. 12. 31)되어 1998년 1월 1일부터 시행하게 되었다. 이 법은 법률안의 제안이유에 명기되어 있는 바와 같이 공공기관이 보유·관리하는 정보의 공개의무 및 국민의 정보공개 청구에 관하여 필요한 사항을 정함으로써 국민의 알권리를 보장하고, 국정에 대한 국민의 참여와 국정운영의 투명성을 확보함을 그 목적으로 하고 있다.

을 제고시킬 수 있는 행정개혁의 수단이기도 하다.

따라서 행정정보공개제도는 ① 국민의 알권리 보장 ② 국민의 행정참여 유도 ③ 부정부패 방지 ④ 국민생활의 질적 향상 ⑤ 투명한 정부 구현 ⑥ 행정부의 비판, 감시, 통제 ⑦ 행정PR 및 신뢰성 확보를 위해서 필요한 제도이다.

행정정보공개제도의 필요성에 대해 구체적으로 살펴보기 전에 먼저 행정정보공개와 정부홍보와의 관계, 그리고 행정정보공개의 체제에 대해 간단히 살펴보고자 한다.

1) 행정정보공개와 정부홍보(publicity)와의 차이

행정을 수행하는 행정가들 사이에 정부홍보 및 정보제공 이외에 왜 정보공개가 필요한가 하는 의문을 제거하는 사람도 있다.

하지만 여기에 대해, 엄밀히 그 의미를 살펴보자면 정부홍보는 어떤 의미에서 가공(加工)된 정보라면, 정보의 공개는 가공되지 않은 생생한 정보를 공개하는 것이라고 할 수 있다(平安穀, 1983:15).

정부홍보와 행정정보공개와의 차이를 좀 더 구체적으로 살펴보면 정부홍보는 정부가 국민들을 대상으로 특정의 메시지(message)를 다양한 대중전달매체(mass media)를 이용하여 널리 전파, 보도하는 과정이나 행위를 일컫는 것으로, 이는 정부와 국민간의 커뮤니케이션이라는 의사소통행위에 의해서만 국가의 기능수행이 가능함을 의미한다.

여기에 정부홍보 메시지는 사실(fact)에 기초하여야 할 뿐만 아니라 국민의 알권리를 충족시켜야만 한다. 이렇게 함으로써 국민은 정치, 행정체제에 대한 올바른 판단을 내릴 수 있고 그에 합당한 여론(public opinion)을 형성함으로써 정치, 행정에 반영시키는 진정한 민주주의를 실현할 수 있기 때문이다.

그러나 보통 정부홍보가 가공된 일방적 커뮤니케이션이란 점에서 사실의 정확성과 양면성을 결여할 수 있다는 우려가 제기된다.

바람직하고 건전한 민주주의는 모든 제도의 과정과 결과를 국민에게 공개하여, 사실을 밝힘으로써 국민의 자발적인 참여를 가능하게 하는데 있다(윤희중, 1984:31-32).

이 점에서 (행정)정보공개는 정부홍보와는 또 다른 목적에서 그 필요성이 인정된다고 할 것이다.

2) 행정정보공개제도 체계

위에서 살펴본 바와 같이 정부홍보와 성격을 달리하는 행정정보공개에 대해 보다 분명히 파악하기 위해서는 이의 체계를 살펴보는 것이 필요하다. 이는 행정정보공개제도가 공개청구를 전제로 하느냐의 여부와 또 그것이 특정인을 대상으로 하느냐, 비특정인을 대상으로 하느냐에 따라 그 내용이 다소 다르기 때문이다. 이를 도표화한 것이 <표 III-2>이다.

<표 III-2> 행정정보공개제도의 구체적 내용

기준 / 내용		특정인에게 공개	비특정인에게 공개
행정 정보 공개 제도	공개청구를 전제로 하지 않는 경우(정보공표의무제도)	행정절차의 일환으로서 실시되는 고지(告知), 교시(教示) 등	회의의 공개, 의사록의 공표, 조례 등의 공포, 공시, 공보에 의한 공표, 고시 등
	공개청구를 전제로 하는 경우(정보공개제도)	증명서의 교부, 개인정보의 공개청구, 행정절차의 일환으로 실시되는 관계문서의 열람청구 등	정보공개 조례에 의거한 정보의 공개(일반공개청구제도)

3) 정보공개의 구체적 필요성

행정정보공개가 이루어져야 할 필요성으로는 아래와 같은 몇 가지 근거를 제시할 수 있다(김철수, 1981:56-62).

① 국민의 알권리 보장

오늘날 국민은 헌법에서 알권리를 보장하고 있는데 정보공개는 우선 이러한 국민의 알권리의 충족을 위해서 필요하다. 이러한 알권리는 인간의 인격형성을 위한 기본전제이며 자기실현을 가능하게 하는 극히 개인적인 권리로서 인간의 행복추구권의 주요한 요인이 된다고 할 것이다(팽원순, 1984:27).

그리고 또 이러한 알권리의 주요한 목적으로 볼 수 있는 것은 행정부의 정보집중과 자유재량적 행정행위를 방지하고 책임성을 확보하게 함으로써 민주주의를 보다 충실하게 유지발전시키기 위함에 있다(K. G. Robertson, 1982:12, 김홍기, 1995:516).

② 행정에의 시민참여 실현

정보공개는 민주주의 존립을 위해 반드시 필요하다. 이는 국민이 주권자로서, 올바른 정치적 결단을 내릴 수 있기 위해서는 국정에 대한 정보청구권을 가져야 함은 당연하기 때문이다. 또한 정보공개는 행정을 시민과의 협의하에 수행하기 위하여 행정기관으로 하여금 보다 적극적이고 능동적으로 시민들에게 정보를 공개 또는 제공하도록 의무를 지우는 것이다(강형기, 1983:71).

그리고 행정에의 시민참여를 위해서는 정책결정과정의 공개만이 아니라, 행정부가 소유하고 있는 정보가 시민이면 누구든지 이해할 수 있도록 공개될 것을 요구하고 있다(최호준, 1984:48).

여기에 시민참여가 단순한 형식에 머물지 않고 내적 충실을 기하면서 정착되기 위해서는 기본적으로 행정에 관한 정보, 자료의 공개여부에 달려있다고 할 것이다.

③ 봉사행정의 실현

정보공개는 또한 국민에게 봉사, 서비스하는 행정을 위해서도 필요하다(김홍기, 1995:5 17). 행정기관이 보유하고 있는 정보는 신속하게 일반에게 공개함으로써 국민의 경제적 손실을 줄이고 국민간의 평등한 대우가 이루어지도록 해야 한다.

④ 부정 · 부패행위의 방지

부정 · 부패의 방지를 위해서도 정보공개는 반드시 요청된다. 일반적으로 부정은 비밀스런 곳에서 번성하기 쉽고, 완전한 정보공개만큼 정치와 행정을 깨끗이 정화(淨化)시킬 수 있는 것도 드물다(F. E. Rourke, 1983:1). 이렇게 볼 때, 행정의 정보공개는 부정 · 부패를 예방하고 시정할 수가 있다.

대개, 발전도상국이나 후진국에서는 행정비밀의 공개 · 비공개 여부가 아직도 행정부에 일임되고 있는 경우가 허다하다. 즉, 특정인에게만 공개를 허용하고 일반공개를 하지 않아 많은 부정과 부패가 발생할 소지가 크고, 이에 따라 국민의 정부에 대한 신뢰(trust)가 점차 떨어지고 있는데 행정정보가 공개된다면 이러한 정부에 대한 불신이 많이 해소될 수 있을 것이다.

또한 정보공개는 행정감시 · 통제에 의한 행정의 공정성(fairness)확보에도 많은 기여를 할 수 있을 것으로 판단된다(岩崎忠夫, 1984:363). 따라서 주권자인 국민에 의하여 행정의 수행을 위임받고 있는 공무원의 행동을 규정하는 가장 중요한 수단은 바로 정보공개라 할 수 있다.

3. 행정정보공개제도의 내용

① 행정정보공개의 청구주체

행정정보공개제도에서, 정보공개의 일반적인 주체는 바로 국민이라 할 수 있다. 즉, 정보청구권자를 국민으로 한정할 경우 모든 국민에게 균등한 정보접근의 권리가 주어져야 한다. 다만 외국인에게는 상호주의 원칙에 따라 청구자격 부여여부를 결정할 필요가 있다.

② 행정정보공개기관의 범위

행정정보공개의 의무를 지는 기관의 범위를 어디까지, 어떻게 설정할 것인가? 또는 청구의 대상기관을 어떤 범위까지 확대할 것인가 하는 문제이다. 행정정보공개의 의무는 모든 국가기관이 부담해야 하는 것으로 이해하는 것이 당연할 것으로 판단된다. 다만 근거법령이나 공개방법 등에 차이는 인정

될 수 있을지라도 입법, 사법, 행정 모두 정보공개 의무를 지는 것은 마땅하다.

③ 행정정보공개의 대상

원칙적으로 모든 행정정보는 공개대상이 되어야 한다. 그러나 행정기관이 보유하고 있는 정보는 매우 다양하며 그 중에는 공개함으로써 국가의 존립과 국민의 이익을 손상시키거나 개인의 권익을 침해할 위험이 있는 정보에 대해서는 공개의 예외로 하는 것이 인정된다.[23]

④ 행정정보공개방법

㉠ 공개대상물에 따른 정보공개 방법

정보공개의 방법은 공개 대상물에 따라 차이가 있다. 최근 뉴미디어의 발달로 정보기록매체가 다양화됨에 따라 공개의 방법도 다양한 형태를 띠고 있다.[24]

㉡ 부분공개와 한시공개

부분공개는 기술적으로 동시에 모든 것을 전부 공개할 수 없는 사정이 있을 때, 부분적으로 또는 여러 차례 분리하여 공개할 수 있는 경우를 말한다.

---

23) 우리나라 정보공개법상 제외대상이 되는 정보로는 ① 다른 법률 등에서 비공개로 정한 정보 ② 국가의 안전이나 국방·외교관계 등 국가의 중대한 이익을 해할 우려가 있다고 인정되는 정보 ③ 공개될 경우 국민의 생명, 신체 및 재산의 보호, 기타 공공의 안전과 이익에 현저한 지장을 초래할 만한 상당할 이유가 있는 정보 ④ 공공기관의 내부인사에 관한 정보 ⑤ 감사·감독·검사·규제·입찰·계약·첨단기술 개발 등에 관한 사항으로서 공개할 경우 행정의 공정한 집행이나 연구개발에 현저한 지장을 초래할 우려가 있는 정보 ⑥ 의사결정 또는 정책결정 과정에 있는 사항 중에서 공개할 경우 공공기관의 결정에 현저한 지장을 초래할 수 있는 정보 ⑦ 개인정보 보호법상에 규정된 개인정보 ⑧ 법인에 관한 정보로써 공개할 경우 법인의 정당한 이익을 해할 우려가 있는 정보 등을 규정하고 있다.

24) 여기에는 영화필름, 비디오테이프, 녹음테이프, 컴퓨터용 자기 테이프, 자기 디스크, 광디스크, 마이크로필름, 문서 등 다양하다.

한편 한시공개는 공개청구된 정보 중에는 청구시점에서는 공개할 수 없지만 일정시점 이후에는 공개가 가능한 정보가 있을 수 있다. 시험, 평가 정보 등 각종 집행정보는 이러한 한시적 공개의 대상이 되는 경우가 많다.

㉢ 공람제도

공람제도는 특정정보를 시민들에게 공개하는 제도를 말한다. 이는 일반 정보공개 청구제도가 도입되기 이전에 주로 채택되는 정보공개방법으로서 개별법령에 의해 공개, 열람하는 제도이다. 관보(官報) 등에 의한 순환 배포의 방법으로 공개되기도 한다.

㉣ 정보목록공시

정보공개의 청구가 원활하게 이루어지도록 하기 위해서 공개가능한 정보의 목록 또는 공문서 파일의 목록을 작성하여 일반에게 열람 또는 공시하는 것을 말한다.

4. 행정정보공개의 역기능

행정정보의 공개에는 부작용이 나타나기 마련이다. 이러한 부작용 내지 역기능으로 ① 국가 기밀의 침해위험과 보호조치에 따른 부담 증가 ② 개인정보의 침해 우려 ③ 산업스파이 목적으로 악용될 우려 ④ 범죄자 또는 그 집단에 의해 악용될 우려 ⑤ 정보 공개로 신원 노출을 꺼려하는 자가 공공기관에 대한 정보제보를 기피할 우려 ⑥ 정보 공개 준비 및 운영에 따른 행정비용 증가 ⑦ 공개청구 쇄도로 인한 정상적인 행정 업무의 적체우려 ⑧ 행정적 책임의 회피를 위해 향후 논란의 소지가 있는 사안의 문서화 기피 우려 ⑨ 부실한 정보유통 및 조작된 정보의 공개 우려 등이 지적된다(하미승, 1996:652-653).

이러한 역기능의 극복 대책으로는 첫째, 국가기밀, 개인정보, 산업스파이, 범죄에의 악용 등에 대한 대책으로 위험이 예상되는 정보를 공개의 제외대상으로 설정하는 방법을 들 수 있다.

둘째, 정보공개에 따른 업무량 및 비용증가는 행정의 민주화를 위해 부담해야 할 불가피한 비용으로 인식해야 하고 가급적 비용의 증가가 확대되지 않도록 공개시스템을 효율적으로 설계, 운영해야 한다.

셋째, 공개업무로 인한 정상적 행정업무의 적체문제를 해소하기 위해서는 행정정보공개 전담청구의 설치운영 및 전담인력의 배치 등의 조치를 취해야 한다.

넷째, 문서화 기피현상은 모든 중요한 행정활동을 문서화하도록 의무화하는 규정을 두어 방지할 수 있도록 해야 한다(김재기, 2001:422).

II. 행정PR제도

행정PR제도 역시 현대 행정국가의 행정부 권력을 견제할 수 있는 제도로 판단된다. 다만, 지난날의 가공적인 정보의 PR에 의존하지 않고 진실된 정보에 기초한 행정PR, 즉, 행정과 시민 공중과의 제관계는 잘못된 행정을 시정, 권고, 견제할 수 있는 새로운 제도로 모색될 수 있다는데 있다.

1. 행정PR의 본질

1) 행정PR(Public Relations)의 개념

행정에 있어서의 공중관계 혹은 공공관계란 정부나 행정기관이 국민이나 공중에게 행정정보나 사실을 널리 알리고 상호간에 의사소통(communication) 관계를 형성, 이해와 협조의 신뢰 관계를 획득, 이를 유지하기 위한 관리 활동과정으로 이해할 수 있다. 즉, PR주체인 행정기관이 정책 및 서비스에 관해 PR객체인 국민이나 그 정책으로 인해 영향을 받는 이해관계자들

(stakeholders)의 의견과 태도를 광범위하게 파악(광청:廣聽)하여 개선책을 마련하고 시정된 정책 및 서비스를 PR객체에게 널리 설득(광보:廣報)함으로써 PR객체로부터 호의(good will)와 신뢰를 획득하고자 하는 부단한 관리활동과정이라 할 수 있다.[25)]

행정PR의 개념을 좀 더 명확히 알아보기 위해 이와 같은 행정PR활동과 그 결과의 순환과정을 분석하면 아래와 같다.

첫째, PR주체(개인, 기업, 정부 등)가 PR객체(고객, 직원, 공중 등)의 의견 태도를 널리 파악하여(광청:intelligence) 둘째, 자신의 정책 및 서비스 등을 스스로 개선하여(개선) 셋째, PR의 객체를 널리 설득함으로써(광보:information) 넷째, 그 PR객체의 호의적인 신뢰와 협조를 획득하는 과정(반응)으로 이해된다. 이렇게 볼 때, 결국 PR은 광보와 반응의 과정 뿐만 아니라 광청과 개선의 과정을 모두 포함한 개념이라 할 수 있다(<표 III-3>참조). 이와 같은 PR 활동을 행정부가 행할 때 이를 행정PR(administrative public relations) 또는 정부PR(government public relations)이라 한다.

하지만 이러한 행정PR이 종래에는 주로 가공된 정보를 알리는 기능에 치중하였으나 앞으로의 행정PR은 널리 듣는 기능에 중점을 두어야한다.

한편 행정PR과 유사개념과의 관계를 간략히 살펴보는 것이 행정PR의 의미를 보다 더 잘 이해할 수 있을 것으로 판단되기에 몇 가지 유사개념과의 관계를 살펴보고자 한다.

① 행정PR과 의사소통과의 관계

행정PR과 의사소통(communication)[26)]과의 관계인데 의사소통은 개인간, 집

25) PR이란 영어의 "Public Relations" 약자인데, 우리나라에서 일반화되어 사용하고 있지만 그 개념정의가 너무 다양하다. 일본에서는 공중관계(公衆關係)로 번역하다가 근래에는 광보(廣報)로 통일하는 경향이 나타나고 있는 반면, 우리나라에서는 공공관계(公共關係)로 번역하다가 요즈음에는 공보(公報:publicity)로 많이 사용되는 것 같다. PR의 개념을 보통 관리적 개념과 기능적 개념으로 나누어 파악되어지고 있는 것 같다(S. M. Cutlip & A. H. Center, 1964:7, 김규정, 1996:497).

26) 지난날 communication을 의사전달로 번역하였으나 이는 일방적 커뮤니케이션(one-way

단간의 의사나 정보가 교류되는 포괄적 개념이라면, 행정PR은 행정과 시민간에 이루어지는 상호작용관계 개념이라 할 수 있다.

② 행정PR과 선전과의 관계

선전(propaganda)은 선전자의 일방적 이익을 위해서 그들의 호의적 정보만을 제공하는데 반해, 행정PR은 정보의 왜곡(distortion)없는 사실, 진실에 근거한 정보만을 제공할 뿐만 아니라 국민의 요구를 받아들여 정책에 반영하는 상호교류작용과정이라는 점에 특징이 있다(최창호, 1967:47-49).

③ 행정PR과 여론(public opinion)과의 관계

여론은 자생적(自生的)인 반면 행정PR은 의도적이라 할 수 있다.

<표 Ⅲ-3> PR의 순환과정

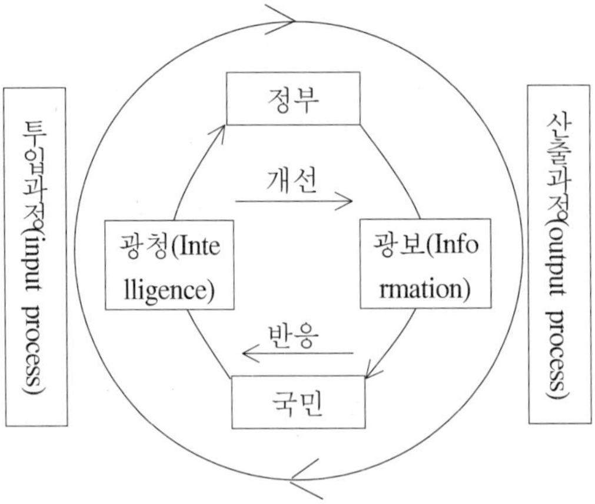

communication) 의미가 강한 것으로 되어, 오늘날 의사소통(two-way)으로 번역하여 쌍방적 커뮤니케이션으로 이해하고자 하고 있다. 즉 의사전달보다는 의사소통으로 번역되는 것이 보다 타당한 것으로 보여진다.

2) 행정PR의 성격

민주주의 정치에 있어서 국민은 자기의 바라는 바를 통치자에게 요구할 수 있어야 하며 통치자는 국민의 소리에 귀를 기울이고 정책을 국민의 요구에 합치시키는 것이 바람직하다.

이러한 의미에서 행정PR은 민주행정을 위한 윤활유의 매개체적인 역할이 기대된다. 결국 행정PR은 국민의 요구와 여론에 부합되도록 민주적으로 행정업무를 수행하기 위해 행정의 내용과 방향을 국민에게 널리 알리고 주지시켜 국민의 이해와 협조를 획득하는 민주적 성격을 가질 수 밖에 없다.

3) 행정PR의 중요성

행정PR은 현대 행정국가하의 현대 행정에 있어서 아래와 같은 세 가지 관점의 요청에 부응하기 위해 형성, 발전되었다(井出嘉憲, 1967:20-26, 김홍기, 1995:503-504).

① 행정에 있어서의 민주화의 요청이다.

현대 행정국가의 이념은 민주주의를 토대로 하고 있으며 정부와 행정은 주권자인 시민에게 봉사할 것이 요구된다. 이러한 요청은 행정서비스의 고객인 시민에게 그가 어떠한 종류의 서비스를 받을 수 있는 권리를 갖고 있는가를 알려줄 필요가 있다는 것을 의미한다.

오늘날의 정부와 행정은 시민에 대한 '보고의무'를 지고 있으며 시민은 보고를 받을 권리가 있는 것이다. 이러한 시민에 의한 정부와 행정의 통제와 참여를 위해서는 정부와 행정이 무엇을 하고 있는가에 대하여 충분한 정보를 시민에게 진실되게 제공하지 않으면 안된다. 이는 이러한 조건이 충족되지 않는다면 현대 행정국가의 통제도, 시민참여도 공허한 메아리에 지나지 않기 때문이다.

② 행정에 있어서의 합리화 · 능률화의 요청이다.

행정활동의 현실적인 능률이나 효과는 필요한 정보가 수익자나 시민에게 어느 정도 진실되게 알려지고 있는가에 의존하는 경우가 많다. 즉 행정의 능률이나 효과도 행정현실에 있어서는 항상 시민 · 공중이 가지는 이미지에 영향을 받는다.

이러한 의미는 결국 능률적이고 효과적인 행정을 실현하기 위해서는 행정기관과 시민 · 공중 사이를 매개하는 상호의사소통기능을 충실히 하여야 함을 강조하고 있다.

③ 행정에 있어서의 인간화의 요청이다.

현대 행정국가하의 정부관료제화의 경향은 행정과 수혜자(시민) 사이에 심각한 부조화 상태를 야기시키고 있다. 즉 수혜자 개개인의 인간적 요소의 배제를 강조하는 정부관료제는 인간을 비인간화(impersonality)시킨다.

이러한 상황을 극복하기 위해, 행정의 고객인 시민을 위하여 창구행정의 개선, 시민의 고충처리, 행정상담의 제도화, 민원의 신속한 처리 등이 강구되고 있으며 행정PR활동의 중요성을 느끼고 강조하게 되었다. 여기에 행정에 있어서 인간화의 요구는 행정PR의 등장을 불가피하게 만들었다.

한편 오늘날의 행정PR은 정책결정과정에서도 깊이 관련되고 있다. 즉 행정PR의 "널리 알리고(廣報) 널리 듣는(廣聽) 기능"은 정책결정과정에 시민의 뜻(民意)을 반영시키는데 활용되어야 하는 것이다. 여기에 행정PR은 이미 결정된 정책이나 계획을 국민에게 일방적으로 주지시키는데 중점을 두기보다 정책결정이 이루어지기 전에 시민의 뜻을 널리 흡수하고 정보를 제공하는데 중점을 둘 것이 요구된다.

3) 행정PR의 기능

현대 행정국가하의 행정PR의 기능은 다음과 같은 것을 들 수 있다.

(1) 행정PR의 순기능(eu-function)

① 주지적(周知的) 조정 · 통합기능

행정PR은, 정부나 행정이 이룩한 행정실적을 국민에게 널리 알림으로써 시민 · 공중의 신임을 얻게 할 뿐만 아니라 다양한 의사소통과정을 통해 개인, 집단 및 사회를 조정이해시키고 통합시키는 중요한 도구로써의 역할을 수행한다. 즉 다양한 과정을 통해 현대 인간들의 소외감을 극복하고, 사회공동체의식을 회복할 수 있도록, 조직과 개인간, 또는 조직과 조직간의 연대성을 높여 사회전체의 활동을 더욱 유동적인 것으로 만드는 기능을 수행한다.

② 사회변화의 적응력 제고 및 안정화 기능

행정PR은, 개인이나 조직으로 하여금 교통과 통신의 급속한 발달로 인한 사회변화의 속도에 효과적으로 적응할 수 있도록, 사회변동과 이에 대한 개인의 적응력간에 심각한 격차가 야기됨으로써 나타나는 사회의 모든 부조리와 돌발사태 등의 위기 때 민심을 수습하고 불안을 해소시키는 적응력 제고 및 안정화에 기여하는 역할을 수행한다.

③ 여론 형성 및 중개적 기능

행정PR은 여론의 잠재적 상태를 평가하고 특정한 상황을 해결할 뿐만 아니라, 정부의 의도를 천명하고 시민의 참여를 유도하는 중재적 기능을 수행한다.

그리고 국가의 발전을 주도하는 현대 행정국가하의 오늘의 행정PR은 정부의 무능을 무마하기 위한 방어적 기능을 벗어나 발전을 향한 적극적이고 능동적인 여론 형성기능을 수행한다.

④ 효율적 경쟁유발 및 방어적 기능

행정PR은 사회적 기능의 하나인 경쟁을 더욱 효율적인 것으로 만드는 역할을 한다. 그러나 특정집단의 이익을 위한 지나친 행정PR은 공익을 저해할지도 모르기 때문에 이럴 경우 정부는 적절한 조정을 하지 않으면 안 된다.

그리고 외부의 부당한 공격으로부터 행정을 방어하는 기능도 수행한다.

이외에 합리적 정책결정을 하도록 보장하는 기능을 수행하기도 하며 인간관계(HR)의 기능에 대한 전문적 지식 즉 인화(人和)의 기술을 제공하는 기능, 그리고 지식, 기술의 획득 방법을 제시하는 기능 등도 행정PR의 순기능으로 볼 수 있을 것이다.

(2) 행정PR의 역기능(dys-function)

행정PR은 위와 같은 다양한 순기능에도 불구하고 현실적으로 아래와 같은 역기능이 지적되고 있다.

① 조작 및 선전적 성격 기능

다양한 매스미디어(mass media)의 발달과 사용으로 정부의 실정이나 진상을 밝히거나 가려내기 어려운 경우가 많이 있을 뿐만 아니라 정부는 여론을 통해 지나친 선전효과를 기대하는 경우가 있다. 또한 행정PR을 통해 잘못된 정보가 국민에게 침투하거나 혹은 조작적 성격이 농후할 때에는 국민의 정치적 무관심만 더욱 자아낼 우려를 낳을 수가 있다.

② 국가기밀의 강조와 은폐

군사적, 외교적 문제에 관한 정보는 비밀이 요구되기 때문에, 국가기밀의 강조와 은폐로 행정PR의 한계성이 노정되기도 한다.

2. 행정PR의 과정 및 원칙

행정PR의 진행과정과 이를 실현하는데 지켜야 할 원칙을 간략히 소개하면 아래와 같다.

1) 행정PR의 과정

행정PR의 주요 과정은 정보투입, 정보산출을 위한 전환과정 및 정보의 산출과정으로 나눌 수 있다.

① 정보투입과정(in-put process)

이 과정은 행정PR을 위해 널리 국민의 소리를 듣는 광청(廣聽:intelligence) 과정으로, 여론조사, 청원, 민원, 문서 및 매개분석 등을 통하여 문제와 공중의 의견 및 태도, 즉 민의가 무엇인가를 파악하는 단계이다.

② 전환과정(conversion process)

일단 파악된 국민의 뜻(民意)에 따라, 국민들로부터 신뢰와 이해 및 지지를 획득할 수 있는 정책대안을 모색, 강구하는 단계이다.

③ 정보산출과정(output process)

이 과정은 실제 행정PR을 위해 국민들에게 널리 알리는 (廣報) 공보과정으로서, 원래 의도하는 목적에 따라 여러 가지 방법으로 정보를 산출한다. 이를 위한 전달매체수단에는 정부간행물(관보, 업적 보고서, 행정백서, 예산개요 등) 또는 신문, 라디오, TV 및 기자회견, 구호, 표어의 제정 · 공포, 여론지도자(opinion leader)의 동원, 반상회제도 등이 이용되고 있다.

④ 환류과정(feedback process)

최고관리층이나 전문기능을 담당하는 PR담당자는 정책에 대한 국민의 반응을 정보의 투입, 산출을 매개하는 환류과정을 통하여 끊임없이 파악, 분석, 평가함으로써 적절한 대응책을 강구하여야 한다.

2) 행정PR의 제(諸)원칙(原則)

행정PR의 수행에 있어서 지켜야 할 제원칙은 결국 행정PR의 성격이나 특징에서 연유된다고 할 수 있다.

① 공익 우선 및 합치의 원칙

행정PR 활동을 수행하는 주체의 사회적 책임을 자각하고 공중 및 여론의 배후에 있는 "공중의 이익" 내지 공익의 존재를 인식, 가장 우선시하고 거기에 합치된 행동을 취하도록 노력해야 하는 원칙이다.

② 상호교류의 원칙

민주주의 정치는 일응, 민의의 소재를 파악하여 이를 정치 및 행정에 반영시켜야 한다. 여기에 정부는 일방적인 정보의 제공이 아닌(one way communication) 국민의 바램이나 의견을 경청함으로써의 상호교류적인 커뮤니케이션의 실현을 가져와야 한다는 원칙이다.

③ 진실성의 원칙

민주주의 정치체제에 있어서 최종판단을 하는 것은 결국 국민이나 이해관련 공중(public)이라는 인식하에 사실에 기초한 진실된 정보를 공중에게 제공해야 한다는 원칙이다.

④ 계몽성의 원칙

국민들의 정치수준이 낮고 지각있는 시민들의 의식이 부족할 뿐만 아니라 자기들의 정당한 권리나 의무를 행사하지 않는 나라에 있어서는 행정PR이 국민들에 대한 계몽적, 교육적 성격을 갖고 수행되어져야 한다는 점에서의 원칙이다.

3. 행정PR의 성격과 한계

위에서 살펴본 결과 PR이란 결국 정당한 일의 성취(업적:業績)에 대해 인정을 받는 것이라 할 수 있다. 여기에 혹자는 PR=업적(performance)+인정(recognition)로 인식, 표현하기도 한다.[27)]

그런데 민주주의 국가 내지 현대 행정국가(참다운 민주 복지국가)에 있어서 행정PR은 아래와 같은 성격을 띤다.

1) 행정PR의 성격 및 특징

첫째, 수평성(水平性)이라는 성격이다. 민주주의 체제에 있어서 국민은 위탁자이며 관료는 수탁자로 볼 수 있다. 여기에 정부와 국민은 동일한 수평선상에서 교류하는 관계에 있으므로 행정은 결국 정부와 국민의 협동작업으로 이루어진다. 즉 참다운 민주 복지국가에 있어서의 정치는 수직적인 명령과 복종이 아닌 수평적인 대화와 협력이 강조된다.

둘째, 의무성이라는 성격이다. 민주주의 정치에 있어서 국민은 정부가 무엇을 하고 있고, 또 무엇을 하려고 하는가를 알권리가 있고, 또한 정부는 그것을 알려줄 의무가 있다.

즉, 현대 민주주의 국가 내지 행정국가하의 행정PR은 이와 같은 의무적 성격을 띤다.

셋째, 교류성이라는 성격이다. 민주주의 정치체제 있어서는 민의에 기초한 정치와 행정을하는 것이 기본이다. 따라서 정부는 일방적으로 행정상황이나 정보를 제공할 것이 아니라 국민의 뜻이나 의견을 경청하는 쌍방적인 의사교류를 하지 않으면 안 된다.

넷째, 교육, 계몽성이라는 성격이다. 국민의 정치수준이 낮고, 정치의식이

---

27) Robinson이 PR주체의 업적에 대한 사회적 인정감이 PR의 초석이 된다는 의미에서 내린 정의이다.

향상되지 못해 권리행사 조차 할 줄 모르고 권리위에 잠들어 있는 후진국가 내지 발전도상국가에 있어서의 행정PR은 교육적, 계몽적 성격도 가지고 있다.

2) 행정PR의 한계

행정PR에는 아래와 같은 기본적인 한계가 있음을 살펴보고 아울러 우리나라 행정PR을 저해하는 문제점도 간단히 지적하고자한다.

(1) 행정PR의 한계

① 행정PR의 기술적 한계

과학과 기술이 아무리 발달한다할지라도 일반공중이나 국민의 의견을 파악하고 공중에 호소하고 알리는 데에는 여전히 기술적 제한이 내재될 수 밖에 없다.

② 행정PR의 사회적 한계

현대 행정국가에 있어서 행정PR의 필요성 및 중요성을 아무리 강조해도 지나침이 없지만, 사상표현의 자유, 매스미디어의 민간소유, 행정의 중립성을 침해하는 행정PR은 결코 허용될 수 없고 제한받을 수 밖에 없다.

③ 행정PR의 정치적 한계

행정PR은 국민의 정치적 자유를 침해하는 경우, 즉 유권자의 토의, 결정의 자유와 의회민주주의적인 토론, 결정의 권리를 침해할 시 결코 허용될 수 없다.

④ 행정PR의 철학적 한계

행정PR에 대한 정확한 인식이나 민주주의 이념 및 사상적 태도를 해치는 행정PR 역시 허용될 수 없다는 의미에서의 한계이다.

(2) 우리나라 행정PR의 문제점

우리의 행정PR을 저해하는 주요 문제점으로 대개 아래와 같은 사항을 지적할 수 있다(박연호외, 1996:517-518, 김규정, 1997:866-868, 신두범, 1996: 364-365).

① 행정PR의 인식부족 및 불신

역사적으로 오랫동안의 관료주의적 군주국가의 전통과 일제식민통치 지배의 전통으로 국민과 정부간에는 권위주의적 관료지배에 기인된 행정불신이 뿌리깊이 박혀 아직 잔존하고 있다.

여기에 행정PR을 정부의 선전시하는 경향이 남아 행정PR에 대한 올바른 인식이 부족하고 행정PR의 쌍방적 성격을 무시하고 일방적 선전에 치우치는 경우가 많다.

② 비밀행정경향

관료주의적, 권위주의적 사고로 정보나 사실을 진실되게 국민에게 알리기를 기피하는 경향이 있고 국가안보를 핑계로 정보의 은폐가 심하였던 비밀주의 행정 경향이 문제점으로 지적된다.

③ 정권유지적, 화재경보적 PR

민주정치 발전의 미흡으로 인하여 관료들이 행정PR을 국가이익이나 국민을 위해서가 아닌 특정집권정당이나 일개인의 이익을 위한 수단으로 정권유지적 차원이나, 사건이 발생한 이후, 이를 무마하기 위한 화재경보적 PR(fire-alarm)이 만연하였다는 점이다.

④ 행정PR 전문가 부족

일반행정가로서의 행정PR 담당자가 아닌 홍보전문요원, 즉 행정PR에 대한 전문지식과 여론수집 및 분석평가를 할 수 있는 전문 행정PR인의 양성이 부족하다는 점에서의 문제점이다.

⑤ 광청기능의 부재와 정보기관의 역기능

국민의 뜻이 행정에 반영될 수 있도록 하는 행정PR의 광청기능 내지 정보투입기능이 무시되거나 간과되어 왔다. 국민의 민의와 여론의 파악이 주로 국가정보기관에 의존되어 진상의 은폐, 정부에 대한 불신심화, 국민의 행정에 대한 비협조, 무관심 등의 역기능이 초래되었다는 점이다.

여기에 첫째, 행정의 비밀주의 및 비밀성을 지양하여 공개투명하게 하여야 하고 둘째, 정부시책을 알리는 데에 중점을 둘 것이 아니라 국민의 의사를 받아들이는데 노력해야 한다.

셋째, 국민과 정부가 쌍방적으로 교류하는, 즉 쌍방적 커뮤니케이션의 행정PR이 되어야 하고 정부에 대한 국민의 불신을 낳지 않는 행정PR이 되어야 할 것이다. 넷째, 이를 위해 행정PR에 대한 정확한 인식과 그 중요성을 정부와 국민은 새로이 할 필요가 있다.

III. 현대 행정국가 전망

오늘날 정부조직 뿐만 아니라 대부분의 조직은 다양한 환경요인과 더불어 존재하고 또한 환경과의 상호의존적인 관계를 유지한다. 이는 행정조직이 생존하고 특정한 목표를 달성하기 위해서는 사회환경에 적응해야 할 뿐만 아니라 환경적 조건을 정부조직에 유리한 방향으로 변화시키기도 한다. 이와 같이 환경의 변화에 대응하기 위해서 모든 조직은, 자체적으로 미래의 불확실성을 제거하려는 노력이 더욱 강조되고 있다.

토플러(A. Toffler)는 조직에 대한 환경변화의 압력을 아래와 같이 제시한 바 있다(A. Toffler, 1980).

첫째, 물리적 환경 변화에 대한 지적이다. 자원의 고갈, 사막화 현상, 해양오염, 기후의 변화 등의 현상으로 인한 압력이다.

둘째, 사회 여러 세력간의 역학 관계 변화이다. 즉 대학조직, 종교단체, 각종 사회단체, 환경단체, 소비자 집단, 문화집단을 포함한 수많은 단체들이 조직화되어 각자의 이익추구를 위한 압력이다.

셋째, 사회의 다양화가 추진됨에 따라 여러 사회집단이 균형관계를 유지하기 위한 상호간의 정보교환이 점점 더 증가함으로써 나타나는 압력이다. 행정조직에 대한 위와 같은 여러 압력은 더욱 가중될 것이며 이에 따라 정부조직을 포함한 각종 조직도 새롭고 다면적이며, 다목적적인 형태의 조직으로 변화하게 될 것이다.

한편 드럭커(D. F. Drucker)는 현대 문명사회를 '단절의 시대(the age of discontinuity)'로 지칭하면서 미래의 중요한 불연속적 변화를 아래와 같이 예견하고 있다(D. F. Drucker, 1968).

첫째, 새로운 과학, 기술이 급속히 발전되고 그러한 기술로 인해 새로운 산업이 탄생하고 기업이 생겨나며 기존의 주요 산업과 기업은 시대에 뒤떨어지게 될 것이다.

또한 세계경제는 국경과 언어를 초월하고 심지어는 정치적 이데올로기까지도 초월하게 되고 세계는 하나의 장(場)이 될 것이다.

둘째, 현대사회의 가장 중요한 변화를 드럭커는 지식혁명에서 찾고 있다. 즉 지난 몇십년 동안의 지식은 자본, 비용의 가장 중요한 원천, 경제의 핵심적 자원이 되고 있다. 이와 같이 행정조직의 정치, 경제, 사회적 환경이 변화됨에 따라 조직 목표의 설정이 달라지며, 행정조직의 행동에 대한 이해관련 공중 및 국민의 수용태도와 해석 또한 행정환경의 변화에 의하여 많은 영향을 받는다.

여기에 오늘날의 현대 행정국가의 행정조직이 급격하게 변화하는 사회적, 경제적, 정치적 환경하에서 바람직한 활동을 위해서는 늘 변화하는 행정환경에 대한 주의깊은 분석작업이 필수적 요건이 된다.

지금까지 행정조직과 환경과의 관계의 변화 중요성에 대해 일반적이고 거시적인 관점에서 살펴보았다.

아래에서는 행정조직에 영향을 미치는 환경 여건 변화 요인들에 대해 간단히 살펴보고자 한다(최윤희, 1998:59-62).

1. 현대 행정국가의 환경여건 변화 전망

1) 지식 교육 여건의 변화(교육수준의 향상과 과학의 발전)

사람들에게 더 많은 것을 관찰하게 하고, 분별력이 높아지며 많은 것을 요구, 주장하게 하는 교육수준이 점점 향상되고 있다. 하지만 이러한 교육수준의 향상에도 불구하고 그들의 지식은 문제를 이해하고 해결하는 데에는 아직도 피상적이고 불충분한 상태이다. 즉 그들이 이루어내어 지닌 과학과 지식은 다른 분야와의 중요한 상호관계에 관한 지식없이 주어진 분야에만 초점을 맞춘 지식과 과학일 가능성이 많다.

이렇다보니 아주 간단하게 여겨지는 상황과 해결방안이 사실은 매우 복잡하게 느껴질 수도 있다.

여기에 레슬리(P. Lesly)는 지금의 시대를 기대감의 상승시대(rising expections)가 아니라 이룰 수 없는 기대감(unattainable expection)으로 가득찬 시대라고 하고 있다(P. Lesly, 1991:1-8).

2) 정치적 환경의 변화(다양한 이익집단의 대두:NGO)

오늘의 사회가 다원화됨에 따라 정치적 민주화와 더불어 영향력을 행사하는 많은 조직들이 등장하고 있다. 이러한 오늘의 사회에서는 다양한 사회문제에 관심을 가진 자들이 조직을 만들거나 특정문제에서 그들의 이익이 관련되어 있을 경우 기존에 존재했던 조직에 가입한다. 이러한 이익집단은 크게 두 종류로 분류될 수 있다. 하나는 이익집단 구성원들이 경제적 이익을 촉진시키기 위해 만들어진 경제적 이익집단을 들 수 있는데, 이들은 근본적으로 정치적 활동을 위하여 형성되지는 않았지만, 그들의 이익을 보호하고, 촉진하기 위하여 점차적으로 정치적 활동에 개입하고 있다. 다른 하나는, 환경보호단체 또는 소비자단체 등 공공이익집단과 같은 비경제적 이익을 촉진하는 집단을 들 수 있다.

이와 같이 오늘날 우리나라 NGO그룹의 각종 집단들이 기업을 포함한 정부조직의 생존과 번영에 상당한 영향력을 발휘하고 있다는 점이다.

3) 사회적 환경의 변화(변화에 대한 저항감)

행정환경의 주요한 한 요인으로서 오랫동안 지속되어온 관습은 최고관리자가 기존의 아이디어와 관행을 고수할 경우 사회적 환경의 변화에 적응하는 조직발전을 도모할 수 없게 한다. 대개의 구성원들은 보통 변화란 그들의 위상에 대한 위협이라고 믿기 때문에 현상유지를 견지할려고 한다. 하지만 변화에 대한 저항 그 자체는 개혁의 기회를 감소시키고 조직발전(OD)을 저해한다.

행정조직내외에서 진행되는 변화는 그 신속성과 중요성이 더해가고 있으며 이에 여타조직들은 시대변화에 낙오되지 않고, 적응하기 위한 "적응적 변화"의 노력을 경주하고 있다. 이는 사회적 환경의 변화 속에서 행정조직의 환경에 대한 적응력이 부족하다면 변화를 위한 장애요인이 되기 때문이다.

4) 조직의 대규모화(관료제화 현상)

조직의 대규모화(bigness)는 행정환경에서 주요한 변화요인으로 전망된다. 조직의 대규모화는 규모집적이익(集積利益:accumulation interest)과 같은 많은 유리한 점도 있으나 행정실무자들이 관료제화에서 볼 수 있는 많은 역기능이 존재한다. 즉, 조직의 대규모화는, 정책결정을 지체시키고 협력의 부족, 동기화 감소, 비정의성(impersonality) 등을 낳는다. 이러한 조직의 대규모화는 외적으로 사회에 대한 위협적인 요인이 될 수 있으며 현대 행정조직이 사회로부터 요구받는 책임과 윤리성을 훨씬 더 강요받는 원인이 되고 있다.

5) 커뮤니케이션 기술 환경의 변화

커뮤니케이션(communication) 테크놀로지의 발달로 인하여 행정조직의 좋고 나쁜 행태는 더 쉽게 국민들의 눈에 띄게 마련이고 행정조직의 불법행위가 더 쉽게 노출되고 있다.

여기에 행정조직은 공익(public interest)에 대한 기여와 사회적 책임의 완수에 대한 강한 요구를 받고 있으며 이러한 요구에 부응하지 못할 경우 사회적 비판의 대상이 된다. 이와 같이 오늘날 뉴미디어 체계의 발달, 즉 통신위성, ISDN, 컴퓨터, CATV, 비디오텍스, 방송위성(HDTV), 텔레텍스트 등은 각종 정보를 신속하고도 완벽하게 확산시켜서 인간의 인지와 접촉범위를 훨씬 확장시키고 있다. 그래서 행정부도 전자정부론의 구성 및 off-line상의 행정과 함께 on-line상의 행정의 중요성도 점차 강조하고 있다.

6) 국제환경의 변화(개방성)

1994년 세계 111개국 정상과 각료들은 모로코에서 UR최종협정에 서명하였다. 이는 지난 57여년 동안 세계무역질서를 지배해온 관세 및 무역에 관한 일반협정(GATT:General Agreement on Tariff and Trade) 체제가 사라지고 자유로운 무역질서를 근간으로 하는 세계무역기구(WTO:World Trade Organization) 체제가 출범한 것을 의미한다. 하지만 최근 세계각국은, 국가라는 단일시장 개념이 약해지고 전세계가 하나의 시장으로 전환되어 국제경쟁시대가 도래하게 되는 FTA(Free Trade Agreement)가 강조되고 있다.

이제 세계적인 경제질서의 재편과 함께 개방화, 세계화는 하나의 돌이킬 수 없는 역사의 흐름이 되었고 이와 같은 국제 환경의 변화는 기업 및 행정조직의 세계화를 요구하고 있다.

이러한 개방화, 세계화는 필연적으로 우리나라 기업조직들의 국제 경쟁에 관한 철저한 이해를 요구하고 있다. 즉 개방화는 우리의 기업과 세계기업들의 경쟁을 의미하며 정부 또는 비영리조직 같은 조직조차도 경쟁에서 비켜가기 어렵게 되었다는 점을 의미한다.

2. 현대 행정국가의 미래 전망

위에서 살펴본 바와 같은 행정조직을 둘러싸고 있는 행정환경의 급격한 제변화에 정부가 기민성있고 적극적으로 대응하기 위해서는, 과학, 기술의 발전을 잘 흡수하여, 이를 기반으로 사회의 제문제를 해결할 수 있는 합리적 정책결정의 전문성을 띌 수 밖에 없다.

하지만 이로 인한 현대 행정국가의 행정부는, 거대한 권력의 집중으로 행정의 독재, 독선화의 위험성 역시 내포되어 있음을 보았다. 여기에 최근의 분권화(decentralization), 작은 정부지향의 변화를 탈행정국가화로 인식하고자 하는 견해와 논리들이 있다.

또한 이러한 변화를 행정기능이 단일 핵(core)에 편재되던 단순행정국가(單純行政國家)에서 확산적 다핵 배치의 복합행정국가(複合行政國家) 내지 신행정국가(新行政國家)로의 변화로 보고 지금까지 행정국가 극복의 유력한 수단이었던 분권화가 현대 행정국가 자체의 논리 속에 흡수되어 버린 그래서 분권화되면서, 오히려 "민주 복지 자본주의" 국가(Democratic Welfare Capitalism State:Anthony Forder, 1998) 목표 달성을 위해 더욱 강대해지는 행정국가에로 변화가 전망된다(오석홍, 1996:6-7).

참고문헌

1. 한국문헌

강신택(1981). 사회과학연구의 논리. 박영사.

김규정(1996). 신행정학원론. 법문사.

김영종외(1989). 관료제와 행정철학. 법문사.

김홍기(1995). 행정국가와 관료제. 대왕사.

김홍기외(1981). 현대정치와 관료제. 대왕사.

박동서(1980). 한국행정론. 법문사.

박동서(1982). 한국행정의 발전. 법문사.

박재창(1995). 한국의회행정론. 법문사.

백완기(1982). 한국의 행정문화. 고려대출판부.

안해균(역)(1962). 행정국가론.(F.M.Marx 著). 박영사.

오석홍(1998). 인사행정론. 박영사.

이용필(역)(1989). 국가와 현대사회 - 정치사회학의 새방향. 형설출판사.

장지호・김홍기(공역)(1960). 현대사회에 있어서의 관료제(P.M.Blaw 著). 민중서관

정승건(2004). 한국관료제론. 부산대학교 출판부.

안병영(1999). 세계화와 국가역할의 변화・사상.

박광주(2000). 국가건설과 국가・시민사회관계의 변화. 한울.

박광주(1985). 국가론을 통한 한국정치의 파라다임 모색. 현상과 인식.

김동택(2001). 신자유주의・국가주의를 넘어. 역사비평

박찬표(1997). 한국의 국가형성과 민주주의. 고려대학교 출판부.

최장집(1985). 과대성장국가의 형성과 정치균열의 구조. 한국사회연구.

한배호(1990). 한국현대정치론. 나남.

김태성・성경륭(1993). 복지국가론. 나남.

성경륭(1998). 21C 변화전망과 국가경영의 신패러다임. 한국공공정책연구소.

조희연(1998). 한국의 국가・민주주의 정치변동. 당대.
김병찬(1988). 관료제와 정치통제. 사회과학연구.
강민(1988). 한국의 국가역할과 국가기구. 한국정치학회보. 제22권 2호.
김영평(1985). 산업화의 맥락에서 본 한국관료제의 행방. 한국정치학회보 제19집.
박명수(1988). 관료제 : 민주행정환경의 구상 및 집행자로서의 역할, 고시원.
김병국(1988). 국가구조와 국가능력. 한국과 국제정치 제4권 1호.
이종범(1996). 행정개혁과 저항. 행정과 정책 제2호.

2. 일본문헌

石田剛(譯)(1971). 組織と 官僚制. 未來社會
君村昌(譯)(1981). 官僚制. 福村出版社
中村陽一(譯). 政治体係と官僚制. 福村出版社
手島孝(1969). 現代行政國家論. 勁草書房
______(1978). 行政國家の法理, 學陽書房
森博外(1980). 官僚制の支配. 有斐閣
片岡寬光(譯)(1980). 行政官の 役割. 成文堂
__________(1976). 行政國家論 .早稻田大學出版部

3. 외국문헌

Albrow, Martin, Bureaucracy, London, Macmillan, 1970.
Altshuler, Alan A., Politics of the Federal Bureaucracy, N.Y. Dodd, Mead, 1968.
Appleby, Paul, H., Policy and Administration, Univ. of Alabama Press, 1949.
_______, Big Democracy, N.Y. Knopf, 1945.
Bendix, R., Higher Civil Servants in American Society, Boulder, Columbia Uinv. of Colorado Press, 1949.
Bendix, Reinhard., "Bureaucracy and the Problem of Power," in Robert T. Merton et al., Reader in Bureaucracy, New York : The Free Press, 1952.
Bennis, Warren, Changing Organizations, N.Y., MacGraw-Hill, 1966.

Bjur, W. E. and G. E. Caiden, "On Reforming Institutional Bureaucracies," International Review of Administrative Science, Vol.44, No.4, 1978.

Bjur, Wesley E. and Gerald E. Caiden, "On Reforming Institutional Bureaucracies," International Review of Administration Sciences, Vol.54, No.4, 1978.

Bjur, Wesley E. and G. E. Caiden., "On Reforming Institutional Bureaucracies," International Review of Administration Sciences, Vol.44, No.4, 1978.

Blau, Peter M., Dynamics of Bureaucracy, Univ. of Chicago Press, 1955.

_______, Bureaucracy in Modern Society, N.Y., Random House, 1965.

Caiden, Gerald, The Dynamics of Public Administration ; Gidelines to Current Transformations in Theory and Practice, N.Y., Holt, Rinehart and Winston, 1971.

Crone, Donald K., "State, Social Elite and Government Capacity in South East Asia, "World Politics, Vol.50, No.2(Jan. 1988).

Crosier, N., et al., The Crisis of Democracy, New York : New York Univ. Press, 1975.

Dahl, Robert A., Modern Political Analysis, Englewood Cliffs, N.J., Prentice-Hall, 1963.

Downs, Anthony, Inside Bureaucracy, Boston, Little Brown & Co., 1967.

Dvorin, Engene P. and Robert H. Simmons, From Amoral to Humane Bureaucracy, San Francisco, Canfield Press, 1972.

Easton, David, A framework for Political Analysis, Englewood Cliffs, N.J., Prentice-Hall, 1965.

Eisenstadt, S. N., "Problems of Emerging Bureaucracies in Developing Areas and New States,", Harvey G. Kebschul (ed.), Politics in Transitional Societies, New York, Meredith Corporation, 1973.

_______, "Bureaucracy and Political Development," J. LaPalombara (ed.), Bureaucracy and Political Development, Princeton, Princeton Univ. Press, 1967.

_______, S.N., The Political System of Bureaucratic Empire, New York : Free Press, 1963.

Ermer, Virginia B., and John H. Strange, Blacks and Bureaucracy : Reading in the Problems and Politics of Change, New York, Crowell, 1972.

Feit, Edward, The Armed Bureaucrats, Boston : Houghton Mifflin Co., 1973.

Fried, Robert C., Performance in American Bureaucracy, Boston, Little Brown and Co., 1976.

_______, Comparative Political Institutions, London, MacMillan, 1966.

Friedrich, Carl J., "Some Observations on Weber's Analysis of Bureaucracy," Robert K. Merton et al. (eds), Reader in Bureaucracy, New York, The Free Press, 1952.

Gawthrop, Louis C., Bureaucratic Behavior in the Executive Branch : An Analysis of Organizational Change, New York, The Free Press, 1969.

Gerth, H. H. and C. W. Mills, From Max Weber : Essay in Sociology, New York : Oxford Univ. Press, 1958.

Hague, Shamsul M., "Legitimation Crisis : a Challenge for Public Service in the Next Century," International Review of Adminstration Science, Vol.64, 1998.

Hall, R.H., Professionalization and Bureaucracy, A.S.R., Vol.33,1968.

Hargrove, Erwin C., Presidential Leadership, N.Y., MacMillan, 1966.

Heady, Ferrel, Public Administration; A Comparative Perspective, Prentice Hall, Inc., 1966.

_______, Bureaucratic Theory and Comparative Administration," A.S.Q., Vol. 3, 1959.

Heper, M. ed., The State and Public Bureaucracies : A Comparative Perspective, New York : Green Wood Press, 1987.

Janiche Hartin and Alan Braley Tr., State Failure : The Importance of Politics in Industrial Society, Cambridge : Polity Press, 1990.

Jaque, E., A General Bureaucracy, London : Heinemann, 1976.

Kaboolian, Linda, "The New Public Management : Challenging the Boundaries of the Management vs Administration," Public Administration Review, Vol.358, No.3, 1998.

Kaufman, Herbert, Administrative Decentralization and Political Power, Francis E. Rourke (ed.), Bureaucratic Power in National Politics, Boston, Little, Brown and Company, 1972.

Kaufman, Herbert, "Fear of Bureaucracy : A Raging Pendamic," Public Administration Review, Vol.41,No.1(spring 1981).

Key, V.O., Politics, Parties & Pressure Groups, N. Y., Thomas Crowell Co., 1952.

Kingsley, J. Danald, Representative Bureaucracy : An Interpretation of the British Civil Service, Yellow Springs, Ohio, Antioch Press, 1944.

Kingsley, J. D., "The Executive of Policy," in R. K. Merton et al., Readers in Bureaucracy, New York : The Free Press, 1952.

Kramer, Fred A. (ed.), Perspectives on Public Bureaucracy, Cambridge Mass., Winthrop, 1973.

_______, Dynamics of Public Bureaucracy, Cambridge, Winthrop, 1977.

Lapalombara, Joseph, An Overview of Bureaucracy and Political Development, Joseph Lapalombara (ed.), Bureaucracy and Political Development, Princeton, Princeton Univ. Press, 1967.

Laski, H.J., Bureaucracy Encyclopedia of Social Science(ed.) by E.R. A. Seligman, Vol. III, 1930, 1962.

Laudon, Kenneth C., Computers and Bureaucratic Reform, New York, John Wiley & Sons, 1974.

Maier, Charles S., "The Politics of Productivity : Foundation of American International Economic Policy after World War II," in Peter Katzenstein ed., Between Power and Plenty : Foreign Economic Policies of Advanced Industrial States, Madison : Univ. of Wisconsin Press, 1978.

Mainzer, Louis, Political Bureaucracy, Glenview, Scott, Foreman and Co., 1973.

Mann, M., "The Autonomous Power of the State : Its Origins, Mechanisms and Results," in John A. Hall, ed., States in History, Basil Black-well, 1986.

Marx, F.M., The Administrative State, Chicago, Univ. of Chicago Press, 1959.

_______, "Bureaucracy and Dictatorship", Review of Politics, Volume 3, 1941.

Migdal, Joel, "Strong State, Weak State : Power and Accommodation," in M. Weiner and S. P. Huntington ed., Understanding Political Development, Boston : Little Brown and Co., 1987.

Mouzelis, Nicos P., Organization and Bureaucracy : An Analysis of Modern Theories, Chicago, Aldine, 1967.

Newland, Chester A., "Realism and Public Administration," Public Administration Review, Vol.57,No.2, 1997.

Perlmutter, Amos, Modern Authoritarianism, New Haven : Yale Univ. Press, 1981.

Redford, Emmentte S., Democracy in the Administration State, New York : Oxford Univ. Press, 1969.

Riggs, Fred W., "Bureaucrats and Political Development : A Paradoxical View," in J. Lapalombara ed., Bureaucracy and Political Development, Princeton, N.J. : Princeton Univ. Press, 1963.

Rokkan, Stein, "Dimension of State Formation and Nation Building," in Charles Tilly ed., The Formation of National State in Western Europe, Princeton : Princeton Univ. Press, 1975.

Rosenberg, Hans, Bureaucracy, Aristocracy, and Autocracy : The Prussian Experience, 1660~1815, Cambridge, Harvard University Press, 1958.

Rourke, Francis E., Bureaucracy, Politics and Public Policy, Boston, Little, Brown, and Company, 1969.

Rourke, Francis E. (ed.), Bureaucratic Power in National Politics, Boston, Little Brown and Company, 1972.

Rourke, F. E., Bureaucracy, Politics and Public Policy, Boston : Little Brown, 1976.

Schuman, David, Bureaucracies, Organizations, and Administration, New York, MacMillan, 1976.

Sevra, James H., "The Politics-Administration Dichotomy Model as Aberration," Public Administration Review, Vol.58,No.1, 1998.

Simon, Herbert. A., "Why Public Administration," Public Administration Review, Vol.58,No.1, 1998.

Skocpol, T., "Bring the State Back in," in P. Evans et al. eds., Bringing the State Back In, Cambridge : Cambridge Univ. Press, 1985.

Stillman II, R. J., "American vs European Public Administration," Public Administration Review, Vol.57,No.4, 1997.

Taub, Richard P., Bureaucrats Under Stress : Administrators and Administration in an Indian State, Berkeley and Los Angeles, Calif : University of Califonia Press, 1969.

Thomas, C., The Rise of the Authoritarianism in the State of Periphery Societies, New York : Monthley Review, 1984.

Thompson, Victor A., Bureaucracy and the Modern World, Morris-town, General Learning Press, 1976.

Timan, Robert O., Bureaucratic Transition in Malya, Durham, N.C., Duke University Press, 1964.

Toffer, Alvin, Organizations : The Coming Ad-hocracy, Lloyd A. Rowe and William B. Boise(eds.), Organizational and Managerial Innovation : A Reader, California, Goodyear Publishing Company, Inc., 1973.

Warwick, Donald P., A Theory of Public Bureaucracy, Cambridge, Harvard University Press, 1975.

Weber, Max, Parliament und Regierung, in : Die innere Politik, hrsg, v. Sigmund Hellmann, Mai, 1981.

Wemer, Simcha B. "The Political Reversivility of Administrative Reform : A Case Study of the United States Postal Service," Public Administration, Vol.60(Autumn 1982.)

찾아보기

ㄱ

가부장제_117
가산관료제_116
가산외적 충원_143
가산제_117
가족공동체_4
가족설_34
가치결정_70
가치지향성_166
간접참여_221
강압력_9
강제 수단_9
강제력_10
강제장치_30, 37
강제질서_30, 35
강제행위_37
개발도상국_176
개방체제_187
개방체제론자_183
개별적참여_221
개별주의_180
개인주의_22
개입주의 국가_48
개혁전략_171
거대정부_36, 114
거대조류(Megatrends)_20
게임규칙_43
격동의 장_130
견제의 모색_69
견제장치_195
결사체_8, 12
결합동인_52
경제결정론_52
경제공황_19
경제관리 기능_104
경제규제기능_72
경제적 민주주의의_65
경질원칙_147
경찰국가_18
계급 집단_12
계급갈등_46
계급관계_44
계급국가(class state)_45
계급이론_3
계급투쟁설_34
계급편향성_48
계몽사상_16
계몽성_260
계선조직_189
계약론_39
계약설_38
계층제_108
계층제(hierarchy)_119

계획지배_95
고급공무원_140
고급관료_217
고대부족국가_208
고속도화_69
고용평등조치_236
고울드너(Gouldner)_125
고위관료직_167
고전문화_15
고전적 국가관_8
고전적 민주주의_67
고충처리_256
골격입법_66
공개경쟁 채용시험_157
공개방법_249
공개시스템_252
공개청구_247
공개청문회_224
공공관계_252
공공관료제_114
공공목적_109
공공복지_102
공공부문_237
공공사무_134
공공서비스_208
공공선_233
공공의식_210
공공정책_212
공공조사_224
공공투자사업_92
공동관리구조_188
공동목표_178
공동소유_35
공동의사_72
공동의사결정_204
공동의식_24
공동이익_50
공동체 의식_210
공동체사회(Gesells chft)_22
공람제도_251
공리성_70
공리주의_65
공리주의사상_159
공무수행_118
공무원제도_136, 239
공무원제도 개혁_157
공무원제도개혁_239
공보_204
공복_166
공산주의_78
공산주의 국가_70
공산주의국가_86
공생관계_204
공식성_122, 127
공식적 참여자_217
공익_164
공익(public interest)_218
공익사업_102
공익의 실현_109
공적 욕구_210
공중관계_252
공직분류_167

공직자들_217
공직취임_165
공청회_222
공통성_7
공평무사_123
공평성(fairness)_239
공황_19
과두제(oligrachy)_152
과두지배의 철칙_179
과잉동조_124
과학적 관리법_135
관념론_184
관료_49, 96, 143
관료계급_239
관료군_179
관료기구_97, 146
관료독재지배국가_65
관료독재체제_116
관료임용_119
관료제_14, 67, 113
관료제국가_64, 175
관료제도_162
관료제조직_121, 178
관료제화_137, 179
관료조직_9
관료조직기구_9
관료주의_116
관료지배_95
관리과학_108
관리기구_114
관리기술_122
관리집단_170
관존민비_229
광디스크_250
광보:廣報_253
광역행정_108
광청:廣聽_253
광청기능_264
괴테_11
교류성_261
교민원호_103
교섭_220
교육문제_103
교육훈련_119, 168
교조주의_139
교체임용주의_156
교통문제_103
구성요소_5
구심력_56
구제도(Ancien Regime)_17
구조주의적 견해_12
구조주의적 관점_45
구조체계_123
구체적 명령_72
국가 관료제_52
국가 발생론_35
국가 사회주의_37
국가 안보_71
국가 위기_51
국가 자율성_49
국가-사회관계론적 시각_42
국가개념_23

국가개입_68
국가관료제_114
국가관리주의_111
국가구조_46
국가권력_6, 30, 97
국가기구_6
국가기능_20, 44, 72
국가기밀_258
국가능력_47
국가도출론_13
국가독점자본주의_46
국가론_3
국가변화_60
국가변화요인_56
국가복지_208
국가사회학_27, 29
국가성격_72
국가소멸론_35
국가안전보장_102
국가예산_23
국가유기체설_26
국가유형_12, 15
국가의지_26
국가이념_47
국가이익_47
국가자율성_12
국가재정_23
국가전체이익_211
국가정신_26
국가정책(state polices)_12
국가제도_51
국가조직_47
국가주권_7
국가주의_37
국가중심론적 시각_42
국가질서_25
국가통제_19
국가통치구조_98
국가통치권력_15
국가행위_12
국가형성_9
국민_5, 7
국민 대표성_213
국민고충처리위원회_201
국민국가_10
국민대중_179
국민대표기관_94
국민대표성_132, 240
국민복지_19
국민의회_18
국민주권_5
국민주권(國民主權)_16
국민주권주의_74, 94
국민형성 기능_104
국적(國籍)_5
국제교류_59
국제교류관계_59
국제기구_103
국제연합_103
국제화_20
군대용어_190
군부지향의 관료제_140

군주_6
군주국가_263
군주론(君主論)_16
군주주권_5
군주주권론_16
궁극적 실체_184
권력 중추 기구_172
권력견제제도_76
권력목적_40
권력분립_67
권력분립주의_74, 94
권력설_38
권력의 독점_178
권리장전_17
권리청원_17
권위_8, 116
권위의 계층제_115
권한위임_124, 220, 221
귀납적_116
규릭(L.Gulick)_74
규모집적이익_122, 267
규범성(normality)_30
규범적 국가학_29
규범체계_24, 25
규제기능_102
균형적 발전 접근방법_171
균형형_221
그람시_51
근거법령_249
근대 입법국가_98
근대국가_67
근대문화_15
근대사회_6, 7
근대시민사회_67
근대합리주의사상_82
근무동기_189
근무성적_154, 168
글래드스톤_160
금권정치_152
급부국가_102
급부기능_72, 109
기계적 사무_160
기계적 조직_186
기관_6
기능조직_190
기대감의 상승시대_266
기대행렬이론_108
기본법_176
기본이념_223
기부금_233
기술이전_58
기술적 독점_178
기술지배_95
기회균등_140, 163, 180
기획예산제도_107
기후의 변화_264
길브(Gilb)_81

ㄴ

나라_4, 7
나이스비트(J. Naisbitt)_20

나찌즘_70
나찌즘 국가_86
나치스국가_71
낙관론_182
내각 책임제_151
내부순환이동_242
내부요인_56
내부통제방법_236
내재적 모순_56
내적요인_91
네오 맑시스트_49
네오 맑시즘적 국가_47
네오 베버리언_47
네오맑시즘 국가론_43
네오파시즘_65
네오파시즘(Neo-Fascism)_69
네트워크조직구조_188
네트웍모형_108
노동계급_153
노동문제_92
노동쟁의_92
노동정책_92
노사대립_92, 209
노스코트_160
노조탄압_49
논리관계_28
농업 문명_99
뉴딜정책_207
뉴미디어_250
능률성_107

ㄷ

다수결의 원리_178
다양성_20
다원적 분립이론_89
다원주의_139, 238
다원주의 국가론_43
단순행정국가_20, 269
단절_126
단절의 시대_265
당위_23
당위체계_28
당파성_163
대규모화_91
대규모화(bigness)_267
대도시집중_103
대리인_196
대립적 상대성_58
대변자_196
대안 선택_43
대응성_107, 172
대의정치_111
대의제 위기_66
대의제의 원리_98
대중민주주의_98, 131, 209
대중사회_110, 179
대중전달매체_246
대증요법_229
대표관료제_233
대표성_206
대표성문제_140
대표적 관료제_139, 195

데카르트_16
도구(tool)_6
도구적 기술_60
도구주의 국가론_44
도구주의적 견해_12
도시국가_80
도시문제_209
도시화_91
도시화현상_209
독립변수_12, 43
독선관료제_179
독재국가_175
독재주의_68, 88
독점체_134
독점체제_133
동기부여_168
동질성_7
동태적_9
동태적 조직_108, 189
두버거(Maurice Duverger)_80
드럭커(D. F. Drucker)_265
디목(Dimock)_136

ㄹ

라스키(Laski)_98
라이퍼(V. Riper)_139, 238
레슬리(P. Lesly)_266
로스(V. Ross)_203
로크(Locke)_16
루소(Rousseau)_16
르네상스(Renaissance)운동_15
리그스(Riggs)_114
리더쉽_168
리바이어던(Leviathan)_8

ㅁ

마이크로필름_250
마키아벨리_15
마흐럽(F. Machlup)_20
막스웨버(M.Weber)_64
맑스(K.Marx)_8
맑스주의_12
매개변수_53
매개분석_259
매스미디어_227, 258
매체(media)_224
매트릭스조직_188
머톤(R. Merton)_124
메시지(message)_246
메카니즘_19, 75
메트릭스(matrix) 방법_10
메트릭스조직_130, 186
명령관계_184
명목적 참여_229
명목적 협찬_230
명예혁명_16, 17, 149
모겐쇼(Mogenthau)_82
모순관계_28
목적국가_84
목적론적 관점_21
목표대치_125

목표설정_178
목표수행_178
목표의 전환_124
몬로(Monroe)_147
몰인격성_115
몽테스큐_6
몽테스키외_16
무사안일주의_115
무산자_56
무역에 관한 일반협정_268
무용론_176
무정부주의(anarchism)_36
무정부주의자_36
무책임성_115, 154
문서주의_119, 125
문화교류_58
문화목적_40
문화인류학_110
물화_184
미래조직_186
미래학_110
미항공우주국_190
미헬스(Robert Michels)_180
민간부문_237
민간조직기구_230
민원구제_201
민원상담실_200
민원처리_198
민원통제관제도_225
민정비서실_201
민족_5, 7
민족국가_49
민주 복지 자본주의 국가_269
민주국가_11
민주복지국가_36, 65
민주적 목표_181
민주적 통제_134
민주주의_67
민주행정_205
민주화_177
밀리반트(Miliband)_44
밀리반트(R.Miliband)_12

ㅂ

바스티유 감옥 습격_18
반대급부_118
반상회_224
반작용의 원리_56
반조직이론_184
발생론_21
발전(development)_55
발전국가_11
발전론자_129, 130
방송위성_268
배분적 정의_76
배타적 지배_9
밴담(J.Bentham)_8
밴딕스(Reinhard Bendix)_81
버바(S. Verba)_203
번문욕례_115
범죄문제_103

법규범론자_177
법규범학_30
법규준수_131
법률제정_95
법목적_40
법실증주의_40
법의 정신_16
법적권력_30
법적규제_187
법질서_29
법치국가_40, 73
법치국가성_73
법치주의_74, 95
법치행정_97
베니스(Bennis)_183
벨(D. Bell)_20
변경(變更)_55
변증법_56, 58
변증법적 논리_56
변화(變化)_55
변화주창자_170
변화채택자_170
병리_169
병리(ailment) 현상_37
병리적_115
병리현상_95
보고의무_255
보수 체계_158
보수성_169
보수주의_37
보안국가_75
보편성의 원리_84
보편주의_22, 180
보호기능_102
복수정당_150
복잡화_91
복지국가_11, 19, 46
복지국가론자_132
복지급부기능_175
복지주의자_185
복합조직_190
복합행정국가_269
복합행정국가(신행정국가)_20
본질적 기능_72
볼테르(Voltaire)_16
봉건제_117
봉건주의_10, 182
봉사기능_103
봉사행정_248
부당행위_198
부르죠아 계급_44
부분공개_250
부분수정이론_129
부정행위_198
부패타락_81
분권화_20, 269
분류법_158
분류직_158
분산화_20
분업체계_126
분업화_115
분파적 이익_164, 211

분화(分化)_55
불균형적 발전 접근방법_171
불법행위_198
불안의식_124
불연속성_83, 111
불충분한 국가(halfway state)_44
불확실성_264
브라운 로우_158
브르죠아 계급_6
블라우(Blau)_124
비공식적_129
비공식적 참여자_217
비공식집단_127
비관론_182
비디오테이프_250
비디오텍스_268
비밀주의_115, 245
비밀행정_230
비신축성_167
비영리단체_231
비용편익분석_219
비인간화_119, 123
비인격성_127
비정부단체_230
비정부조직_230
비정의화_125
비정치화_100
비정형적문제_184
비제도적 방법_231
비제도적 참여_220
비참여 단계_221
비침해행정_95
비합리적_129
빅거버넌트_108
빈곤층_92
빈곤퇴치계획_215
빈부격차_92
빈부의 격차_68
빈익빈 부익부(貧益貧 富益富)_11
빈자층_215

ㅅ

사기(morale)_123
사랑방순회_226
사막화 현상_264
사물적합성_71, 184
사법기관_198
사법부_6
사실성(factuality)_30
사실행위_198
사유(思惟)체계_56
사유작용_116
사인주의_128
사적소유_35
사회개념_23
사회계급_43
사회계약론_16
사회계층_98
사회관리기능_207
사회국가_87
사회규제_53

사회동반자적 의식_52
사회보장제도_84
사회복지_72
사회복지서비스 기능_104
사회복지정책_103
사회세력_43
사회심리학_110
사회안정_9
사회안정화 기능_104
사회운동_51
사회입법_135
사회저수혜자_103
사회적 이슈_231
사회적 통합_235
사회적 형평_76, 185
사회정의 실현_208
사회제도_122
사회주의_59
사회주의 국가_11
사회중심론적 시각_42
사회지배계급_9
사회직능국가_98
사회질서_8
사회집단_43
사회치료_215
사회학적 국가_31
사회현상_56
사회형평_204
산업국가_99
산업부르죠아_49
산업스파이_251
산업자본가_12
산업혁명_18, 59, 113
산업화_53, 91
산출(output)_78
삶의 질_87
삼권분립_6
삼라만상(森羅萬象)_56
삼부회_18
3자주의(tripartism)_52
상공시민계급_159
상급자_143
상대적 자율성_12, 45, 49
상대적 자율성(relative autonomy)문제_4
상비군_16
상위계급_56
상의하달식_126
상호괴리_68
상호교류작용_254
상호긍정_58
상호의사소통기능_256
상호작용_23
상호작용론_24
상호주의 원칙_249
생산수단_9
생산양식_45
서구 민주주의국가_67
서기직_157
서비스기능_72
선전(propaganda)_254
선전효과_258
선진국가_49

선진자본주의_44
선형계획_108
성과주의 예산제도_107
성직자_18
세계관_110
세계대공황_96
세계무역기구_268
세계화_20
세분화_64, 69
셀즈닉(Selznick)_124
소극성_167
소극적 기능_72
소극적 대표관료제_234
소득격차_92
소득격차문제_103
소비자단체_266
소수 엘리트_206
소수인종계층_204
소외(aleination)_184
소외집단_242
소외현상_167
소용돌이의 장(turbulent field)_183
소프트웨어_195
쇄신(innovation)_169
수권수익행위_95
수장_143
수정자본주의_84
수직적 분업_113
수평성_261
수평적 분업_113
수평형_221
순기능_122
순수 자본주의_11
스미드(D. Smith)_203
스코폴(Skocpol)_52
슬라이드_224
슬라터(P. E. Slater)_185
슬리만(Sleeman)_65
승인설_38
시뮬레이션_108
시민계급_16, 17
시민공동생산_210
시민관여_204
시민국가(市民國家)_17
시민대중_213
시민민주주의_209
시민방어_102
시민사회_51
시민운동_227
시민자문위원회_204
시민주도형_221
시민참여_139
시민참여운동_208
시민참여제도_195, 203
시민투표_228
시민혁명_16, 17, 208
시보(試補) 기간_96
CATV_268
시인론_21
시장모델_44
시장모형_52
시장실패_231

시정자문위원회_222
식민지체제_208
신 인간관계론_184
신권국가(神權國家)_15
신규채용_242
신맑스주의_12
신봉건주의_81
신분권이론_89
신분보장_141, 164
신이권론_90
신중앙집권화_108
신중앙집권화 현상_209
신탁통치_15
신행정국가_269
신행정론자_185
신흥계급_146
신흥공업국(NICS)_54
실업문제_103
실업보험제도_92
실업수당제도_92
실용주의_139
실용주의(프라그마티즘)_238
실적주의_96, 155
실적주의 관료제_135, 142
실제권력_30
실질적 민주주의_84
실질적 참여_221
실질적 타당성_76
실질적 협찬_230
실체(entity)_12, 24
심사청구_200
심사청구제도_200
심판관_43
쌍방적 커뮤니케이션_264
쌍방협동_220, 221

ㅇ

Administocracy_67
ISDN_268
아이디어 창안_228
안드레인(Andrain)_52
안전규제_102
안정화_257
알권리_248
알포드(R. R. Alford)_203
애드호크러시_187
앨빈 토플러_186
야경국가_18, 36
야경국가원리_95
약육강식_95
억압장치_49
언론기관_198
업무처리_125
에스만(Esman)_129
에치오니(A. Etzioni)_20
FTA_268
NGO_195, 227
엔클로저 운동_17
엘리트론_3
엥겔스(F. Engels)_8
여론_246, 254

여론 형성기능_257
여론조사_259
여론지도자(opinion leader)_259
역기능_169
역기능적_115, 129
역사적 숙명론_52
역사진화_128
역차별_242
연결핀 조직_186
연고우선주의_128
연공서열_123
연금관직_149
연두교서_147
연방주의자_147
연역적_116
연차보고서_199
엽관_146
엽관주의 공무원제도_145
엽관주의 관료제_142
엽관주의적 관료제_135
영공(領空)_5
영기준예산제도_107
영토_5
영토(領土)_5
영해(領海)_5
영향력(influence)_25
예산개요_259
예산배정_190
예정조화설_76
예측가능성_123
오크숄트(Michael Oakesholt)_82
오페(C. Offe)_14
옴부즈만_196
옴부즈만제도_195
와이드너(Weidner)_129
왈도(Waldo)_64
왕권신수설_16
왜곡_126, 254
외부요인_56
외부통제_140
외부통제 방법_236
외생변수_48
외적요인_92
요식행위_216
우선순위_216
운동_220
원심력_56
원호기능_102
원호사업_103
웨버(Marx Weber)_9
위원회 조직구조_188
위임입법_19, 66
유교적 국가관_4
유급휴가_154
유기적 조직_186
유기체_22
유기체적 국가론_26
유네스코_103
유산자_56
유토피아_37, 71
유화_220
융통성_126

은혜적 정실주의_148
음양(陰陽)의 이론_56
음양이론_58
응집_12
응집(cohesion)_13
의무성_261
의사결정_114
의사결정센터_114
의사소통_253
의사소통행위_246
의사전달_120
의식적 기술_60
의회민주주의_66
의회민주주의의_149
의회제_67
의회제도_74
의회조직_133
의회주의_177
의회주의의 위기_101
이기주의_22, 228
이념형_116
이념형 관료제_115, 142
이데올로기_32
이상사회_8
이율배반_81
이익집단_43, 217
이질성_83
이질화_64, 69
이타주의_22
이해관계자들_252
이해력_216
인간관계_258
인간화_20
인과법칙(因果法則)_27
인구이동_58
인구증가_103
인구통제기능_104
인권선언_18
인도주의_84
인맥주의_128
인본주의_184
인사기관_157
인사상담제도_168
인사행정_159
인식론_14
인식주체_7
인위적조화_95
인지조례_17
일관성_123
일반공개청구제도_247
일반공중_262
일반교양_118
일반사회학_29
일반의지_44, 50, 74
일반이익_164
일반적 조건_217
일반행정가_263
일시적조직_186
일제식민통치_263
일치만(Ilchman)_171
임명권자_180
임시조직_138

임시체제_186
임용기간_157
임용기준_165
임용시보기간_157
임용시험_96, 157, 236
임용체제_237
임용할당제_236
입법 기관_70
입법국가_66
입법국가(立法國家)_18
입법부_6
입법통제_199
입헌정치_17

ㅈ

자기의사_210
자본 축척률_13
자본가계급_9, 44, 45
자본관계_13
자본논리학파_45
자본독점_13
자본유입_58
자본의 국제화_59
자본주의_120
자본주의 경제체제_12
자본주의 국가_9
자본주의체제_133
자본축적_13, 45
자연 상태_16
자연권_16
자연법칙_35
자연적 실재_23
자연조화설_95
자연현상_56
자영농민층(yeomanry)_17
자유경쟁시장원리_43
자유목적_40
자유민주주의 국가_5
자유민주주의 이론_43
자유민주주의국가_176
자유방임국가_18
자유방임주의_76
자유재량_141
자유재량적 행정행위_248
자유재량행위_95
자유주의_20, 37
자유주의 사상_18
자율적 행위자_47
자의성(arbitrariness)_182
자주관리_220, 221
자주성_20
자치능력_210
작업집단_170
작은 정부지향_269
잔악성(cruelty)_182
장원제도_17
재개발지역시민회의_222
재량권_104
재량적 행정행위_141
재분재 정책_92
잭슨(Jackson)_147

저소득 계층_92
저수혜계층_235
저항적 운동_229
적극국가_19
적극적 기능_36
적극적 대표관료제_234
적극적 인사행정_167
적극적(positive) 기능_99
적실성_46
적응적 변화_267
적응적 흡수_130
적자생존의 원리_95
적재적소_190
적재적소 원칙_147
전리품_146
전문 기술성_82
전문기술성_64
전문행정가_123
전문행정관료_96
전문화_64, 69
전시회_226
전제군주국가_71
전제정치_16, 17
전제주의국가_111
전체의사_24
전체의식_25
전체주의_78, 176
전체주의 국가_70
전체주의국가_86
전통적 관료제_117, 142
전통적 지배_116, 142
전환과정_259
절대 권력_58
절대국가_71
절대국가(絶對國家)_15
절대군주_16
절대군주국가_208
절대군주국가체제_208
절대군주의_63
절대군주제_131
절대왕권_16
절대왕정_15
절대주의_15
절대주의 시대_15
절대주의관료제_142
절충주의_238
절충주의 국가론_50
점령지역_102
접근방법_171
정권_6
정당관료제_142, 206
정당성(legitimacy)_54
정당적 관료제_152
정당화기능_46
정보경제시대_20
정보공개방법_251
정보공개제도_195
정보공표의무제도_247
정보국가_20
정보기능_94
정보기술_20
정보사회_20

정보산출과정_259
정보제공_220
정보청구권_248
정보투입과정_259
정보투입기능_264
정복(약탈)국가_11
정부_5
정부PR_253
정부간행물_259
정부개혁운동_156
정부관료제_63, 96, 114
정부관료제조직_96
정부관료제화_112
정부관여_19
정부기능_19
정부독점_20
정부실패_231
정부조직_191
정부지원금_233
정부합동민원실_200
정부홍보_246
정실_182
정실인사_168
정실임용_168
정실주의_128, 149
정실주의 공무원제_145
정실주의 관료제_142
정의_8
정의(justice)_72
정의성_119
정책결정_43, 79, 203
정책결정과정_44
정책결정권_6, 67, 179
정책결정자_47
정책결정제도_47
정책대안_259
정책망_50
정책변동_205
정책수단_52
정책순응_210
정책의제설정과정_231
정책자문위원회_224
정책집행_211
정책형성_79
정치 시스템_7
정치경제론_3
정치경제이론_67
정치권력_6
정치문화론_3
정치발전_172
정치사회_51
정치사회학_47
정치상황적 접근방법_171
정치성_80
정치적 교환_75, 80
정치적 민주주주의_65
정치적 성분_146
정치적 이데올로기_265
정치적 정실주의_149
정치적 중립_141
정치적 중립성_163, 207
정치적 중립적 능률성_206

정치주의_37
정치체제_7, 43, 113, 171, 206
정치행정이원론_109
정태적_9
정태적 균형_242
정통성_14
정통성 위기_14
정통성위기_9
정통성의 위기_243
정형적인 문제_184
제국(empire)_10
제국주의화_59
제도_6
제도론_3
제도적 방법_231
제도적 장치_179
제도적 참여_220
제동장치_69
제안제도_168
제어장치_170
제퍼슨_147
제한적 국가목적_40
젠트리(gentry)_17
조건부 임용기간_157
조국_7
조작_220
조정관_197
조직구조설계_188
조직기구_10
조직동태화_187
조직발전(OD)_267
조직발전론자_183
조직설계_113, 183
조직적 전문성_68, 96
조합주의_50
존재(sein)_23
존재양식_13
존재체계_28
종교개혁_15
종속변수_3, 43
종속화 현상_60
종신관직_150
종적관계_189
죠지 위싱턴_147
주관적 사회이론_37
주권_5
주도권_221
주류이론_7
주민차치_209
주택문제_103
준거집단_241
준사법적_136
준입법적_136
중간계층_17
중개적 기능_257
중개적 집단_203
중립적 중재자_43
중산층_12
중상주의_17
중세국가_83
중앙집권_9, 16
지방의회_201

지배_116
지배(domination)_23
지배계급_3, 12, 44
지배관계_25
지배기구_97
지배복종관계_81, 130
지배적 관료제_140
지배체제_9, 44, 117
지상 제일주의_11
지식사회_20
지역대표_96
지적사무_160
지지집단_214
직능국가_19, 99
직무 감찰제도_200
직무감찰_200
직무급_158
직무수행_119, 126
직무원칙_118
직속기관_200
직업공무원제_123, 155, 209
직업관료_177
직업의식_170
직업적 관료제_71
직위분류_156
직위분류제_167
직위분류제도_168
직접민주주의_205
직접참여_221
집권성_167
집단참여_222
집단협약_159
집중_10
집합체_7

ㅊ

차별철폐조치_236
착취관계_35
참모기관_201
참여능력_211
참여대상_218
참여동기_217
참여민주주의_20, 204
참여방법_218
참여사회_204
참여욕구_54
참여의식_202, 205
참여적 운동_229
참여주체_215
책임 내각제_149
책임관료제_139, 238
챠티스트 운동_160
철인_8
청교도_17
청교도혁명_17
청문회_204
청원_259
청원제도_201
체제분석_108
체제유지_12
체제이론_3

초국가(super-state)_10
초산업사회_20
초월자_11
최고관리층_259
최대화_8
추밀원령_155, 161
추출(extration)_10
축적_10
축적기능_46
출생지주의_5
치안 질서유지_71
치자(治者)_94
침해행정_95

ㅋ

카(E. H. Carr)_81
카레이(L. J. Carey)_216
카리스마적 지배_116
카우프만(H. Kaufman)_206
카젠스타인(Katzenstein)_52
칼 만하임(Karl Mannheim)_63
칼 맑스(K. Marx)_12
커뮤니케이션_63, 246, 268
컴퓨터_20, 268
케이(V.O Key)_74
코포라티즘체제_52
쿠데타_6
클레어(Claire)_116
클레어(G. S. Claire)_67
킹슬레이(J. D. Kingsley)_137, 233

ㅌ

타격부대_190
타스크 포스_188
탈 행정국가화_20
탈관료화_128
탈정치화_49
탈행정국가화_269
태스크포스_108
테크놀로지_268
텔레텍스트_268
토플러(A. Toffler)_20
톰슨(Thomson)_124
통신기술_20
통신수단_103
통일적 권위_9
통일체_23
통치구조_67
통치구조원리_67
통치국가_73
통치권_5
통치기구_6
통치기술_63
통치조직_9
통치행위_8
통치현상_3
통합관리_82
통합자_136
통화관리_103
퇴보(retrogression)_55
퇴직법_158
투입(input)_78

투쟁 상태_16
투표행위_210
트래빌리안_160
특권계급_18
특별보좌관_138
특별조직_138
특수 이익_164
특수이익_12, 152
특수체제_179
특허법_103
틸리(Tilly)_10

ㅍ

파급효과_171
파리조약_17
파시즘_70, 111, 175
파이너(Finer)_179
패러다임_184
팬들톤법_148
팬들튼법_155
평면조직_130, 187
폭발적 교조주의_238
표본추출_227
표준규칙_115
품의제_184
프랑스 대혁명_208
프랑스 혁명_18
프랑크푸르트학파_14
프로이센_71
프로젝트조직_186
프로젝트팀_108, 186
프로젝트팀조직_188
프리츠 몰스타인 막스_64
플라톤_8
플란챠스(Poulantzas)_45
플랜차즈(N.Poulantzas)_12
PR객체_252
PR주체_252
피지배 계급_12
피터 슈나이더(Peter Schnider)_90
피터의 원리_127
피해의식_202
필요선_67
필요악_67

ㅎ

하급서민계층_204
하노버 왕조_149
하드웨어_195
하버마스_14
하부구조_12
하위계급_56
하의상달식_126
한스 피터_89
한시공개_250
할당제_242
합리주의_16
합목적성_70, 131, 198
합법성_107
합법적 지배_116

해양오염_264
해치법(Hatch Act)_158
핵폐기물입지선정_227
행동결정능력_216
행동력_216
행동지침_110
행동하는 사회(action society)_20
행렬조직_190
행복추구권_248
행위규제_102
행정 관료_71
행정 체제적 접근방법_171
행정PR_253
행정PR제도_195, 252
행정감찰제도_196
행정개혁_171, 246
행정계획_95
행정과정_98
행정관료_108, 136
행정관료계급_137
행정관료제_68
행정관리에 관한 대통령위원회_158
행정구제절차_198
행정국가_3, 64
행정국가(行政國家)_19
행정국가화_66
행정기관_70
행정기능_72
행정독선화_88
행정목적_141
행정문화_202
행정발전_123, 128
행정백서_259
행정변화_72
행정부_6
행정부 통제_132
행정불신_263
행정상담_256
행정상담제도_200
행정서비스_210
행정소송_70, 198
행정쇄신위원회의_201
행정안정_123
행정엘리트_210
행정예고제_228
행정우위론_108
행정의 독선화_177
행정의 자율성_134
행정의 정치화_64
행정작용_198
행정정보공개_244
행정정보공개제도_245
행정정보관리체계_108
행정조사운동_156
행정조직_72
행정주도형_221
행정지도_208
행정지도성_206
행정지배_213
행정집행_138
행정참모_143
행정참여_203

행정책임_108, 211
행정처분_200
행정철학_107
행정통제_198
행정통제 방법_214
행정행위_132
행정환경_265
행태주의(behavioralism)_7
허구성(虛構性)_95
헌법기관_197
헤게모니_45
헤디(Ferrel Heady)_171
헤링(E.P. Herring)_74
현대과학기술_82
현대국가_64, 67
현대산업사회_64
현대자본주의_133
현대자본주의 국가_68
현대적 관료제_117
현상학_185
현상학자_186
혈통주의_5
협상(bargaining)_220
협의제도_53
협찬_220
형성기능_109
형식적 참여_221
형식적 타당성_76
형식주의_115, 124, 125
형평성_107
호민관_196
호의(good will)_253
호의(goodwill)_227
호켄(P. Hoken)_20
홉즈(T. Hobbes)_8
홍보(publicity)_227
홍보전문요원_263
화재경보적 PR_263
화폐경제_120
확대 국가목적_40
환경보호단체_266
환경오염_68, 227
환류과정_259
활거주의_115
회계감사_200
횡적관계_189
후기산업사회_20, 185
후발 산업국가_53
후버 위원회_190
후버위원회_159
후진 국가_70
흑인폭동사건_185
히펠_89